Johann Joachim Winckelmann

Anmerkungen über die Geschichte der Kunst des Altertums

Erster Teil

Johann Joachim Winckelmann

Anmerkungen über die Geschichte der Kunst des Altertums
Erster Teil

ISBN/EAN: 9783743304260

Hergestellt in Europa, USA, Kanada, Australien, Japan

Cover: Foto ©Thomas Meinert / pixelio.de

Manufactured and distributed by brebook publishing software (www.brebook.com)

Johann Joachim Winckelmann

Anmerkungen über die Geschichte der Kunst des Altertums

Anmerkungen
über die
Geschichte der Kunst
des Alterthums.

Erster Theil.

Dresden, 1767.
In der Waltherischen Hof-Buchhandlung.

HERRN
Heinr. Wilh. Muzel Stosch
zugeeignet.

QVI MORES HOMINVM MVLTORVM VIDIT,
ET VRBES.

Edler Freund!

Ich setze Ihren Namen dieser Arbeit vor, weniger in Absicht einer Zuschrift, als vielmehr um Gelegenheit zu haben, von unserer geprüfeten Freundschaft, die von höherer Natur ist, ein öffentlich Zeugniß zu geben. Wenn die Stärcke, mit welcher die Freundschaft in Abwesenheit wächset, ein Beweis der Wahrheit derselben seyn kann, so hat die unsrige diesen seltenen Vorzug. Wenige Zeit und mit vieler Arbeit überhäuft, habe ich dieselbe persönlich genossen; aber ich bin Ihnen mit Herz und Geist von Florenz nach London, und aus Engeland nach Constantinopel, bis in unserem gemeinschaftlichen Vaterlande gefolget, und je weiter entfernet, desto grösser ist meine Sehnsucht und Liebe geworden. In Verbindungen mit anderen, die ich zu schließen gesuchet habe,

glaube

glaube ich der wirksamste Theil gewesen zu seyn, in der unsrigen aber räume ich Ihnen diesen Vorzug ein. Eine einzige Wolluſt aber haben wir beyde in unserer Freundschaft nicht genossen, nemlich diejenige, die der Mahler und der Bildhauer währender Arbeit seines Werks hat; das iſt, den Freund zu bilden und zu schaffen. Denn wir waren einer für den andern bereits ersehen, und Freunde, wie der erſte Mensch wurde, oder wie ein hoher Gedanke und ein erhabenes Bild nicht ſtückweis, sondern auf einmal in seiner Gröſſe und Reife entſtehet. In Ihnen lebet iz̧o die Liebe des natürlichen Vaterlandes von neuen auf, deſſen Erinnerung in einem würdigen Genuße des Lebens und in einer edlen Muße, zu Rom, ziemlich gleichgültig geworden war, und ich sehne mich iz̧o daſſelbe, und den würdigſten der Freunde von Angesicht zu sehen, um sein in mir erneuertes Bild wiederum dahin zurück zu bringen, wo vermuthlich der Siz̧ meiner Ruhe bleiben wird.

Ich zähle bereits die Monate bis zu der Zeit der Vollendung dieses Wunsches, und bleibe mit Geiſt und Leib

der Ihrige ewige
Winckelmann.

Vorrede.

Diese Anmerkungen waren nicht bestimmet besonders zu erscheinen, sondern ich würde vermittelst derselben eine vermehrte und verbesserte Ausgabe der Geschichte der Kunst haben liefern können; aber die starke Auflage derselben und die Französische Uebersetzung haben mich bewogen, meine Bemerkungen, die ich bey Gelegenheit angezeichnet hatte, zu sammlen. Denn auf der einen Seite würde ich noch lange haben anstehen müssen, was ich nöthig fand, zu erinnern, auf der anderen Seite aber, da die Geschichte der Kunst in fremder Tracht, obgleich ungeschickt und unwissend eingekleidet, sich allgemeiner gemachet, erachtete ich es meine Schuldigkeit, diese Arbeit durch gegenwärtige Zusätze vollständiger zu machen.

Ich entsehe mich nicht die Mängel der Geschichte der Kunst zu bekennen; so wie es aber keine Schande ist, auf der Jagd in einem Walde nicht alles Wild zu fangen, oder Fehl-Schüße zu thun, so hoffe ich Entschuldigung zu verdienen, über das was von mir übergangen oder nicht bemerket worden, und wenn ich nicht allezeit den rechten Fleck getroffen habe. Ich kann hingegen auch versichern, daß manches sowohl dort als hier mit Fleiß nicht berühret worden, theils weil aus Mangel der Kupfer die Anzeige undeutlich oder mangelhaft gewesen seyn würde, theils weil ich mich in gelehrte Untersuchungen hätte einlassen müssen, die zu weit von meinem Zwecke abgegangen wären. Denn die Gelehrsamkeit soll in Abhandlungen über die Kunst der geringste Theil seyn, wie denn dieselbe, wo sie nichts wesentliches lehret, vor nichts zu achten ist, und alsdenn wie bey seichten Rednern, oder bey schlechten Saytenschlägern (um mit den Alten zu reden) das Husten zu seyn pfleget, nemlich ein Zeichen des Mangels. Ich gestehe auch gerne, daß ich zuweilen einige Kleinigkeiten nicht völlig richtig angegeben gehabt, weil man ofte dem

a   Gedächt=

Vorrede.

Gedächtnisse zu sehr trauet, oder Gänge an entlegene Orte ersparen will, und dieser Vorwurf würde weniger bedeutend seyn als derjenige, den man mit Rechte dem Prideaux machet, welcher die Arundelischen Marmor, da er zu Oxfort war, wo dieselben an einem Orte beysammen stehen, in dunkelen Stellen nicht selbst untersuchet hat.

Der Leser wird hoffentlich nicht ungeneigt deuten, wenn ich in diesem Vorberichte, da mir vielleicht künftig die Gelegenheit fehlen möchte, zu dessen Unterrichte, den Weg anzeige, den ich in Untersuchung der Alterthümer und der Werke der Kunst genommen habe.

Ich gieng nach Rom nicht auf Kosten eines Hofes, wie man sich vorstellet, noch weniger mit einem Vorschuße des Herrn, dem ich in Sachsen gedienet, welches ein unwissender Schmierer kühnlich vorgiebt, sondern von einen würdigen Freunde unterstüßet, dem ich öffentlich meine Dankbarkeit bezeiget habe; ich gieng hierher mit dem Vorsaße im Lernen zugleich auf den Unterricht zu denken, und da ich glaubete, daß von Werken der alten Kunst vielleicht wenig mit philosophischer Betrachtung und mit gründlicher Anzeige des wahren Schönen in Schriften abgehandelt bekannt worden, so hoffete ich, es würde meine Reise nicht ohne Nußen seyn. Ich hatte, so viel mir die sehr wenige Zeit, über die ich Herr war, erlaubete, mich zu diesen Absichten vorher zubereitet, und aus meinen damaligen Betrachtungen erwuchs die Schrift von der Nachahmung der Alten in der Mahlerey und Bildhauerkunst. Diese meine Absicht zu erreichen, schlug ich alles aus, was mir sowohl vor meiner Reise von Rom aus, als auch nach meiner Ankunft in Rom von zween wohlbekannten Cardinälen angetragen wurde; denn ohne Unabhänglichkeit würde ich meinem Zweck verfehlet haben.

Das ganze erste Jahr sahe ich und betrachtete, ohne einen bestimmten Plan zu machen: denn ob ich gleich das Wesentliche allezeit zum Augenmerke hatte, wurde es mir schwer, auf dem von mir betretenen und ungebahnten Wege mit gewünschten Erfolg fortzugehen, ja, ich wurde vielmals irre gemachet durch das Urtheil der Künstler, welches meiner Empfindung und Kenntnis widersprach. Da aber der Saß unumstößlich fest in mir war, daß das Gute und das Schöne nur Eins ist, und daß nur ein einziger Weg zu demselben führet, anstatt daß zum Bösen und Schlechten viele Wege gehen,

suchte

Vorrede.

suchte ich durch eine Systematische Kenntnis meine Bemerkungen zu prüfen und zu befestigen.

Mein vorläufiger Entschluß war, anfänglich weniger aufmerksam zu seyn auf die Alterthümer der Orte, der Lagen, Gegenden und auf alte Ueberbleibsel der Gebäude, weil vieles ungewiß ist, und weil das was man wissen und nicht wissen kann, von mehr als einem Scribenten hinlänglich gründlich abgehandelt worden. Ich konnte mich auch nicht einlassen, alles aufzusuchen, weil diejenigen, die mich hätten führen können, mir zu kostbar waren. Da nun diese Kenntnis auch ohne alles Genie erlanget werden kann, nahm ich nur so viel auf meinem Wege mit, als ich selbst finden und untersuchen konnte. Denn ich verglich diese Wissenschaft mit der Bücher-Kenntnis, welche nicht selten diejenigen die Gelegenheit gehabt haben, dieselbe zu erlangen, verhindert hat, den Kern der Bücher zu kennen. Derjenige, welcher in das Wesen des Wissens zu dringen suchet, hat sich nicht weniger vor der Begierde ein Litterator zu werden, als vor das was man insgemein unter das Wort Antiquarius verstehet, zu hüten. Denn das eine sowohl als das andere ist sehr reizend, weil es Beschäftigungen sind, die dem Müßiggange und der uns angebohrnen Trägheit zum eigenen Denken, schmeicheln. Es ist z. E. angenehm zu wissen, wo im alten Rom die Carinä waren, und ohngefehr den Ort anzugeben, wo Pompejus gewohnet hat, und ein Führer der Reisenden, der ihnen dieses zu zeigen weiß, pfleget es mit einer gewissen Genugsamkeit zu thun; was weiß man aber mehr, wenn man diesen Ort, wo nicht die geringste Spur von einem alten Gebäude ist, gesehen hat?

Aus eben dem Grunde war ich nicht sehr um Römische Münzen bekümmert, theils weil es schwer ist, noch ißo neue Entdeckungen in denselben zu machen, theils auch, weil ich sahe, daß Menschen ohne alle Wissenschaft eine grosse Kenntnis in diesem Fache erlanget haben. Die seltensten Römischen Münzen (die Medaglioni wegen der Schönheit ihres Gepräges ausgenommen) sind den seltenen Büchern zu vergleichen, die sich einzeln gemacht haben, weil ein Buchhändler durch den Nachdruck derselben nichts gewinnen würde; und ein seltener Pertinax oder Pescennius in Silber oder Golde sollte nicht mehr als eins von Giordano Bruno Büchern geschätzet werden. Ich suchete hingegen Münzen Griechischer Länder und Städte zu sehen, die von Münzkrämern, weil in denselben nicht leicht

Vorrede.

leicht, wie in den Römischen eine Folge zu machen ist, nicht sonderlich gesuchet werden. Auch in diesem Studio wird man sich nicht in Kleinigkeiten verlieren, wenn die Alterthümer betrachtet werden als Werke von Menschen gemacht, die höher und männlicher dachten als wir, und diese Einsicht kann uns bey Untersuchung dieser Werke über uns und über unsere Zeit erheben. Eine denkende Seele kann am Strande des weiten Meers sich nicht mit niedrigen Ideen beschäftigen; der unermeßliche Blick erweitert auch die Schranken des Geistes, welcher sich anfänglich zu verlieren scheinet, aber grösser wiederum in uns zurück kommt.

Nachdem ich ferner bald einsahe, daß sehr viele Werke alter Kunst entweder nicht bekannt, oder nicht verstanden noch erkläret worden, so suchte ich die Gelehrsamkeit mit der Kunst zu verbinden. Die größte Schwierigkeit in Sachen die auf Gelehrsamkeit bestehen, pfleget zu seyn, zu wissen was andere vorgebracht haben, damit man nicht vergebene Arbeit mache, oder etwas sage, was bereits mehrmahl wiederholet ist. Diese Besorgung wurde gehoben, da ich die Bücher von alten Denkmalen der Kunst von neuen durchsahe, und versichert seyn konnte, daß dasjenige was nicht in Rom selbst erkläret worden, schwerlich mit Richtigkeit ausserhalb geschehen können. Der freye Gebrauch der grossen Bibliothec des Cardinals Passionei gab mir die Bequemlichkeit zu diesem Studio, bis ich die Aufficht der Bibliothec und des Musei des Herrn Cardinals Aler. Albani bekam, und nachher als Professor der Griechischen Sprache in der Vaticanischen Bibliothec die zu meinem Vorhaben dienenden Schätze in denselben durchzusuchen, Freyheit gehabt habe.

Die Untersuchung der Kunst aber blieb beständig meine vornehmste Beschäftigung, und diese mußte anfangen mit der Kenntnis, das neue von dem alten, und das wahre von den Zusätzen zu unterscheiden. Ich fand bald die allgemeine Regel, daß frey abstehende Theile der Statuen, sonderlich die Arme und Hände mehrentheils für neu zu achten sind, und folglich auch die beygelegten Zeichen; es fiel mir aber anfänglich schwer über einige Köpfe aus mir selbst zu entscheiden. Da ich in dieser Absicht den Kopf einer weiblichen Statue in der Nähe betrachten wollte, fiel dieselbe um, und es fehlete wenig, daß ich nicht unter derselben zerquetschet und begraben worden. Hier muß ich bekennen, daß ich allererst vor wenig Jahren einen erhoben gearbeiteten Apollo in dem Pallaste Giustiniani,

welcher

Vorrede.

welcher durchgehends für alt gehalten und von einem gereiseten Scribenten a) als das schönste Stück in gedachten Hause angegeben wird, als eine neue Arbeit erkannt habe.

Da das Schlechte aber, welches der neue Zusatz zu seyn pfleget, leichter, als das Gute gefunden wird, so wurde es mir weit schwerer, das Schöne zu entdecken, wo es über meine Kenntnis gieng. Ich sahe die Werke der Kunst an, nicht als jemand der zuerst das Meer sahe und sagte, es wäre artig anzusehen: die Athaumastie, oder die Nicht-Verwunderung, die vom Strabo angepriesen wird, weil sie die Apathie hervorbringet, schätze ich in der Moral, aber nicht in der Kunst, weil hier die Gleichgültigkeit schädlich ist. In dieser Untersuchung ist mir zuweilen das Vorurtheil eines allgemeinen Rufs den einige Werke haben, zu statten gekommen, und trieb mich, wenigstens etwas Schönes in denselben zu erkennen, und mich davon zu überzeugen. Der von mir beschriebene Sturz eines Hercules von der Hand des Apollonius aus Athen kann hier zum Beyspiele dienen. Ueber dieses Werk blieb ich bey dem ersten Anblicke unerbauet, und ich konnte die gemäßigte Andeutung der Theile desselben, mit deren starken Erhobenheit in anderen Statuen des Hercules, sonderlich des Farnesischen, nicht reimen. Ich stellete mir hingegen die große Achtung des Michael Angelo für dieses Stück, und aller folgenden Künstler, vor Augen, welche gleichsam ein Glaubens-Artickel seyn mußte, doch dergestalt, daß ich ohne Gründe demselben meinen Beyfall nicht geben konnte. Ich wurde in meinem Zweifel irre durch die Stellung die Bernini und der ganze Haufe der Künstler diesem verstümmelten Bilde gegeben, als welche sich in demselben einen spinnenden Hercules vorstellen. Endlich nach vielfältiger Betrachtung, und nachdem ich mich überzeuget hatte, daß gedachte Stellung an demselben irre gedacht sey, und daß hier vielmehr ein ruhender Hercules, mit dem rechten Arme auf seinem Haupte geleget, und wie mit Betrachtung seiner vollendeten Thaten beschäftiget, vorgestellet worden, glaubete ich den Grund des Unterschieds zwischen diesen Hercules und anderen Statuen desselben gefunden zu haben. Denn Stellung und Bildung zeigeten mir in demselben einen Hercules, welcher unter die Götter aufgenommen worden, und dort von seinen Arbeiten geruhet, so wie er auf dem Olympus ruhend mit den Beyworte des Ruhenden

(ANA-

---

a) Wright's Travels, p. 294.

(ΑΝΑΠΑΥΟΜΕΝΟΣ) auf einer erhobenen Arbeit in der Villa des Herrn Cardinals Alex. Albani, abgebildet ist, und folglich erscheinet in dem berühmten Sturze kein menschlicher Hercules, sondern der Göttliche. Da es mir nun gelungen war, in einer oder der anderen Statue die vermeinten Gründe ihrer Achtung und ihrer Schönheit zu finden, fuhr ich fort die übrigen allezeit dergestalt zu betrachten, daß ich mich in der Stelle setzete, dessen welcher vor einer Versammlung von Kennern Rechenschaft davon geben sollte, und ich legte mir selbst die Nothwendigkeit auf, nicht den Rücken zu wenden, bevor ich etwas von Schönheit mit dessen Gründen gefunden hatte.

Nach einiger Erleuchtung die ich erlanget, bemühete ich mich den Stil der Künstler der Aegypter und der Hetrurier, wie nicht weniger den Unterschied zwischen diesem letzten Volke und der Kunst der Griechen zu bestimmen. Die Kennzeichen Aegyptischer Arbeiten schienen sich von selbst anzubiethen; mit dem Stil der Hetrurier aber gelung es mir nicht auf gleiche Weise, und ich unterstehe mich noch itzo nicht unwidersprechlich zu behaupten, daß einige erhobene Arbeiten, die Hetrurisch scheinen, nicht von dem ältesten Stil der Griechen seyn können. Mit mehr scheinbarer Gewißheit entdeckete ich verschiedene Zeiten in Griechischen Werken, aber es giengen einige Jahre vorbey, ehe sich von dem hohen Alter einer Muse im Pallaste Barberini einige Beweise darbothen.

Die Betrachtung der Kunst hatte mich die zwey ersten Jahre meines hiesigen Aufenthalts dergestalt beschäftiget, daß ich nur wie im Vorbeygehen an das bloß gelehrte Alterthum gedenken konnte. In dieses Gleis aber brachte mich die Arbeit der Beschreibung der tief geschnittenen Steine des damals bereits verstorbenen Herrn von Stosch, die ich binnen neun Monate meines Aufenthalts zu Florenz aus dem gröbsten entwarf, und hernach zu Rom endigte. Hier lernete ich, in Absicht der geschnittenen Steine, daß allezeit je schöner die Arbeit ist, desto natürlicher die Vorstellung und folglich die Erklärung leicht sey, so daß die Steine mit Namen der Künstler von jedermann verstanden werden. Ferner bestimmete die Erfahrung bey mir, daß die Griechischen Arbeiten in dieser Art weniger dunkele Bilder als die Hetrurischen haben, und daß die ältesten insgemein die schwersten sind, so wie die Mythologie der ältesten Griechischen Dichter des Panipho und des Orpheus dunkler war als diejenige welche ihre Nachfolger lehren. Ich kam hier zu erst auf die Spur
einer

Vorrede. VII

einer Wahrheit, die mir nachher in Erklärung der schwersten Denkmale von grossen Nutzen gewesen, und diese bestehet in dem Satze, daß auf geschnittenen Steinen sowohl als in erhobenen Arbeiten die Bilder sehr selten von Begebenheiten genommen sind, die nach dem Trojanischen Kriege, oder nach der Rückkehr des Ulysses in Ithaca vorgefallen, wenn man etwa die Heracliden, oder Abkömmlinge des Hercules, ausnimmt: denn die Geschichte derselben grenzet noch mit der Fabel, die der Künstler eigener Vorwurf war. Es ist mir jedoch nur ein einziges Bild der Geschichte der Heracliden bekannt, welches mit weniger Veränderung auf verschiedenen alten Steinen wiederholet ist, nemlich das Loos welches Cresphontes und Temenus After-Enkel des Hercules mit zween Söhnen ihres Bruders Aristomachus über die Theilung des Peloponnesus macheten, nachdem sie dieses Land mit gewafneter Hand eingenommen hatten. Dieser Stein ist irrig vom Beger und von Gori erkläret. Die Wahrheit gedachten Satzes wurde bey mir bestätiget sonderlich in der öfteren Untersuchung von acht und zwanzig tausend Abdrücken in Schwefel die der Herr von Stosch von allen und jeden alten Steinen die ihm vorgekommen waren, oder von welche er Nachricht erhalten, hatte machen lassen. Ich machte vermöge dieser Erfahrung einen Schluß wider das Alterthum aller Steine, wo Römische Geschichten gebildet sind, welches an diesen durch die Arbeit selbst den Kennern in die Augen fallen kann. Dieses zeiget sich unwidersprechlich an zween Cameen in dem Museo Strozzi zu Rom, auf welchen Quintus Curtius geschnitten, wie er sich zu Pferde in den Abgrund stürzet. Die schön ausgeführte neue Steine sind von Gori a), als alt bekannt gemachet und beschrieben. Was ich hier von der Römischen Geschichte anmerke, muß nicht auf Werke in Marmor gedeutet werden, die in Rom gemacht und öffentliche Denkmale waren: denn es findet sich eben der Curtius auf einer kleinen erhobenen Arbeit im Campidoglio und in Lebensgrösse in der Villa Borghese.

Als ich hierauf nach geendigter gedachten Beschreibung und nach Vollendung der Geschichte der Kunst, an die Erläuterung derjenigen Denkmale des Alterthums gieng, die noch nicht bekannt gemachet worden, war vorerwehnter Satz mein Führer, und obgleich derselbe an und vor sich nichts erkläret, so wird jedoch dadurch die

Auf-

a) Mus. Flor. T. 2. Tab. 29. n. 2. 3.

anderen Nationen zusammen genommen; ich verstehe diejenigen, die von der Fabel und von der Griechischen Helden-Geschichte handeln. Ich will auch nicht behaupten, daß keine Critische Schriften über alte Scribenten, und Abhandlungen über Alterthümer Licht geben können; sondern diese müssen, so viel möglich ist, nachgesehen werden.

Mein größtes Vergnügen in Erläuterung der Werke alter Kunst ist gewesen, wenn ich durch dieselbe einen alten Scribenten erläutern oder verbessern können. Entdeckungen dieser Art haben sich mir mehrentheils ungesucht, wie alle Entdeckungen, gezeiget, und können also ungezwungener seyn, als viele andere Versuche der Gelehrten, die sich hier verdient gemacht haben. Ich kann nicht läugnen, daß sich ehemals die Eitelkeit bey mir gemeldet, auf diesem Wege meine Kräfte zu prüfen; da es mir nun in dem Werke der erklärten unbekannten Denkmale des Alterthums, welches itzo unter der Presse ist, gelungen, durch eben diese Denkmale mein Verlangen zu erfüllen, so bin ich um so vielmehr zufrieden, daß ich die wenige Zeit meines Lebens nicht verlohren in alten abgegriffenen Handschriften, wozu ich alle erwünschte Gelegenheit gehabt hätte. Ich habe mir allezeit, diesen Kützel zu unterdrücken, den berühmten Orville vorgestellet, welcher ein paar Jahre in Rom angewendet, alle Morgen nach der Vaticanischen Bibliothec zu gehen, um den Heidelbergischen Codex, der Griechischen Anthologie theils mit dem gedruckten zu vergleichen, theils diesen aus jenen zu verbessern und zu ergänzen. Denn ich halte diese Zeit um so vielmehr schlecht angewendet, weil ich anfänglich eben diese Arbeit unternahm, aber bey Zeiten aufhörete, da ich sahe, daß dasjenige was in dem Gedruckten fehlet, nicht werth ist, an das Licht zu treten. Wo auch irgend in solchen Sinnschriften noch Salz zu finden wäre, sind dieselben voller Häßlichkeiten, und es kann demjenigen welcher einige derselben aus Orville Handschriften, in Holland bekannt gemacht, nicht zur Ehre gereichen, da diese Sinnschriften über Geilheiten wider die Natur scherzen.

Nach dieser Historischen Anzeige meiner Methode habe ich einige Erinnerungen beyzufügen über verschiedene Puncte die mir nach Abhandlung der Anmerkungen beygefallen sind. In dem ersten Theile und dessen ersten Capitel hätte von der Kunst der Alten, erhobene Arbeit von Musaischer Arbeit zu machen, Erwehnung geschehen können. Es ist aber von dieser Art nur ein einziges kleines Stück bekannt, welches der bekannte Ritter Fountaine zu Anfange dieses Jahrhunderts,

Vorrede.

berts, aus Rom nach Engeland geführet hat, und stellet einen jungen Hercules vor, neben dem Baume der Hesperischen Aepfel. Ohne diese Nachricht zu haben, ist ein geschickter Künstler in Rom, aus Urbino gebürtig, aus sich selbst auf diesen Einfall gerathen, und hat eine glücklich gelungene Probe gemachet, welche den grossen Beförderer und Erhalter der Künste, den Herrn Cardinal Alex. Albani bewogen, diesen Mann in seine Dienste zu nehmen, und es hat derselbe wirklich angefangen, die sogenannten fünf Göttinnen der Jahrs-Zeiten aus der Villa Borghese, in dieser schweren Arbeit auszuführen, mit welcher die gewöhnliche platte Musaische Arbeit verglichen, überaus leicht scheinen kann. Denn ausser der mühsamen Bearbeitung, muß der Künstler geschickt im Modelliren seyn, welches dort nicht nöthig ist, und das schwerste dieser Kunst wird im Schleifen bestehen, wo dieses in den Falten der Bekleidung annoch unbegreiflich scheinet.

Ich hätte mich auch an eben diesem Orte deutlicher erklären sollen über das Drechseln der Figuren in Elfenbein, welches nach meiner Meinung diejenige Kunst ist, die die alten Toreutice nennen, in der sich Phidias vornemlich hervorgethan hat. Es ist bekannt, daß erhobene Arbeiten in ziemlicher Grösse in neueren Zeiten, von Elfenbein ausgedrechselt worden; es können aber keine untergegrabene Figuren herausgebracht werden: denn das Eisen kann nur auf der Oberfläche arbeiten. Wollte man sich also vorstellen, Phidias habe die Statuen, die er stückweis aus Elfenbein zusammen gesetzet, auf der Drechselbank gearbeitet, so muß ich gestehen, daß dieses z. E. von dem Kopfe einer Figur, so weit die Kunst zu unseren Zeiten gelanget, nicht begreiflich genug ist. Denn wenn man sich den Kopf, obgleich vorher aus Stücken zusammen gesetzet, im Drechseln völlig vorstellen muß, so würde vorauszusetzen seyn, daß sich der Kopf beständig unter dem Eisen beweget habe, und dennoch können die schrägen Tiefen nicht ausgedrechselt werden, sondern es muß hier mit dem Meißel gearbeitet seyn.

Zu eben dem Capitel kann die Erinnerung über die Irrung angebracht werden, worinn mit dem Berkelius a) vielleicht andere seyn mögen, daß man zu Augustus Zeiten allererst angefangen habe, auf der Mauer zu mahlen, wovon der Erfinder Ludius sey. Dieses hat gedachter Scribent aus einer misverstandenen Nachricht des Plinius gezogen b): denn dieser saget nicht, daß Ludius der erste

b 2   in

---

a) Not. in Steph. de Urb. v. Ἱσπά. n. 81.   b) L. 35. c. 37. p. 223.

in Rom gewesen, welcher auf der Mauer gemahlet habe, sondern daß er zu erst die Wände der Zimmer mit Landschaften und dergleichen leblosen Vorstellungen ausgezieret, da vor ihm keine andere als historische Stücke angebracht worden. Gronov hat dieses dem Berkelius in seinen Anmerkungen übersehen. Jener hätte sein Versehen merken sollen, da er unter den Künstlern die auf der Mauer gemahlet, auch den Pausias nennet, welcher gleichwohl ein paar hundert Jahre vor des Augustus Zeit geblühet hat; denn er war ein Schüler des Pamphilus, des Meisters des Apelles.

Im vierten Capitel von der Kunst unter den Griechen könnte ein Gedanken des Dio Chrysostomus, wenn er Grund hätte, zu weiterer Betrachtung Anlaß geben. Es sagt dieser Scribent von seiner Zeit, unter dem Trajanus, daß die schöne Bildung unter den Menschenkindern abgenommen habe; an schönen Weibern sey kein Mangel, aber Schönheiten in unserem Geschlechte werden sehr wenige mehr erzeuget, oder wenn sie auch vorhanden seyn, bleiben dieselben verborgen, weil man nicht mehr, wie unter den älteren Griechen geschahe, auf männliche Schönheiten achtsam sey, oder dieselbe zu schätzen wisse *a*). Denn ohngeachtet sagt eben derselbe von einem bildschönen jungen Ringer seiner Zeit, daß wenn er sich auch nicht in Leibes-Uebungen hervorgethan hätte, die Schönheit seiner Gestalt allein ihn berühmt gemacht haben würde *b*).

Bey den Anmerkungen über die Bekleidung in eben diesem Capitel erinnere sich der Leser, daß ich in dem Versuche der Allegorie eine ungegründete Meinung über ein Heft an den Riemen der Schuhsohlen, in Gestalt eines Kreuzes angezeiget habe. Da ich dieses schrieb, war in Rom an keiner Statue, und an keinen Füßen, von welchen der Bildhauer Barthol. Cavaceppi eine merkwürdige Sammlung gemacht hat, dergleichen Kreuz zu finden, um dadurch jene Meinung mehr zu widerlegen. Vor kurzer Zeit aber hat gedachter Bildhauer einen schönen männlichen Fuß von einer Statue, die weit über Lebensgrösse gewesen, erhalten, und an diesem findet sich ein solches Kreuz-Heft. Eben so hätte ein Kinder-Kopf zwischen zween Flügeln, wie wir die Engel pflegen vorzustellen, welches der Zierrath eben dieses Hefts ist an den Füßen eines schönen Bacchus in der Villa Ludovisi, wenn die Füße besonders gefunden wären, auf ein christliches Bild gedeutet werden können.

a) Orat. 21. p. 269. D.   *b*) Orat. 28. p. 289. D.

Vorrede.

Im zweyten Theile dieser Anmerkungen, wo angezeiget worden, daß die vom Plinius bestimmte Zeit der Blüte grosser Künstler, sich insgemein auf beygelegte Kriege beziehe, kann das Griechische Sprichwort Φειδίας προσηκει ειρηνη gemerket werden. Es ist dasselbe vom Suidas angeführet, aber von ihm selbst so wenig als von anderen verstanden. Dieser Scribent deutet es auf eine unverständliche lächerliche Art aus: Er sagt, der Friede gehöre für den Phidias, weil er ein Künstler ist; denn es werde der Friede wohlgebildet vorgestellet. Man wird aus den Beweisen, die ich an seinem Orte gegeben habe, leicht einsehen, daß wenn dieses wirklich ein Sprichwort gewesen, woran Küster zweifelt, so müsse dasselbe von dem Frieden, in welchem allein die Künste blühen, verstanden werden.

In meiner Meinung dem Scopas vielmehr als dem Praxiteles die Niobe zuzuschreiben, bin ich noch mehr bestärket worden durch einen Abguß in Gips von einem Kopfe der Niobe selbst, und dieser Abguß ist der einzige der in Rom geblieben ist; der Kopf selbst aber befindet sich nicht mehr hier. Da man nun zwischen den Kopf der Niobe und jenem einzelnen Abgusse, und in diesem mehr Rundung bemerket, auch den Mund besser gebildet gefunden, haben einige daraus schließen wollen, daß vielmehr der besagte Gips von dem wahren Kopfe der Niobe genommen seyn könne, und daß der Kopf, welcher izo auf der Statue stehet, eine alte Wiederholung eben dieses Werks sey, aber von einem geringeren Künstler. Diese hatten keine Betrachtung gemachet, über die Eigenschaft des hohen Stils, welchem die Rundung noch nicht völlig eigen gewesen ist, und daß der rundlich gehaltene Augen-Knochen auf spätere Zeiten deute. Ferner hatten diese nicht bemerket, daß der Mund des Kopfs der Niobe sehr gelitten, und daß beyde Lippen mit Gipse schlecht ergänzet sind. Man könnte also jenen Kopf der Niobe, welcher wahrhaftig schön ist, wegen mehrerer Weiche und Rundung an demselben für eine Widerholung dieses Werks aus dem schönen Stil und vielleicht für ein Werk des Praxiteles halten. Die Vergleichung beyder Köpfe lehret den Unterschied dieses sowohl als jenes Stils.

Wo ich p. 257. eines Bildhauers Ctesias gedacht habe, muß es Ctesilas heißen, von welchem ich umständlich zu Anfange des zweyten Theils dieser Anmerkungen geredet habe. Aus der dortigen Untersuchung erhellet, daß der sogenannte sterbende Fechter im Campidoglio vogtio nicht von diesen Künstler seyn könne, zumal da Plinius von einem sterbenden Helde und von keinem Fechter redet.

Nachdem ich den Farnesischen Ochsen von neuen betrachtet in Absicht der Inschrift der zween Künstler desselben, die ehemals an diesem Werke stand, und itzo nicht mehr zu sehen ist, finde ich daß dieselbe an dem Sturze eines Baums habe eingehauen seyn können, welcher der Figur des Zethus zur Stütze dienet: denn dieses war der scheinbarste Platz für dieselbe, und dieser Sturz ist größtentheils neu.

Ueber die Heroische Gestalt der Statue des Pompejus habe ich gesaget, daß ich glaube, es sey die einzige Statue eines Römischen Republickners, die gantz nackend gebildet ist. Man könnte mir aber die vermeinte Statue des Agrippa im Hause Grimani zu Venedig entgegen setzen a), die ebenfalls in Heroischer Gestalt ist, und ich könnte diesen Einwurf heben durch die Betrachtung, daß die Republicanische Mäßigkeit und Bescheidenheit unter dem Augustus auch in der Kunst nicht mehr gesuchet worden. Es ist aber noch nicht bewiesen, daß diese Statue den Marcus Agrippa vorstelle, und wenn in dem Kopfe einige Aehnlichkeit mit dessen Bildern ist, muß an dem Orte selbst untersuchet werden, ob der Kopf der Statue eigen sey.

Wider die Benennung des fälschlich sogenannten Seneca im Bade, in der Villa Borghese, hätte ich einen deutlichen Beweis führen können aus einer Statue in Lebensgrösse in der Villa Pamfill, von weißen Marmor, die jener vollkommen auch im Gesichte ähnlich ist, und in der linken Hand ein Gefäß wie einen Korb gestaltet träget. Dieser Statue sind wiederum zwo kleine Figuren in der Villa Albani ähnlich, und tragen, wie jene, einen Korb; zu den Füßen der einen stehet eine Comische Larve, so daß man deutlich siehet, daß diese sowohl als jene Knechte der Comödie vorstellen, die wie Sosia zu Anfang der Andria des Terentius zum einkaufen von Eßwaaren ausgeschicket wurden.

Die Mutmaßungen, daß die irrig sogenannten Sieges-Zeichen des Marius vielmehr dem Kayser Domitianus zuzuschreiben sind, hätte ich unterstützen können durch Anführung einiger Stücke von Sieges-Zeichen in der Villa Barberini zu Castel-Gandolfo, welche hier, wo ehemals die Villa des Publius Clodius und nachher des Domitianus war, ausgegraben sind. Die Zierlichkeit der Arbeit an diesen Stücken weichet der Kunst an jenem im geringsten nicht,

und

---

a) Pocock's Descr. of the East, Vol. 2. p. 212.

und man muß schließen, daß dieselben wo nicht von einem Meister, nicht ohne Grund von einer Zeit zu achten sind. Da nun Domitianus Sieges-Zeichen in seiner Villa setzen lassen, so kann er auch Sieges-Zeichen an einer Wasserleitung, die etwa von ihm ausgebessert worden, haben anbringen lassen.

Zuletzt muß ich das Schicksal beklagen, welches der Geschichte der Kunst in der Französischen Uebersetzung begegnet, die zu Paris bey Saillant gedruckt, in zween Bänden in Octav erschienen ist. Man hat, da das Format geändert worden, besser gefunden, den am Rande gesetzten Inhalt, über jeden Absatz worauf sich derselbe beziehet, zu setzen, und so viel besondere Abschnitte und Paragraphen zu machen. Durch diese Zergliederung wird der Zusammenhang unterbrochen, und da auf diese Art ein jedes Stück von dem andern abgesondert worden, so erscheinen dieselben als vor sich bestehende Glieder, um so viel mehr da der Uebersetzer an vielen Orten die Verbindungs-Worte entweder geändert oder gar ausgelassen hat. Man könnte zu einer Entschuldigung das Format angeben, welches etwa nicht erlaubet, den Inhalt auf dem Rande zu setzen; aber man kann auf keine Weise entschuldigen, daß Absätze gemachet worden, wo in dem Originale keine sind, noch seyn sollen, wie zu Anfange des zweyten Theils geschehen ist. Hier hat der Uebersetzer das Stück welches ein Verzeichnis der ältesten Künstler vor den Zeiten des Phidias enthält, in ganz kleine Brocken zerstücket, und man hat die kurzen Anzeigen von diesen Meistern mit besonderen Zahlen und mit übergesetzten Namen gedachter Künstler von neuen abgesetzet, als wenn man besorget hätte, der Leser werde den Othem verlieren, wenn das aneinanderhangende Stück von zwo Seiten nicht zerschnitten würde: aus einem einzigen Satze sind vier und zwanzig Sätze gemachet.

An die Uebersetzung selbst aber kann ich ohne Eckel nicht gedenken: denn ich glaube, daß nicht leicht eine Schrift, die aus ihrer eigenen Sprache in eine fremde versetzet worden, übler gemishandelt sey. Ich fieng an die Fehler des Misverstandes auf dem Rande anzuzeigen, aber ich wurde müde, weil nicht eine einzige Seite frey blieb. Der Uebersetzer zeiget nicht allein eine grobe Unwissenheit auch in den gemeinsten Kenntnissen der Kunst, sondern man kann demselben aus unzähligen Stellen beweisen, daß er die deutsche Sprache nicht völlig verstehet.

Ich wäre bereit gewesen, die Uebersetzung mit aller Aufmerksamkeit durchzusehen und zu verbessern, wenn mich diejenigen die Theil an derselben haben, hierum ersuchet hätten. Ich bin aber ohne alle Nachricht geblieben, und da ich vor zwey Jahren, ich weiß nicht wie, von einer Uebersetzung dieser meiner Arbeit hörete, fragte ich bey einigen meiner Bekannten in Paris deswegen an, und ich erfuhr gleichwohl nicht mehr. Endlich da die Nachricht von der Uebersetzung bekräftiget wurde, ließ ich den Lieutenant von der Policey in Paris ersuchen, dieser Arbeit die Censur nicht zu ertheilen, bevor ich dieselbe geprüfet und gebilliget hätte; ich glaube aber, daß dieses Ansuchen zu spät gewesen. Plato sagt, es sey niemand vorsetzlich böse, welches gegenwärtiger Fall zu widersprechen scheinet: denn man hätte ohne Kosten eine richtige Uebersetzung liefern können, und man hat nicht gewollt; es ist also diese Misgeburt an das Licht erschienen.

Ich kann nunmehro die Ausgabe meines Italiänischen Werks der bisher nicht bekannt gemachten Denkmale des Alterthums ankündigen, und es wird dasselbe auf meine eigene Kosten, und ohne Pränumeration, gedruckt, gegen die nächste Ostern in zween Bänden in groß Folio erscheinen. Es enthält dasselbe ausser den Kupfern zur Zierde des Werks, zweyhundert und zehen Kupfer alter Denkmale, welche in demselben erkläret und erläutert worden, nebst einer vorläufigen ausführlichen Abhandlung von der Kunst der Zeichnung der Aegypter, der Hetrurier und besonders der Griechen. Rom, den ersten September, 1766.

Inhalt

Inhalt
der Anmerkungen über die Geschichte der Kunst.

Erster Theil.

Erstes Capitel.
Von dem Ursprunge der Kunst und von der Materie derselben.

Einleitung.

I. Ursprünglichkeit der Künste bey den Griechen.
  A. Bildhauerey älter als die Mahlerey.
  B. Aelteste Figuren der Griechen, insbesondere des Palladium.
II. Materie der Kunst.
  A. Das Absormen der Statuen.
  B. Figuren aus Marmor.
    a) Der Parische.
    b) Der Pentelische.
  C. Elfenbein.
  D. Glas-Arbeit.

a) Entdeckungen derselben in der Farnesischen Insel.
b) Gemählde aus Glas-Röhren.
c) Glas-Pasten von geschnittenen Steinen genommen.
  aa) Von hohl geschnittenen.
  bb) Von erhoben geschnittenen Steinen oder Cameen.
  cc) Nutzen dieser Glas-Pasten.
  dd) Glas-Tafeln mit erhobenen Figuren.
  ee) Gefäße von Glas mit erhobenen Figuren.
f) Anmerkungen über den pöbelhaften Geschmack der Arbeit in Porcellan.
g) Wiederhergestellte Arbeit in Glas nach Art der Alten.

Das zweyte Capitel.
Von der Kunst der Aegypter.

Erinnerung über dieses Capitel.
I. Von der Natur der Aegypter in Absicht auf die Kunst.
II. Zeichnung und Ausarbeitung Aegyptischer Figuren.
III. Gestalt der Aegyptischen Götter.
IV. Zeichen den Aegyptischen Gottheiten beygeleget.
V. Zeichen Aegyptischer Könige.

A. Mütze derselben.
B. Stäbe für einen Pflug angesehen.
VI. Bekleidung Aegyptischer Figuren.
  A. Ueberhaupt.
  B. Der Schmuck.
VII. Materie der Aegyptischen Künstler.
  A. Granit.
  B. Basalt.
  C. Porphyr.
  D. Marmor.

Das dritte Capitel.
Von der Kunst der Hetrurier.

I. Aelteste Geschichte der Hetrurier.
  A. Erste Wanderung der Pelasger nach Hetrurien.

B. Zwote Wanderung derselben dahin.
  a) In welcher die Griechen den Hetruriern ihre Geschichte mittheileten.
    b) Die

Inhalt.

b) Die auf Hetrurischen Werken etwas unterschieden vom Homerus, vorgestellet sind.
a) Geflügelte Genii auf Hetrurischen Werken.
  aa) Insbesondere vom Tages.
  bb) Bekleidung der Hetrurischen Genii.
d) Verfassung in Hetrurien nach Einwohnung der Pelasger daselbst.
e) Vergleichung der Umstände von Griechenland mit Hetrurien.

II. Kunst der Hetrurier.
A. Erster Stil derselben.
  a) Denkmal desselben.
  b) Eigenschaften dieses Stils.
B. Zweyter Stil der Hetrurischen Kunst.
  a) Kennzeichen desselben.

b) Insbesondere an der Wölfin von Erzt im Campidoglio.
c) Ungewisse Kennzeichen Hetrurischer Arbeiten.
C. Neueste Entdeckungen Hetrurischer Kunst-Werke, sonderlich der Gräber von Tarquinium.

III. Irrig sogenannte Hetrurische Gefäße.
A. Die von dem Verfasser bekannt gemachet sind.
B. Neue Sammlungen derselben.
C. Gefäß des Durchl. Fürsten von Anhalt-Dessau.
D. Betrügereyen in dieser Art Gefäße.

Das vierte Capitel.
Von der Kunst der Griechen.

Einleitung in dieses Capitel.
I. Erster Abschnitt.
A. Gründe und Ursachen des Aufnehmens der Griechischen Kunst.
  a) Clima von Griechenland.
  b) Achtung der Schönheit unter den Griechen.
  c) Verehrung der Statuen der Götter.
  d) Frölichkeit der Griechen, als die Ursach der Feste und Spiele.
  e) Ursach des Aufnehmens der Mahlerey.
  f) Die Kunst in ganz Griechenland geübet.
  g) Sonderlich unter den Griechen in Sicilien und in Groß-Griechenland.
B. Ursprung, Fortgang und Wachsthum der Griechischen Kunst.
  a) Allgemeine Betrachtung über den ersten Stil der Griechischen Kunst.
  b) Vergleichung dieses Stils mit der Schreibart eben derselben Zeit.
  c) Uebrig gebliebene Werke eben dieses Stils.
  d) Nachahmung dieses älteren Stils in göttlichen Figuren späterer Zeit.

II. Zweyter Abschnitt. Von der Zeichnung des Nackenden oder von der Schönheit.

Uebergang in diese Materie.
A. Erstes Stück. Allgemeine Betrachtung über die Schönheit.
  a) Von der Schönheit allgemein.
    aa) Erinnerung über den Widerstand in Beurtheilung derselben.
    bb) Das Ideal, und dessen Begrif.
    a) Im jugendlichen Alter.
      aa) Allgemein.
      AA) Durch Vermischung beyder Geschlechter in der Kunst hervorgebracht.
      rr) Welcher Begrif von Verschnittenen genommen scheinet.
      ss) Figuren von Verschnittenen und Hermaphroditen.
    ß) Im männlichen Alter.
      cc) Schönheit der Bilder bestimmter Personen.
  b) Von der Proportion.
    aa) Allgemein.
    bb) An Köpfen der Figuren.
    cc) Mängel in der Proportion alter Figuren.
    dd) Erklärung der Ungleichheit der Füße an einigen Statuen.
  c) Von

Inhalt.

o) Von der Gratie, besonders in Gebährden des Gesichts.
 aa) Allgemein.
 bb) Erklärung des Lucianus und des Plinius, aus welchen auf eine zwofache Gratie in den Werken der Alten zu schließen ist.
  α) Die Gratie des hohen Stils.
  β) Die gefällige Gratie des schönen Stils.

B. Zweytes Stück. Idealische Schönheit der Götter, Helden und Thiere.
 a) Der Gottheiten.
  aa) Männlicher Gottheiten.
   α) Jupiter.
   β) Serapis.
   γ) Pluto.
   δ) Neptunus.
   ε) Apollo.
   ζ) Bacchus.
   η) Mercurius.
   θ) Hercules.
   ι) Pan.
   κ) Satyre, Faune und Silene.
  bb) Weiblicher Gottheiten.
   α) Juno.
   β) Pallas und Diana.
   γ) Die Gratien.
   δ) Die Parcen.
   ε) Die Gorgonen, insbesondere die Medusa.
 b) Der Helden und Heldinnen.
  aa) Helden und besonders Telephus
  bb) Heldinnen und besonders die Amazonen.
 c) Idealische Bildung der Thiere.

C. Drittes Stück. Schönheit einzelner Theile des menschlichen Körpers.
 a) Der äußeren Theile.
  aa) Des Haupts.
   α) Der Stirn.
   β) Der Augen.
   γ) Der Augenlieder.
   δ) Der Augenbraunen.
   ε) Des Kinns.
   ζ) Der Ohren, und besonders der Pancratiasten Ohren.
   η) Der Haare, wo eine Stelle des Petronius verbessert und erkläret ist.
    αα) Insbesondere der Haare der Faune.
    ββ) Arbeit der Haare neuerer Bildhauer.

  bb) Der Hände.
  cc) Der Beine und Knie.
 c) Der Flächen des Körpers.
  aa) Der jungfräulichen Brust.
  bb) Warze an der Brust des irrig so genannten Antinous in Belvedere.

III. Dritter Abschnitt. Von dem Ausdrucke, der Action und Handlung der Figuren.
 A. Allgemeine Betrachtung hierüber.
 B. Bestimmung des Worts Ausdruck, wo insbesondere Aristoteles und Plinius erkläret werden.
 C. Action der Künstler den Grundsätzen der Griechen von dem Wohlstande gemäß.
  a) In ihren tanzenden Figuren.
  b) Statuen von Tänzerinnen in der Villa Ludovisi.
  c) Beurtheilung des Spon und Pocok über diesen Wohlstand an vorgegebenen Figuren des Hadrianus und der Sabina an dem Tempel der Pallas zu Athen.
  d) Wohlstand beobachtet an öffentlichen Werken.
  e) Insbesondere von übereinander geschlagenen Beinen.
  f) Bürgerliche Gestalt Römischer Kayser auf ihren Denkmalen.
 D. Vergleichung der alten und neuen Künstler in der Action.

Zugabe von Erinnerungen über die Begriffe der Schönheit in Werken neuerer Künstler.
 A. Vorurtheile über die Vorzüglichkeit der Werke neuerer Kunst.
  a) Unverschämte Urtheile.
  b) Unwissende Urtheile.
 B. Vorzüge der neueren Mahlerey insbesondere.
 C. Gegenwärtiger Bildhauer zu Rom Nachahmung alter Werke.

IV. Vierter Abschnitt. Von der Bekleidung.
 A. Ver

Inhalt.

A. Vergehen neuerer Künstler in der Kleidung, und irrige Meinung wider die Alten in diesem Stücke.
B. Bekleidung allgemein.
 a) Das Unterkleid.
 b) Ermel an der Kleidung.
  aa) Der Theatralischen Figuren.
  bb) Der ausländischen Göttinnen, Cybele und Isis.
  cc) Der Sarmatischen Völker.
C. Männliche Kleidung.
 a) Hosen und andere Arten von Beinkleidern.
 b) Schurz der Opfer-Priester.
 c) Römische Toga.
  aa) Latus clavus und derselben.
  bb) Cinctus Gabinus der Toga.
 d) Mäntel der Alten.
  aa) Gefütterte und Ungefütterte.
  bb) Palndamentum.
 e) Schuhe.
D. Weibliche Kleidung.
 a) Kleidung insbesondere.
  aa) Der Gürtel.
  bb) Figuren der Tänzerinnen und trauernder Weiber ohne Gürtel.
  cc) Mäntel und besonders der Mantel der Isis.
  dd) Juno mit einer Löwenhaut bedeckt.
  ee) Kleidung der Vestalen.
  ff) Schleyer.
 b) Andere zur Kleidung gehörige Stücke.
  aa) Haube betagter Weiber.
  bb) Hut der Weiber.
  cc) Schuhe mit Absätzen.
 c) Weiblicher Schmuck.
 aa) Am Haupte, besonders ein halber Mond.
 bb) Armbänder.
 cc) Glocke am Halse der Comischen Muse.
E. Farbe der Kleidung.
 a) Der Gottheiten, Helden und Priester.
 b) In der Trauer.
F. Waffen.
 a) Degen an Statuen.
 b) Inwendig gefütterter Schild der Pallas.
 c) Römische Faeces.
V. Fünfter Abschnitt. Mechanischer Theil der Griechischen Kunst.
A. Modelle in Thon, wo Plutarchus und Horatius erkläret werden.
B. Anlage der Statuen.
C. Hältniß freystehender Glieder, an alten Figuren, Ital. Tassello genannt.
D. Statuen die aus zwey Stücken zusammen gesetzet sind.
E. Völlige Ausarbeitung und letzte Hand, die den Statuen mit dem Eisen allein gegeben werden.
F. Eingesetzte Augen.
G. Vertheidigung der alten Künstler über die Abweichung in ihren erhobenen Werken.
Beschluß. Erklärung über den irrigen Begrif eines Römischen Stils in der Kunst, und von dem Nutzen einer Reise nach Elis.

Zweyter Theil.

Absicht des zweyten Theils.
Bathycles unter den alten Künstlern.
Verbesserung über den Iphion von Aegina.
Aelteste Münzen.
Falsche Münze des Themistocles.
Aelteste Statue in Rom.
Statue des Castor und des Pollux auf dem Campidoglio.
Brustbilder des Herodotus und des Euripides.

Künstler des hohen Stils.
Phidias.
Agoracritus und dessen Nemesis.
Polycletus und dessen Canephorae.
Andere Werke desselben.
Scopas und die Niobe.
Myron. Untersuchung über dessen Alter.
Erklärung des Plinius über die Kunst des Myron.
Lycius des Myrons Schüler.

Pytha-

Inhalt.

Pythagoras, ein Verbesserer der Kunst in den Haaren.
Ctesilaus.
Statue eines verwundeten Helden von demselben.
Statue des vermeinten sterbenden Fechters, im Campidoglio.
Vergötterung des Homerus, im Pallaste Colonna.
Künstler des schönen Stils.
Praxiteles und dessen Werke.
Lysippus.
Statue und Köpfe des Pyrrhus.
Menanders des Comicus Bildnis.
Münze Königs Antiochus des Ersten.
Die Aussöhnung des Hercules, in der Villa Albani.
Statue des Laocoon.
Statuen und Köpfe von Basalt.
Köpfe im Pallaste Rondinini.
Musaico zu Palestrina.
Vermeinte Statue des Cajus Marius, im Campidoglio.
Nachricht von Athen.
Statue zweyer Thracischen Könige mit abgehauenen Händen, im Campidoglio.
Gefäß von Silber des Zopyrus.
Anmerkung über den Bildhauer Evander.
Angezeigte Irrung des Verfassers über den Bildhauer Strongylion.
Von der Amazone, mit dem Beynamen Eucnemos.
Statue Pompejus im Pallaste Spada.

Brustbild des Cicero im Pallaste Mattei.
Vermeinte Statue des Publius Clodius.
Jul. Cäsars Liebe zu den Künsten.
Augustus, dessen Statuen.
Vermeinte Statue des Quintus Cincinnatus.
Bildnisse der Cleopatra.
Kopf des Marcus Agrippa.
Grabmal der Familie Plautia, ohnweit Tivoli.
Gemählde des Grabmals der Nasonen.
Umstände der Mahlerey unter den Römern.
Der sogenannte Farnesische Ochse.
Von der Kunst unter dem Tiberius.
Caligula, große Menge von Statuen aus Griechenland von demselben geholet.
Der schönste Kopf des Caligula in einem Cameo geschnitten.
Vermeinte Statuen des Paetus und der Arria.
Statuen aus Griechenland durch den Nero weggeführet.
Köpfe des Nero.
Köpfe des Seneca.
Kopf des irrig vorgegebenen Dichters Persius.
Bildnisse des Galba und des Vitellius.
Salustische Gärten und Entdeckungen daselbst.
Titus, dessen Verdienste um die Kunst.
Statuen des Domitianus.
Sieges-Zeichen, irrig genannt des Marius.

Inhalt.

Statue des Epaphroditus.
Werke des Trajanus.
Kunst von Griechen in Rom geübet.
Werke des Hadrianus.
Centaure im Campidoglio.
Musaico der Tauben eben daselbst.
Statuen und Bilder des Antinous.
Marcus Aurelius.
Vermeinte Statue des Commodus.

Septimius Severus.
Caracalla.
Vorgegebene Begräbnis-Urne Kaysers Alexander Severus.
Irriges Vorurtheil über die Kunst im dritten Jahrhunderte.
Kunst unter dem Gallienus.
Kunst unter den Griechen in späteren Zeiten.

Nöthige Verbesserungen.

Seite 16 Zeile 18 Aristides zu folge b),
füge hinzu: b). Aristid. Orat. Aeg. Opp. T. 3. p. 587. C.
Seite 33 Zeile 27 die Diana, ließ Pallas
76 24 anderer in der Villa Medicis, ließ Villa Borghese.

Anmer=

Anmerkungen
über die
Geschichte der Kunst.
Der erste Theil.

Das erste Capitel.
Von dem Ursprunge der Kunst, und von der Materie derselben.

Die Werke der Kunst sind in ihrem Ursprunge, wie die schönsten Menschen bey ihrer Geburt, ungestalt gewesen, und in ihrer Blüte und Abnahme gleichen sie denjenigen grossen Flüssen, die wo sie am breitesten seyn sollten, sich in kleine Bäche, oder auch ganz und gar verliehren. Die Kunst der Zeichnung unter den Aegyptern ist einem wohlgezogenen Baume zu vergleichen, dessen Wachsthum durch den Wurm oder durch andere Zufälle unterbrochen worden: denn es blieb dieselbe ohne Aenderung, aber ohne ihre Vollkommenheit zu erreichen, eben dieselbe bis an die Zeit der Griechischen Könige daselbst, und ein ähnliches Verhältniß scheinet es mit der Kunst der Perser zu haben. Die Kunst der Hetrurier kann in ihrer Blüte mit einem reissenden Gewässer, welches mit Ungestüm zwi-

Einleitung.

A schen

2 **Das erste Capitel. Von dem Ursprunge der Kunst,**

schen Klippen und über Steine hinschießet, verglichen werden: denn die Eigenschaft ihrer Zeichnung ist hart und übertrieben; die Kunst der Zeichnung unter den Griechen aber gleichet einem Flusse, dessen klares Wasser in öfteren Krümmungen ein weites fruchtbares Thal durchströmet und anwächset, ohne Ueberschwemmung zu verursachen.

Die Anmerkungen dieses Capitels betreffen zum Ersten den Ursprung der Kunst überhaupt und die älteste Gestalt der Figuren, und Zweytens die Materie, in welcher die Künstler gearbeitet haben.

I. Ursprünglichkeit der Kunst: bey den Griechen. — Daß die Kunst Figuren zu bilden bey den Griechen so wohl als bey den Aegyptern ursprünglich seyn könne, und daß die ersten Gestalten nicht durch diese jenen gelehret worden, ist in der Geschichte der Kunst als wahrscheinlich angegeben, auch aus dem Grunde, weil ein jedes Volk das nöthige bey sich selbst gefunden hat. Dieser Grund wird bestärket durch die Betrachtung, daß die Kunst der Zeichnung und die Mahlerey, wie die Poesie, eine Tochter des Vergnügens ist; das Vergnügen aber ist dem Menschen nicht weniger nothdürftig, als die Nothdurft in eigentlichem Verstande, und man kann behaupten, daß die Mahlerey und die Bildung der Figuren, oder die Kunst unsere Gedanken zu mahlen und zu bilden, älter sey, als dieselben zu schreiben, wie aus der Geschichte der Mexicaner und anderer Völker erweislich ist. Wenn man aber zugestehen wollte, daß die Griechen die Kunst von den Aegyptern erhalten, so muß man wenigstens auch bekennen, daß es mit jener wie mit dieser ergangen sey: denn die Fabeln der Aegypter wurden unter dem griechischen Himmel gleichsam von neuen gebohren, und nahmen eine ganz verschiedene Gestalt und andere Namen an.

Ich habe angezeiget, daß die Griechen in ihren ältesten Zeiten bereits dreyßig Gottheiten in viereckigten Steinen verehreten; es ist aber vergessen zu melden, daß diese vergötterten Steine zu Pherä, einer Stadt in Achaja, standen a). Es soll auch noch zu den Zeiten Kaysers Marcus Aurelius der erste Versuch eines Profils in Thon geformet, zu Corinth aufbehalten seyn, welchen ein Töpfer nach den Umriß machete, den dessen Tochter um den Schatten ihres schlafenden Liebsten gezogen hatte b).

A. Bildhauerey älter als die Mahlerey. — Daß die Bildhauerey ungleich älter als die Mahlerey sey, ist von dem gründlichen Verfasser des Werks von dem Ursprunge der Gesetze, der Künste und Wissenschaften mit den möglichsten Beweisen dargethan. Die Stufen durch welche die Bildhauerey von ihrem Ursprunge an, gegangen, sind von mir angezeiget, und es erhellet aus den Nachrichten von den ersten Versuchen

a) Pausan. L. 7. p. 579. l. 32.   b) Athenag. Legat. pro Christ. p. 19. l. 20. ed. H. Steph.

und von der Materie derselben.

suchen in dieser Kunst bey den Griechen, daß diese Nation, ob sie gleich von der Natur selbst geschwinder als andere zum Schönen geführet zu seyn scheinet, dennoch eine geraume Zeit Kinder gewesen, ehe sie Männer geworden.

Bey Anzeige der ersten Gestaltung der Griechischen Figuren hätte ich der Nachricht, die uns die alten Scribenten von dem Palladio geben, vor andern gedenken sollen, weil diese Figur eine der ältesten war, die bekannt sind. Es war dieselbe, wie Suidas und andere berichten, von Holz, und nach dem Apollodorus *a*) viertehalb Fuß hoch, wenn πῆχυς dem Hesychius zu folge, für eine Maaß von anderthalb Fuß genommen wird. Wäre besagtes Palladium, wie es scheinet, diejenige Figur gewesen, auf deren Knien Theano, des Antenors Ehegenoßinn und Priesterinn eben derselben Pallas, ein Gewand legete *b*), so könnte im wörtlichem Verstande dieselbe nicht stehend, sondern sitzend, gebildet gewesen seyn. Es haben aber die älteren Griechen und ihre Künstler aus den besten Zeiten entweder diese letztere Pallas unterschieden von dem Palladio, oder sie haben den Ausdruck ἐπὶ γούνασιν nicht wörtlich von einem Hinlegen auf den Knien verstanden, sondern so daß Theano ihr Peplon zu den Füssen der Göttinn geleget habe, wie es allerdings kann erkläret werden. Stehend wie das Palladium auf geschnittenen Steinen in der Hand des Diomedes, ist diejenige Pallas auf dem Stücke eines der schönsten alten erhobenen Werke in dem Museo des Verfassers gebildet, wo Ajax die Cassandra zur Liebe zu bewegen suchet. Auf einem andern schönen Werke in den Gewölbern unter dem Pallaste der Villa Borghese, wo nicht die Liebe, sondern vielmehr die Gewaltthätigkeit des Ajax gegen eben dieselbe Person vorgestellet ist, stehet diese Pallas, jenem Palladio auf geschnittenen Steinen ähnlich, in Gestalt einer Herma oder eines Terminus, und wie jenes Bild und alle anderen vor der Zeit des Dädalus, mit geschlossenen Füssen (ποσὶ συμβεβηκός) bis auf welche eine Bekleidung angedeutet ist. Die rechte Hand hält dieselbe vor der Brust auf ihren Aegis, und in der Linken den Spieß, und hierinn ist dieselbe verschieden von dem Palladio, welchen die Scribenten in der rechten Hand den Spieß und in der Linken eine Spindel geben *c*), so wie eine andere sehr alte Statue dieser Göttinn zu Erythra in Achaja ebenfalls eine Spindel hielt, und auf dem Kopfe eine Kugel *d*).

B. Aelteste Figuren der Griechen.

Von der Materie in welcher die Künstler gearbeitet haben, ist etwas übrig geblieben anzumerken. Was Plinius von dem Abformen der Statuen

II. Materie der Kunst.
A. Das Abformen der Statuen.

A 2

a) Bibl. L. 3. p. 20. e. ed. Rom.   *b*) Il. ζ. v. 303.   *c*) Apollod. l. c. Tzetz. in Lycoph. v. 363.   *d*) Pauf. L. 7. p. 534. l. 35.

4 Das erste Capitel. Von dem Ursprunge der Kunst,

tuen sagt, welches des Lysippus Bruder soll erfunden haben, ist so wie es dieser Scribent angiebt, nicht glaublich; es ist aber derselbe in dem was die Kunst betrift, kein Evangelist, und er scheinet vielmals nur von hören sagen zu sprechen. Vielleicht waren die Bildnisse berühmter Männer, die, wie eben derselbe meldet, Varro in alle Länder verschicket a), in Gipse geformet, so wie es die Bildnisse der Gottheiten armer Leute waren b). In Marmor haben die Künstler aller Völker, bey welchen die Kunst geblühet hat, gearbeitet, und im folgenden Capitel der Anmerkungen über die Kunst der Aegypter wird insbesondere etwas über diejenigen Arten Steine erinnert, aus welchen die Denkmaale dieser Nation gehauen sind. Bey den Griechen waren die bekanntesten Arten der Parische und der Pentelische, und eben so viele Haupt-Arten von Griechischem Marmor werden noch jetzo an Statuen bemerket, nemlich ein kleinkörnigter, welcher ein weisser gleichformiger Teig zu seyn scheinet, und ein zweyter von grösseren Körnern, die mit anderen, welche wie Salz glänzen, vermischet sind, und daher Marmo Salino genennet wird, und dieser ist vermuthlich der Pentelische Marmor aus dem Attischen Gebiete. Es ist derselbe sehr hart und härter als einige Arten des ersteren Marmors, und wegen dieser Eigenschaft und wegen der Ungleichheit seiner Körner ist dieser nicht völlig so milde als jener Marmor, welcher daher zu feinen Zierrathen bequemer ist. Aus diesem vermeinten Pentelischen Marmor ist unter andern vielen Statuen, die schöne Pallas in der Villa des Herrn Cardinals Alex. Albani gearbeitet. Jene Art Marmor, obgleich dieselbe von verschiedener Härte gefunden wird, ist vermöge der Homogeneität dessen Materie und Zusammensetzung derselben zu allen Arbeiten geschickt, und da dessen Farbe einer reinen weissen Haut ähnlich ist, hat derselbe auch daher den Vorzug erhalten: dieses ist vermuthlich der Parische Marmor. Seit einigen Jahren haben sich in den Marmor-Brüchen zu Carrara Adern und Schichte aufgethan, die dem Parischen weder an Feinheit des Korns, noch an Farbe und Mildigkeit weichen. Die schönste Art des Parischen Marmors ist beynahe so hart als der Porphyr, und es finden sich unter andern Figuren aus demselben gearbeitet, ein entleibeter griechischer alter Held, ein sterbender Phrygier, und eine todte Amazone, nicht völlig halb so groß als die Natur in der Farnesina. In der Villa Borghese ist ein verwundeter junger Held von eben der Grösse, und scheinet mit jenen von eben dem Meister zu seyn.

B. Figuren von Marmor.

a) Der Parische.
b) Der Pentelische.

C. Elfenbein. Das Elfenbein könnte scheinen bey den Alten häufiger noch als jetzo gewesen zu seyn, wie man schliessen kann aus unzähligen Statuen in Griechenland,

a) L. 35. c. 2. p. 175.   b) Prudent. Apotheos. p. 227. L 31.

und von der Materie derselben.

land, die aus demselben zusammen gesetzet waren, von denen einige Colossalisch waren, wie nicht weniger aus den Geräthen der Alten, bey welchen sogar die Beine ihrer Betten aus Elfenbein bestanden. Man überdenke hier die fünfhundert Tische von Cedern-Holze, von denen einer dem anderen ähnlich war, mit Füssen von Elfenbein, die Seneca in seinem Hause zu Rom hatte a). Auf einigen alten Gefäßen von gebrannter Erde in der Vaticanischen Bibliothec sind die Gestelle der Sessel völlig weiß gemahlet, vielleicht Elfenbein anzuzeigen.

Es verdienet hier insbesondere der Arbeit der Alten in Glas gedacht zu werden, welche in der Geschichte der Kunst nicht berühret ist, und dieses um so viel mehr, da die Alten weit höher als wir die Glas-Kunst getrieben haben, welches dem der ihre Werke in dieser Art nicht gesehen hat, ein ungegründetes Vorgeben scheinen könnte. Das Glas wurde überhaupt vielfältiger als in neueren Zeiten geschehen ist, angebracht, und es sind vor einigen Jahren in der sogenannten Farnesischen Insel, einige Meilen von Rom, auf der Strasse nach Florenz, Glas-Tafeln von grünen Glase, in der Dicke mittelmäßiger Ziegel, ausgegraben, mit welcher der Fuß-Boden der Zimmer in den Gebäuden daselbst beleget war. Von einigen hundert Centnern zerbrochener Scherben von gläsernen Gefäßen, die sich damals auf eben dem Orte gefunden, und mehrentheils in die hiesige Glas-Hütten verkauft worden, sind mir einige derselben von Schalen zu Gesichte gekommen, die auf dem Drehe-Stuhle gearbeitet seyn müssen: denn es haben dieselbe hoch hervorstehende und gleichsam angelöthete Zierrathen, an denen die Spur des Rades, mit welchem ihnen die Ecken und die Schärfen angeschliffen worden, deutlich zu erkennen ist.

D. Glas-Arbeit.
a) Entdeckung derselben in der Farnesischen Insel.

Bis zur Verwunderung aber gehet die Kunst in zwey kleinen Stücken von Glase, die im verwichenen Jahre in Rom zum Vorscheine gekommen sind. Beyde Stücken haben nicht völlig einen Zoll in der Länge und ein Drittheil desselben in der Breite. Auf dem einen erscheinet in einem dunkelen aber vielfärbigen Grunde ein Vogel, welcher eine Ente von verschiedenen sehr lebhaften Farben, mehr aber im Sinesischen willkührlichen Geschmacke, als der Natur gemäß, vorgestellet. Der Umriß ist sicher und scharf, die Farben schön und rein, und von sehr lebhafter Wirkung, weil der Künstler nach Erforderung der Stellen bald durchsichtiges bald undurchsichtiges Glas gebrauchet hat. Der feinste Pinsel eines Miniatur-Mahlers hätte

b) Gemähl-de aus Glas-Röhren.

a) Xiphil. Ner. p. 152. l. 9. ed. Rob. Steph.

Das erste Capitel. Von dem Ursprunge der Kunst,

hätte den Zirkel eines Aug-Apfels so wohl als die scheinbaren schuppigten Federn an der Brust und den Flügeln (hinter deren Anfange dieses Stück abgebrochen war) nicht genauer und unverworrener ausdrücken können. Die größte Verwunderung aber erweckete dieses Stück, wenn man auf der umgekehrten Seite desselben, eben diesen Vogel erblickete, ohne in dem geringsten Pünktgen einigen Unterscheid wahrzunehmen, da man folglich schliessen mußte, daß dieses Bild durch die ganze Dicke des Stücks, welche ohngefehr einen Sechstheil des Zolls beträget, fortgesetzet sey, und da wo man dasselbe auch durchschneiden würde, dieselbe Ente wiederholet finden könnte, welches die beobachteten durchsichtigen Stellen einiger schönen Farben an dem Auge und der Brust noch mehr bestätigten. Die Mahlerey erscheinet auf beyden Seiten körnigt, und aus einzelnen Stücken, nach Art Musaischer Arbeiten, aber so genau zusammengesetzt, daß auch ein scharfes Vergrösserungs-Glas keine Fugen davon entdecken konnte. Dieser Umstand und das durch das ganze Stück fortgesetzte Gemählde machten es unendlich schwer, sich sogleich einen Begrif von der Bewerkstelligung einer solchen Arbeit zu machen, welches auch vielleicht noch lange Zeit ein Räthsel geblieben wäre, wenn man nicht da, wo dieses Stück abgebrochen ist, an dem Durchschnitte desselben, die ganze Dicke durchlaufende Striche von eben denselben Farben, als die, so auf der oberen Fläche erscheinen, entdecket hätte, und daraus schliessen konnte, daß diese Mahlerey von verschieden gefärbten Glas-Fäden aneinander gesetzet, und nachher im Feuer zusammen geschmelzet sey.

Es ist nicht zu vermuthen, daß man so viel Mühe angewendet haben würde, dieses Bild nur durch die unbeträchtliche Dicke eines Sechstel-Zolles fortzuführen, da solches mit längeren Faden, in eben derselben Zeit, durch eine Dicke von vielen Zollen zu bewerkstelligen, eben so möglich war. Dahero mußte man schliessen, daß dieses Gemählde nur in besagter Dicke von einem längeren Stücke, durch welches dasselbe fortgeführet war, abgeschnitten worden, und daß man dieses Bild so oft, vervielfältigen können, als erwehnte Dicke in der ganzen Länge des Stücks enthalten war.

Das zweyte Stück ist ohngefehr von eben derselben Grösse und eben diese Weise verfertiget. Es sind auf demselben Zierrathen von grünen, weissen und gelben Farben, auf blauen Grunde vorgestellet, die aus Schnirkeln, Perlenschnüren und Blümchen bestehen, und auf pyramidalisch aneinander

laufenden

laufenden Zügen ruhen. Alles dieses ist sehr deutlich und unverworren, aber so unendlich klein, daß auch ein scharfes Auge Mühe hat, den feinsten Endungen, in welche sich sonderlich die Schnirkel verliehren, nachzufolgen, und dem ohnerachtet sind alle diese Zierrathen ununterbrochen durch die ganze Dicke des Stücks fortgesetzet.

Das nützlichste aber, was in aller Glas-Arbeit bekannt ist, sind abgedruckte und geformte, theils hohl, theils erhoben geschnittene Steine, nebst erhobenen Arbeiten von grösserer Form, von welcher Art auch ganze Gefäße sind. Die Glas-Pasten hohl geschnittener Steine ahmen vielmals die verschiedenen Adern und Streifen nach, die sich in dem abgeformten Steine fanden, und auf den Pasten erhoben geschnittener Steine sind eben die Farben gesetzet, die der Cameo selbst hatte, und einige sind so schön und erhalten, daß man dieselben an statt wirklicher Steine tragen könnte, wie auch in alten Zeiten geschahe a). Der Verfasser besitzet unter andern Glas-Pasten einen erhoben gearbeiteten Hercules mit der Jole, welcher nicht weniger schön ist, als eben dieses Bild von dem alten Künstler Teucer geschnitten b). In ein paar sehr seltenen Stücken dieser Art ist das erhobene figurirte mit dicken Gold-Bleche beleget; das eine von denselben zeiget den Kopf des Tiberius, und gehöret Hrn. Byres, aus Schottland, einem Liebhaber der Baukunst zu Rom.

c) Glas-Pasten, von geschnittenen Steinen genommen.
aa) Von hohl geschnittenen.
bb) Von erhoben geschnittenen oder Cameen.

Diesen Pasten haben wir zu verdanken, daß einige seltene Bilder, von welchen sich die geschnittenen Steine selbst verlohren, bis auf uns gekommen sind, wie unter andern der Zweykampf des Pittacus, eines der alten sieben Weisen, mit dem Phryno, über das Vorgebürge Sigeum hier angeführet werden kann: jener warf diesem ein Netz über den Kopf, worinn er ihn verwickelte, und also seinen Gegener überwältigte c). Diese Paste eines tiefgeschnittenen Steins erscheinet in meinen Denkmalen des Alterthums.

cc) Nutzen dieser Glas-Pasten.

Von grösseren erhoben gearbeiteten Bildern in Glas finden sich insgemein nur zerbrochene Stücke, die uns die besondere Geschicklichkeit der alten Künstler in dergleichen Pasten von so besonderer Grösse, und durch eben diese Grösse den Gebrauch derselben anzeigen. Es wurden solche Stücke entweder

dd) Glas-Tafeln mit erhobenen Figuren.

a) Plin. l. 35. c. 30.   b) Stosch. Pier. gr. pl. 68.   c) Strab. Geogr. L. 13.
p. 600. A. Polyaen. Stratag. L. 1. c. 25.

8   Das erste Capitel. Von dem Ursprunge der Kunst,

der in Marmor gehauenen oder auch nur gemahlten Laubwerke und so genannten Arabesken, als Zierrathen an den Wänden der Palläste angebracht *a*).

Das Beträchtlichste von diesen erhobenen Glas-Arbeiten ist ein grosser von Buonarroti beschriebener Cameo in dem Museo der Vaticanischen Bibliothec, welcher aus einer länglich viereckten Tafel bestehet, die mehr als einen Palm lang und zwey Drittheile desselben breit ist. Es ist auf denselben in sehr flach erhobenen weissen Figuren, auf dunkelbraunen Grunde, Bacchus in dem Schoosse der Ariadna liegend, nebst zween Faunen und einem Tiger abgebildet. Das höchste Werk der Glas-Kunst bey den Alten scheinen ihre Pracht-Gefäße gewesen zu seyn, auf welchen flach erhobene, helle und öfters vielfarbige Figuren, auf dunkelen Grunde, so wie bey ächten aus Sardonyx von grossen Künstlern geschnittenen Gefäßen, in hoher Vollkommenheit erscheinen. Von diesen Gefäßen ist vielleicht nur ein einziges ganz erhaltenes Stück in der Welt, welches sich in der irrig vorgegebenen Begräbnis-Urne Kaysers Alexander Severus, mit der Asche der verstorbenen Person angefüllet, fand, und unter den Seltenheiten des Barberinischen Pallastes aufbewahret, aber seit einigen Jahren nicht mehr gewiesen wird. Man kann von der Schönheit desselben urtheilen aus dem Irthume, worinn einige gewesen sind, die dasselbe als ein Gefäß von ächten Sardonyx beschrieben haben *b*).

(**) Gefäße von Glas mit erhobenen Figuren.

Wie unendlich prächtiger müssen nicht solche Geschirre von Kennern des wahren Schönen geachtet werden, als alle so sehr beliebte Porcellan-Gefäße, deren schöne Materie bishero noch durch keine ächte Kunst-Arbeit edler gemachet worden, so daß auf so kostbaren und theuren Arbeiten noch kein würdiges und belehrendes Denkbild jemals eingepräget worden. Das mehreste Porcellan ist in lächerlichen Puppen geformet, wodurch der daraus erwachsene kindische Geschmack sich allenthalben ausgebreitet hat, an statt daß man die ewigen Kunstwerke der Alten, ihrer Dioscorides und ihrer Solons, zu vervielfältigen, und auch im belustigen zu lehren suchen sollen. Die in Porcellan wiederholte Abbildungen so vollkommener Kunststücke würden nicht wenig beygetragen haben, das Gefühl des Schönen fortzupflanzen, und den guten Geschmack zu erhöhen.

(f) Anmerkung über den pöbelhaften Geschmack der Arbeit in Porcelan.

Der

---

a) Vopisc. in Firm. c. 3. conf. Plin. L. 36. c. 64.   *b*) Bartol. Sepulcr. tav. 85.

und von der Materie derselben.

Der Wunsch, daß besagte eben so schöne als nützliche Glas-Kunst wieder aufleben möchte, hat einen Liebhaber von Versuchen zur Aufnahme verschiedener Künste, Hrn. Rath Reißstein, aus Preussen, (welcher itzo in Rom lebet) gereizet, selbst Hand anzulegen. Es ist demselben gelungen, verschiedene Gattungen oberwehnter Künste, sonderlich hochgeschnittene Steine in Glas in zwo oder mehr Farben dergestalt nachzuahmen, daß man sich nicht entsehen würde, dieselben als würkliche Steine, am Finger zu tragen. Er hat seine Versuche bereits bis zu Cameen von einem halben Palme getrieben, und da diese Arbeit aller Kenner Beyfall erhalten, und kürzlich durch den Durchlauchtigen Fürsten von Anhalt-Dessau, welcher die Bewunderung fremder Länder, die er durchreiset, geworden, großmüthig unterstützet ist, fähret er fort, grössere Versuche nach besonders dazu verfertigten Modellen von Cameen in der Grösse eines Palms zu liefern, und wird sich nachher an Gefäße selbst wagen. Auf dem bishero eingeschlagenen Wege haben sich bereits manche Erscheinungen von Arten, die den Alten unbekannt gewesen scheinen, geäussert, unter welchen eine der ersteren diese war, Cameen zwischen zwey Gläsern einzuschmelzen, und die schönsten Stücke, die auf erhobenen oder hohl geschnittenen Steinen befindlich sind, wie die Insecten im durchsichtigen Bernsteine, erscheinen zu lassen, woselbst sie von aller fernerer Verstörung und Beschädigung gewissermaßen gesichert sind, und Jahrhunderte hindurch in Wasser und Erde fortdauren können.

gg) Wiederhergestellte Arbeit in Glas, nach Art der Alten.

Das zweyte Capitel.

Von der Kunſt der Aegypter.

Erinnerung über dieſes Capitel.

Von der Kunſt der Aegypter finde ich nichts beſonders, was die Zeichnung, als das Weſen derſelben, betrifft, hier von neuen zu bemerken; da aber alle unſere Kentniſſen ein zuſammenhängendes Kettenwerk ſind, ſo können auch die Beyträge, die ich hier gebe, ob ſie gleich die Kunſt der Zeichnung der Aegypter nicht unmittelbar betreffen, als Fibern der Wurzeln des Stammes angeſehen werden, die man zwar von den Wurzeln abnehmen kann, die aber, wenn ſie bleiben, Saft und Nahrung zuführen.

I. Von der Natur der Aegypter, in Abſicht auf die Kunſt.

Bey dem Erſten Stücke eben dieſes Capitels der Geſchichte der Kunſt, wo von den Urſachen der Kunſt unter den Aegyptern geredet iſt, kann in Abſicht der ſchwarzbraunen Farbe dieſes Volks a) annoch gemerket werden, daß von derſelben eben dieſe Farbe auch in anderen Menſchen durch das Wort Αιγυπτιάσαι bezeichnet worden, welches bedeutet, von der Sonne verbrannt ſeyn. Wenn aber Martialis einen ſchönen Knaben aus Aegypten verlanget b), ſo muß dieſes vermuthlich nicht von einem Knaben von Aegyptiſchen, ſondern von Griechiſchen Eltern gebohren, verſtanden werden, da die ausgelaſſenen Sitten der Einwohner von Alexandrien bey allen Scribenten beſchrien ſind. Unterdeſſen füget dieſer Dichter hinzu, daß ein weiſſes Geſicht aus dieſem Lande der braunen Farbe (in mareotide fuſca) deſto mehr zu ſchätzen ſey, je ſeltener es ſich finde. Von dem Gewächſe der Aegypter iſt anzumerken, daß dieſelben groß von Statur geweſen zu ſeyn ſcheinen, wie man aus dem Pauſanias ſchlieſſen kann, wo er ſaget, daß er Celten geſehen, die ſo groß als der Aegypter ihre Todten geweſen c), und dieſe Nachricht wird beſtätiget durch die ungewöhnliche Länge der Mumie in dem Inſtituto zu Bologna, die eilf Römiſche Palmen hält.

II. Zeichnung und Ausarbeitung Aegyptiſcher Figuren.

Von der Zeichnung und der Ausarbeitung Aegyptiſcher Figuren habe ich zum Erſten einen Mißverſtand über die parallel ſtehende Füſſe zu heben. Dieſe finden ſich an einigen ſitzenden Figuren, aber nicht an ſtehenden. Zum Zweyten muß ich erinnern, daß nicht alle und jede Aegyptiſche Statuen beyde Arme längſt den Seiten gerade herunter hängen haben; dieſes iſt der gewöhnliche Stand männlicher Figuren, und nicht der weiblichen, als an welchen nur der rechte Arm herunter hänget, der linke Arm aber lieget gebogen unter

---

a) Heliodor. Aethiop. l. 1. p. 3. l. 27. edit. Ald.   *b*) L. 4. ep. 42.   *c*) L. 1. p. 86. l. 21.

Von der Kunst der Aegypter.

unter der Brust. Diejenigen weiblichen Figuren hingegen, welche vorwerts an dem Stuhle oder Throne des Memnons stehen, haben wie die von unserem Geschlechte beyde Arme hängen. Den gegebenen Anzeigen von der Kunst unter diesem Volke zufolge, kann man ein jedes einzelnes abgebrochenes Theil einer Statue unterscheiden und sagen, ob es Aegyptisch oder Griechisch ist. Ein Bildhauer zeigete mir einen Schenkel nebst dem Knie einer knieenden Figur von grünlichen Basalte, als eine Aegyptische Arbeit; ich bewieß ihm aber aus den ausgedruckten Knochen und Knorpeln des Knies, daß es ohngeachtet des Aegyptischen Steins eine Griechische Arbeit sey. Zu Erläuterung der Stelle des Petronius von dem eingeschlichenen Aegyptischen Stile in der Kunst, können auch die Figuren einiger Herculanischen Gemählde dienen a).

Ueber die Gestalt der Aegyptischen Götter und anderer Figuren sind einige Anmerkungen beyzufügen, die theils die Figur selbst, theils deren beygelegte Zeichen betreffen. An der Statue von Basalt in der Villa Albani, deren Idealischer Kopf etwas von einem Löwen, von einer Katze und von einem Hunde hat, scheinen in dieser Vermischung der Geschlechter die Eigenschaften und Bilder anderer Aegyptischen Gottheiten in einem Anubis, welcher mit einem Hunds-Kopfe gebildet war, vereiniget zu seyn, wie die Aegyptische Theologie lehrete b). Ein würklicher kleiner Anubis ist in gedachter Villa, wie ich angezeiget habe, und eine diesem ähnliche sitzende Figur befindet sich im Pallaste Barberini. Der Anubis im Campidoglio ist nicht, wie man fehlerhaft in der Geschichte der Kunst gedrucket, von schwarzen Marmor, sondern von weissen. Die einzige Statue des Osiris, mt einem Sperber-Kopfe, ist in dem Pallaste Barberini. Der Kopf dieses Vogels soll in der Aegyptischen Gottheit den Griechischen Apollo bilden: denn diesem war, nach dem Homerus c), der Sperber eigen und dessen Bothe, weil derselbe mit offenen Augen in die Sonne, deren Bild Apollo ist, zu sehen vermag d). Ausserordentlich ist unter den Herculanischen Gemählden ein vermeinter Osiris auf einem schwarzen Grunde, an welchem das nackende des Gesichts, der Arme und der Füsse eine blaue Farbe hat e), worinn vermuthlich eine Symbolische Deutung verborgen lieget, da wir wissen, daß die Aegypter dem Bilde der Sonne, oder dem Osiris, mehr als eine Farbe gaben, wo die blaue Farbe die Sonne, wie sie unter unserem Hemispherio ist, abbilden sollte f).

III. Gestalt der Aegyptischen Götter.

---

a) Pitt. Erc. T. 3. tav. 22. 51.   b) Euseb. Praep. Ev. l. 3. p. 57. l. 32.   c) Odyss. i. v. 525.
d) Aelian. Hist. anim. l. 10. c. 14.   e) Pitt. Erc. T. 4. tav. 69.   f) Macrob. Saturn. l. 1. c. 19. p. 241.

Das zweyte Capitel.

IV. Zeichen den Aegyptischen Gottheiten beygeleget.

In Absicht der den Aegyptischen Gottheiten beygelegten Zeichen habe ich gesaget a), daß sich keine Isis mit Hörnern auf Aegyptischen Denkmalen finde. Nach der Zeit habe ich unter den Zeichnungen des bekannten Ghezzi, in der Vaticanischen Bibliothec, eine Figur derselben mit zwey Hörnern, in deren Mitte eine runde Scheibe stehet, entdecket. Die Hörner sollen vermuthlich die Hörner des halben Monds anzeigen, und die Scheibe die Sonne, so wie man eine platte runde Kugel auf einem halben Monde gesetzt, auf dem Haupte einer Isis von Griechischer Arbeit, im Pallaste Barberini siehet. Von der Figur mit Hörnern kann ich unterdessen aus der Zeichnung nicht von dem Alter derselben mit Zuverläßigkeit entscheiden. Dasjenige was uns Porphyrius aus dem Numenius lehret b), daß nemlich die Aegyptischen Gottheiten nicht auf festen Boden stehen, sondern auf einem Schiffe, und daß nicht allein die Sonne, sondern alle Seelen auf dem feuchten Elemente schwimmen, wodurch angeführter Scribent das Schweben des Geistes Gottes auf dem Wasser, in der Beschreibung der Schöpfung, hat erläutern wollen, so wie Thales behauptete, daß die Erde wie ein Schiff auf dem Wasser fliesse c); eben diese Lehre kann ich in einigen alten Denkmalen abgebildet anzeigen. In der Villa Ludovisi stehet eine kleine Isis von Marmor mit dem linken Fusse auf einem Schiffe, und auf zwo runden Basen in der Villa Mattei, wo der von den Römern angenommene Aegyptische Gottesdienst vorgestellet ist, stehet eine Figur mit beyden Füssen auf einem Schiffe. Noch näher aber kommt jener Lehre der Aegypter die Sonne, welche nebst dem persönlich gemachten Monde auf einem Wagen von vier Pferden gezogen, in einem Schiffe führet. Dieses Bild ist auf einem so genannten Hetrurischen Gefäße gemahlet, wie im folgenden Capitel angezeiget wird.

V. Zeichen Aegyptischer Könige.

Die Figuren, welche an der Spitze der Obelisken erhoben eingehauen sind, scheinen nicht Götter, sondern Könige vorzustellen: dieses kann man aus dem Diodorus schliessen, welcher saget, daß ihre Könige einen Pflug halten, wie ich nachher untersuchen werde. Diesen Figuren ist diejenige vollkommen ähnlich, welche auf beyden Seiten einer Tafel von rothen Granite, in dem Garten des Pallastes Barberini abgebildet ist, doch so, daß diese beynahe groß wie die Natur erscheinet. Diese Könige haben auf dem Haupte eine runde und oben platte Mütze, die sich oberwerts erweitert, nach Art des Scheffels auf den Köpfen des Serapis. Aehnliche Mützen tragen Persische Figuren an den Trümmern von Persepolis und Kankal, das ist, Scheffel werden die Mützen der alten Persischen Könige und Priester von den Arabern

A. Mütze derselben.

genen-

---

a) p. 45. b) de Nymph. antr. p. 116. ad fin. pag. c) Senec. Nat. Qu. L 3. c. 13.

Von der Kunst der Aegypter.

genennet a). Vorne an der Mütze gedachter Aegyptischen Figuren erhebet sich eine Schlange, so wie auch an den Köpfen über der Stirne Phönicischer Gottheiten auf Münzen der Insel Malta b). Jacob Gronov hat hier seiner Einbildung Platz gegeben, und sich Figuren vorgestellet, die ihm geschienen den Kopf mit dem Felle Maltesischer kleiner Hunde bedecket zu haben, von denen der Schwanz über der Stirn stehe, und glaubet er habe hier die wahre Herleitung des Worts κυνῆ, der Helm, gefunden, als welcher in den alleraltesten Zeiten aus dem Felle eines Hunde-Kopfs gemachet war c). An anderen Aegyptischen Köpfen siehet man anstatt der Schlange eine Eyder d). Gedachte ungründliche Einbildung dieses Gelehrten erscheinet noch mehr das was sie ist, in Betrachtung einiger alten Denkmale, welche aber weder ihm noch andern jenseit der Alpen bekannt seyn konnten. Diese sind zum Ersten zwo Hermen männlicher jugendlicher Köpfe, in der Villa Albani, die mit dem Felle eines Hunde-Kopfs, wie Hercules mit der Löwenhaut bedecket sind, und die beyden vorderen Füsse dieses Fells sind unter dem Halse gebunden. Es stellen dieselben vermuthlich Lares oder Penates, Haus-Götter der Römer vor, die, wie Plutarchus anzeiget e), auf diese Art den Kopf bedecket, gebildet wurden. Zum Zweyten erscheinet die älteste Art und Form der Helme noch deutlicher an einer schönen Pallas über Lebens-Grösse in eben dieser Villa, die anstatt des gewöhnlichen Helms mit dem Felle eines Hunde-Kopfs bedecket ist, von welchem die obere Schnautze nebst den Zähnen über der Stirne der Göttinn liegen. Der alte Künstler hat vermuthlich hier Gelehrsamkeit anbringen wollen, und ist bis zum Ursprunge Griechischer Helme zurückgegangen.

Die Stäbe in der Hand gedachter Aegyptischen Könige scheinet Diodorus für einen Pflug angesehen zu haben: denn er saget, daß die Figuren Aegyptischer Könige einen Pflug gehalten; es sind aber Stäbe oben mit dem Kopfe eines Vogels. Dieser Vogel ist entweder derjenige, welcher, wie ich gedacht habe, die Einwohner von Aegypten Abukerdan nennen, oder es ist der Vogel Epops der Griechen, von den Römern Upupa genannt. Hier fragt sich aber, was dieser Stab ähnliches habe mit einem Pfluge, und wie Diodorus eins mit dem anderen habe verwechseln können? Dieses zu erklären, muß man voraus setzen, daß dieser Scribent vermuthlich aus sich selbst diese Deutung von besagten Stäben gemacht habe, welche er von weiten an der Höhe der Obelisken, und nicht in der Nähe gesehen, wie es in

B. Stäbe für einen Pflug angesehen.

a) Hyde de relig. Perſ. c. 23. p. 305. ed. recent.   b) conf. Pref. de la Deſcr. des Piergr. du Cab. de Stoſch. p. 18.   c) Praef. ad T. 6. Theſ. Ant. Gr. p. 9.   d) Beger. Theſ. Brand. T. 3. p. 301.   e) Qn. Rom.

14 Das zweyte Capitel.

Rom geschehen kann, wo drey derselben auf der Erde liegen. Eben so, wie es dem gelehrten Bianchini ergangen ist, welcher einen solchen Stab in der Hand der Figur an der Spitze des Flaminischen Obelisks, auf dem Platze an der Porte del Popolo, der Anzeige des Diodorus zu folge, erkläret a). Die Alten hatten zwo Arten Pflüge; der eine war wie der unsrige aus mehr Stücken zusammengesetzet, und hieß ἄροτρον πηκτόν, der andere hieß αὐτόγυον b), und bestand aus einem einzigen Stücke, das ist, es war das hintere Ende, welches den Winkel machet, Γύλη genannt, von anderen ἐχέτλη c), woran unten das Pflug-Eisen fest gemachet wird, aus einem Stücke mit der Stange, an welcher die Ochsen ziehen. Ein solcher Pflug ist derjenige, mit welchem der Held Echetlus bey Marathon wider die Perser streitend auf fünf bis sechs Hetrurischen bisher von niemand erklärten Begräbniß-Urnen vorgestellet ist. Ein paar von solchen Urnen hat Buonarroti, ohne das Bild auf denselben zu kennen, bekannt gemachet; eine andere stehet in der Vaticanischen Bibliothek, und eine ähnliche von Volterranischen Alabaster, wie die vorige ist, befindet sich in der Villa des Herrn Cardinals Alex. Albani. Mit einem Pfluge von dieser Art hat der Stab mit dem Vogel-Kopfe in der Hand der Könige auf Aegyptischen Denkmaalen, wenn man denselben in der Ferne siehet, viel Aehnlichkeit, und es ist hieraus wahrscheinlich, wie Diodorus diesen mit jenen verwechseln können.

III. Bekleidung Aegyptischer Figuren.
A. Ueberhaupt.

Ueber die Bekleidung Aegyptischer Figuren können folgende Erinnerungen beygefüget werden. Die weiblichen Figuren, an welchen die Bekleidung nur durch einen niedrigen Rand am Halse und durch einen Vorsprung unten an den Beinen angedeutet ist, müssen insgemein für unbekleidet angesehen seyn. Dieses schliesse ich aus den Zeichnungen derjenigen Aegyptischen Statuen, die Pabst Clemens XI. im Campidoglio aufstellen lassen. Franz Moratti, von Padua, welcher dieselben ergänzet hat, überreichete diese Zeichnungen gedachten Pabste; ich sehe aber, so sauber dieselben auch ausgeführet sind, den Rand am Halse nicht im geringsten angedeutet, und den Vorsprung an den Beinen auf solche Art angegeben, daß es scheinet, dieser Bildhauer habe die Absicht davon nicht eingesehen. Bey dem unter den Brüsten zusammen geknüpften Mantel einer Aegyptischen Figur aus dem zweyten Stile, in der Villa Albani, kann ich diese Art den Mantel zu tragen, als ein Kennzeichen der Isis, auch in dieser Figur selbst angeben. Denn die Statuen dieser Göttinn, die nachher, da Rom dieselbe verehret, von Griechischen Bildhauern gearbeitet worden, haben

a) Ist. Vniv. p. 239.   b) Hesiod. ἔργ. v. 433. conf. Hom. Il. κ'. v. 353. ί. v. 703.
c) Etymol. magn. v. ἐχέτλη.

Von der Kunst der Aegypter. 15

ben alle, ohne Ausnahme, den Mantel, welcher insgemein mit Frangen ist, auf eben die Art an zween Zipfeln unter der Brust geknüpft. Es ist auch der bloße Rumpf einer solchen Figur hieraus kenntlich, wie im vierten Capitel dieser Anmerkungen mit mehrerem berühret ist. Die größte und schönste Griechische Statue der Isis, mit dem Harpocrates zu ihren Füssen, stehet im Pallaste Barberini; die nächste in der Schönheit nach dieser befindet sich im Museo Capitolino. Bey Gelegenheit der Aegyptischen Kleidung ist mir ein Zweifel über das Alterthum der Ode des Anacreon eingefallen, in welcher der Parther gedacht wird, und der Tiara, oder Mütze, als ihres Kennzeichens:

    Καὶ Παρθαλους τις ἀνδρας
    Ἐγκώρισ᾽ ἀντιάραις.

Wie war den Griechen zu Anacreons Zeiten der Name der Parther bekannt? In Absicht des weiblichen Schmuckes, welcher zu der Bekleidung zu rechnen ist, kann annoch bemerket werden, daß sich auch Ohrgehenke finden, die an einer von Pococke beygebrachten Figur angedeutet sind *a*). Armbänder nahe an den Knöcheln der Hand hat eben diese Figur, und die Isis von schwarzen Granite im Campidoglio. Wollte man bestimmt reden, wäre dieser Schmuck kein Armband zu nennen, als welcher an Figuren anderer Völker um den Arm lieget, sondern es müßte einen Ring bedeuten. Denn die ältesten Völker, sonderlich die Aegypter scheinen die Ringe nicht an den Fingern, sondern an der Hand getragen zu haben, da Moses saget, Pharao habe sich seinen Ring von der Hand gezogen, und denselben dem Joseph an die Hand geleget *b*).

    B. Der Schmuck.

Von der Materie in welcher die Aegyptischen Werke gearbeitet worden, sind mir folgende Bemerkungen eingefallen. Der gemeinste Stein dieser Werke ist der Granit, und der rothe ist vornemlich diesem Lande eigen; daher es eine neuere Fabel ist, wenn in vielen Büchern vorgegeben wird, Pabst Alexander VII. habe eine von den Eck-Säulen des Portals des Pantheon aus der Insel Elba kommen lassen: diese Säule aber ist von rothen Granite, und gedachte Insel bringet nur schwärzlich-weissen Granit, der sich in vielen anderen Ländern findet, hervor. Der Obelisk aus dem Circo des Cajus, welcher vor der St. Peters-Kirche stehet, und von des Sesostris Sohne errichtet worden, der sich nicht durch Thaten berühmt gemachet, scheinet auch aus dieser Ursach ohne Hieroglyphen zu seyn, da Herodotus oder Diodorus berichten, es sey die Errichtung dieser Denkmale ein Vorrecht derjenigen Könige gewesen, die ihren Namen verewiget hatten.

    IV. Materie der Aegyptischen Künstler.
    A. Granit.

Aus

a) Descr. of the East, Tom. I. tab. 61.   *b*) Gen. c. 24. v. 47. c. 41. v. 2.

Das zweyte Capitel.

D. Basalt.

Aus Basalte, und zwar aus der gemeinsten Art desselben wird diejenige Statue des Pescennius Niger gewesen seyn, die, nach den Spartianus, aus schwarzen Steine war, und diesem Kayser von dem Könige in Theben geschicket wurde, an dem Gipfel dessen Hauses in Rom dieselbe noch zu den Zeiten gedachten Scribenten stand, und es war dieselbe mit einer Griechischen Inschrift begleitet. Die Farbe des Steins deutete symbolisch auf den Namen Niger. Weder Aegypten noch Theben hatten damals Könige, und man kann dieses nicht anders als von einem Römischen Befehlshaber, welcher gleichsam an statt des Königs zu Theben war, verstehen, wie dieses vor mir bereits erkläret worden a). Aus hellgrünen Basalte, welcher weich ist, ist mir nur ein einziges Stück im alten wahren Aegyptischen Stile bekannt, und dieses ist die Base einer Statue mit vielen Hieroglyphen angefüllet, auf welcher sich beyde Füsse erhalten haben. Diese Füsse geben Zeugniß, daß dieses das schönste Werk der Bildhauerey gewesen seyn würde, welches wir von den Aegyptern haben. Es befindet sich dieses Stück in dem Museo des Collegii Romani.

C. Porphyr.

Ueber den Porphyr könnte man zweifeln, ob derselbe ein Aegyptischer Stein sey, oder ob er nur, einer Anzeige des Aristides zu folge, in Arabien gefunden werde. Diesen Zweifel bestärkete theils die Seltenheit Aegyptischer Figuren aus gedachten Steine, da sich wenigstens keine in Lebens-Grösse finden, theils die Nachricht Herrn Wortley Montagu, daß man in Unter-Aegypten (denn nach Ober-Aegypten erlaubeten die gegenwärtigen Unruhen daselbst diesen Reisenden nicht zu gehen) sehr selten ein Stück Porphyr treffe. Es schrieb mir derselbe, daß er in den Trümmern fast unzähliger Städte, nur hier und da wenige Stückgen von diesem Steine gesehen habe, auf der ganzen Reise aber von Cairo bis nach den Berg Sinai finde sich keine Spur desselben. Auf dem einzigen St. Catharina-Berg, welcher noch eine Stunde Wegs höher ist, erzeuget sich, nach dessen Angeben, dieser Stein. Man bemerket den Porphyr, wie eben derselbe schreibet, nachdem man drey Viertel-Stunden gegangen ist; es sey derselbe aber nicht von der besten Gattung: denn das rothe sey viel heller als der Porphyr, welcher häufig in Rom ist, und das weisse sey nicht geschlossen genug, so daß sich in den weissen Körnern Löcher zeigen. Die Vermischung des Weissen und des Rothen sey den Steinen ähnlich, auf welchen figurirte Pflanzen sind, das ist, wie ich es mir vorstelle, nach Art eines gewissen grünen Serpentins. Die Pflanz- oder Strauch-mäßige Art höre auf, wenn man den hälften Weg dieses hohen Berges zurück geleget habe, und er fange an dichter und

von

---

a) Boze Refl. sur les Med. de Pescen. dans les Mem. de l'Acad. des Inscr. T. 24. p. 117.

Von der Kunst der Aegypter.

von besserer Farbe zu seyn, als er unterwerts war; dennoch aber sey derselbe nicht mit dem schönen Porphyr zu vergleichen. Spuren von Stein-Brüchen aber hat dieser Reisende auf dem ganzen Berge nicht entdecket. In einem Aufenthalte von eilf Jahren zu Rom habe ich nur ein einziges Stück von einer kleinen wahrhaftig Aegyptischen Figur aus Porphyr mit Hieroglyphen bezeichnet, gefunden, welches durch Herrn Desmarets, Aufseher der Königlichen Manufacturen in Frankreich, aus Rom in das Museum der Alterthümer zu Paris versetzet worden. Da aber eben dieser erfahrne Naturkundige in der Provinz Limosin und in einigen anderen Gebürgen in Frankreich Porphyr entdecket, und zwar im Granite, welcher gleichsam die Schale von jenem Steine ist, so kann man mit grosser Wahrscheinlichkeit schliessen, da der schönste Granit aus Aegypten gekommen, daß auch in diesem Lande Porphyr wachse. Eben die Gebürge, welche rothen Porphyr hervorbringen, müssen auch den grünen und weit seltenern Porphyr geben, da sich Adern und grosse Stücke von dieser letzteren Art, an Statuen, Säulen, und in Tafeln von jenem finden. Die Statue von rothem Porphyr ist in der Villa Medicis und stellet einen gefangenen König vor; ein grosses Stück grünen Porphyrs bemerket man auf der linken Schulter desselben. Tafeln von dieser Art finden sich in der Kirche von St. Lorenzo, in dem Fuß-Boden der Kirche zu St. Maria Maggiora, in dem sogenannten Königlichen Saale des Vaticanischen Pallastes, in der Villa Borghese und in dem Pallaste Lancellotti. Den deutlichsten Beweis aber von dem Vaterlande des Porphyrs giebt ein ungemein harter Stein, von derjenigen Art die man Breccia nennet, und welcher aus Stücken von mancherley Farben zusammen gesetzet ist, unter denen die von der schönsten grünen Farbe die häufigsten sind. In diesem Steine entdecken sich unter anderen Stücke von Granite und Porphyr, so wohl von dem rothen als von dem grünen, und es könnte derselbe daher eine Aegyptische Breccia genennet werden, unter welchem Namen dieser Stein vermuthlich künftig bekannt seyn wird, nachdem diese Untersuchung verschiedenen Arbeitern in Steinen mitgetheilet worden. Von dieser Breccia haben sich erhalten grosse Stücke von Säulen in der Villa Mattei, in der Villa Albani, und auf einer solchen Säule im Campidoglio sitzet der junge Mensch aus Ertz, welcher sich einen Dorn aus dem Fusse ziehet. Eine einzige Statue in dieser Breccia gearbeitet findet sich in der Villa Medicis, und stellet einen sitzenden gefangenen König oder Feldherrn vor.

Ueber Aegyptische Werke in weissen Marmor bin ich ohnerachtet des D. Marmor. angeführten erhoben gearbeiteten Kopfs am Campidoglio, welcher vielleicht

eine

18 **Das zweyte Capitel. Von der Kunst der Aegypter.**

eine Nachahmung des alten Aegyptischen Stils scheinen könnte (da derselbe zu hoch stehet, um eine genaue Untersuchung anzustellen) beständig zweifelhaft geblieben. Diesen Zweifel aber hat mir ein Stück von einer wahrhaftig Aegyptischen Statue in weissen Marmor benommen, welches mit Hieroglyphen bezeichnet ist, und sich bey Ferraro, einem Steinmetzen im Campo Vaccino befindet. Sonderlich aber bin ich von der Aegyptischen Künstler Arbeit in diesem Marmor überzeuget worden durch zerbrochene Tafeln aus diesem Steine, in dem Museo des Collegii Romani, die eine erhobene Arbeit zeigen, aber nach Aegyptischer Art, das ist, welche erhoben ist, aber nicht über der Oberfläche des Marmors hervorstehet; oder um mich deutlicher auszubrücken, deren erhobene Arbeit in den Tafeln hineingemeisselt worden. Auf dem einen Stücke erscheinet das Obertheil einer Figur in Lebens-Grösse, bis über die Schultern, an welcher man an statt des Menschen-Kopfs einen langen Hals und Kopf eines Vogels siehet, auf welchen sich oben ein Schopf von aufwerts stehenden Federn erhebet, und dessen langer Schnabel sich an der Spitze krümmet. Diese Figur scheinet dem ohngeachtet ihren menschlichen Kopf zu haben, doch so, daß derselbe mit einer gewöhnlichen Aegyptischen Haube, von welcher zween Streifen bis auf der Brust herunter hängen, gänzlich bedecket ist, und daß der Hals und der Kopf des Vogels sich in die Höhe erheben, um das Gesicht der Figur zu bedecken. Man kann sich von dieser Gestalt einen deutlichern Begrif machen aus einer Figur der sogenannten Isischen Tafel zu Turin a), welche der unsrigen völlig ähnlich ist, und ich glaube daher, daß zwo ähnliche Figuren, die auf der ersten Munie, welche Alexander Gordon beschrieben hat, gemahlet sind, keinen geraden Schnabel, wie ihn das Kupfer bildet, sondern vorne unterwerts gebogen habe. Es irret also dieser Scribent mit dem Pignorius b), wenn er den Kopf dieses Vogels für einen Ibis oder Storch hält, als welcher keinen gekrümmeten Schnabel hat. Man hat mir gesaget, es sey ein Africanischer Vogel Akabiac genannt, welches ich den Naturkündigern zu entscheiden überlasse.

Ich habe in der Geschichte der Kunst einer einzigen kleinen Aegyptischen Figur aus einem Steine, den man hier Plasma di Smeraldo nennet, Erwehnung gethan: dieser Stein ist die Mutter oder die äusere Rinde des Smaragds, in welcher dieser lieget. Aus diesem seltenen Steine siehet man einige Tisch-Blätter zusammen gesetzet im Pallaste Corsini.

a) Fig. X.   b) Mens. Isiac. p. 40.

Das

Das dritte Capitel.
Von der Kunst der Hetrurier.

Ueber die Kunst der Hetrurier finde ich nöthig, mich deutlicher zu erklären, und von der Geschichte dieses Volks anzufangen; den Schluß dieses Capitels machet eine Nachricht der neuesten Entdeckungen von Werken ihrer Kunst, und von irrig sogenannten Hetrurischen Gefäßen.

Die kurze älteste Geschichte der Hetrurier, die ich voran setze, kann als eine Geschichte ihrer Kunst selbst angesehen werden, da dieselbe bey ihnen sehr alt ist, und die Werke derselben, welche übrig geblieben, vermuthlich älter sind als diejenigen so von den Griechen auf uns gekommen, indem wir auf geschnittenen Steinen und in Figuren von Erzte annoch die ersten Versuche ihrer Kunst finden. *I. Älteste Geschichte der Hetrurier.*

Die Kunst der Zeichnung scheinet von den Griechen zu den Tyrrheniern oder den Hetruriern gebracht zu seyn, und diese kann man schliessen aus den Griechischen Colonien, die sich in Hetrurien niedergelassen haben, sonderlich aber aus den Bildern, die aus der Griechischen Fabel und Geschichte genommen, auf allerley Art Werken von den Hetrurischen Künstlern vorgestellet sind.

Von zwo Wanderungen der Griechen nach Hetrurien findet sich Nachricht bey den alten Scribenten, von welcher der erste Zug sechs hundert Jahre früher als der zweyte fällt *a*). Diese ist die Wanderung der Pelasger *b*), die aus Arcadien herkamen *c*), von welcher ein Theil sich zuvor in Athen niedergelassen hatte. Die Pelasger werden von Thucydides *d*) und von anderen *e*) Tyrrhenier genennet, und Plutarchus, der sie eben so heißet, nennet sie kurz vorher Pelasger *f*). Es scheinet also aus den Zeugnissen dieser Scribenten zu folgen, daß die Tyrrhenier ein unter den Pelasgern begriffenes Volk gewesen; nur allein Dionysius von Halicarnassus ist nicht dieser Meinung *g*). *A. Erste Wanderung der Pelasger nach Hetrurien.*

Da die zahlreiche Bevölkerung der Pelasger diese nöthigte sich zu zerstreuen, gieng ein Theil nach Thessalien, ein anderer Zug von ihnen setzte sich auf den Küsten von Klein-Asien, und noch andere schifften nach Hetrurien,

a) Bianchin. M. Vniv. p. 556.   *b*) Plin. L. 3. c. 8.   *c*) Herodot. L. 1. p. 28. l. ult.   *d*) L. 4. c. 109.   *e*) Dionys. Hal. Ant. Rom. L. 1. p. 19. l. 13. p. 20. l. 4.   *f*) De virt. mulier. p. 440. l. 4 & 30.   *g*) L. c. p. 23. l. 34.

Das dritte Capitel.

rien, und liessen sich besonders in den Gegenden von Pisa nieder, welches eingenommene Land sie Tyrrhenien nenneten a). Diese neuen Ankömmlinge wurden mit der Zeit den alten Einwohnern, als ein einziges Volk mit ihnen einverleibet, und fiengen an, eher noch als die Griechen, sich auf Handel und Schiffarth zu legen. Es gab ihnen daher der Zug der Argonauten nach Colchos, welches der erste Versuch der Griechen zur See war, Grund zur Eifersucht; sie wollten diese Unternehmung hindern, und es kam nahe am Hellesponte zwischen den Hetruriern und den Argonauten zu einem blutigen Gefechte, wo alle Griechische Helden, den Glaucus ausgenommen, verwundet wurden b). Da aber um diese Zeit weder den Griechen noch den Hetruriern die Kunst der Zeichnung bekannt gewesen zu seyn scheinet, so gehöret diese erste Wanderung der Tyrrhenier nach Hetrurien nicht zu unserem Vorhaben.

B. Zweyte Wanderung derselben dahin

Die zweyte Wanderung der Palasger nach Hetrurien geschahe ohngefehr dreyhundert Jahre nach den Zeiten des Homerus, und eben so lange vor den Herodotus, wie dieser Geschichtschreiber selbst diese Begebenheit bestimmet c), das ist, zu der Zeit des Thales und des Lycurgus, des Gesetzgebers zu Sparta d). Auch die Lydier die mit den Phrygiern grenzeten, sendeten damals Colonien aus zur See, und Herodotus sagt, daß dieselben unter Anführung eines Tyrrhenus nach Hetrurien gegangen e). Aus einer seltenen silbernen Münze der Stadt Faleria mit den Griechischen Namen derselben bezeichnet, scheinet es, daß die Hetrurier, wenigstens gedachte Stadt, den Griechischen Ursprung öffentlich erkannt haben. Faleria war eine von den zwölf Haupt-Städten dieses Volks, und es dürfte die Lage derselben nicht streitig seyn, wie Dempster behauptet. Denn die uralten Ringmauern derselben von vieleckigten weissen Steinen ohne Mörtel aufgeführet, wie es die alte Befestigung von Präneste, die Mauren von Fiesole, von Terracina und von Fonde sind, lieget etwa zwo Milien von Civita Castellana, und heißt noch jetzo Falari. Jene letztere Griechische Colonien haben vermuthlich die Kunst zu schreiben nach Hetrurien gebracht, und da diese Nation ihre eignen Geschichte vorher nicht aufzeichnen können, wird es den Griechen leicht gewesen seyn, den Hetruriern zu jener ihrer Geschichte Lust zu erwecken, und die Begebenheiten der Griechischen Helden unter ihnen bekannt zu machen. Denn daß die Hetrurier ihre ganz alte Geschichte in Vergessenheit gehen lassen, und die Griechische Mythologie und Fabeln nebst

a) In welcher die Griechen den Hetruriern ihre Geschichte mittheileten.

a) Dionys. Hal. l. c. p. 16. l. 35.   b) Athen. Deipn. L. 7. p. 296.   c) L. 1. c. 94.   d) Bianchin. Ist. Vniv. p. 558.   e) Conf. Dionys. Hal. A. R. L. 1. p. 21. l. 28.

Von der Kunst der Hetrurier.

nebst der ganzen Geschichte des Trojanischen Krieges sich zugeeignet haben, ist aus ihren Kunst-Werken klar, und bedarf keines Beweises.

Es müssen jedoch diese Erzählungen, die so sehr von ihrem Ursprunge entfernet waren, und in einem entlegenen Lande einer fremden Nation bekannt gemachet wurden, von ihrer Wahrheit verllehren und ihre Gestalt in etwas verändern. Es finden sich daher auf Hetrurischen Denkmalen einige Bilder des Homerus in etwas verschieden von der Beschreibung dieses Dichters vorgestellet, wie auf einer Patera von Ertzt das Schicksal des Hectors und des Achilles nicht vom Jupiter abgewogen wird, sondern vom Mercurius. Auf diesem Stücke, welches nach Engeland gegangen, ist den Figuren ihr Name in Hetrurischer Sprache beygesetzet. Aus eben dem Grunde hat die Mythologie der Hetrurischen Götter mit der Griechischen Theologie der ältesten Zeiten eine grosse Verwandschaft, wie man aus den vielen geflügelten Figuren auf Hetrurischen Werken siehet: denn auf den ältesten Griechischen Bildern sind, nach dem Pausanias, weit mehreren Gottheiten und anderen Figuren Flügel gegeben, als es die Künstler der erleuchteten Zeiten unter den Griechen thaten. Die Hetrurier gaben nicht allein neun Gottheiten Flügel, wie Plinius berichtet, sondern es wird in meinen Denkmalen des Alterthums erwiesen werden, daß sie alle übrige Gottheiten geflügelt bildeten. Viel geflügelte Genios siehet man auf Hetrurischen Begräbniß-Urnen, sonderlich in den Gemählden der unterirdischen Hetrurischen Gräber der uralten Hetrurischen Stadt Tarquinium, bey Corneto, von welchen ich unten Nachricht ertheile. Unter andern entdecket man daselbst einen geflügelten Genius auf einem krummen Schäfer-Stabe gelehnet stehen, im Gespräche mit einer bekleideten weiblichen Figur, und zwo Schlangen, die sich gegen den Genius von der Erde erheben. Es könnte derselbe den Tages andeuten, welcher ein Genius, oder wie Festus saget, ein Sohn des Genius war, und wie die Fabel der Hetrurier meldete, aus einem gepflügeten Acker hervor gesprungen war *a*). Dieser Tages soll den Hetruriern die Wahrsagerey gelehret haben, der dieses Volk vor anderen ergeben war, auf welche die Schlangen zu zielen scheinen. Ich glaube also nicht, daß ein Kind von Ertzt mit einer Bulle am Halse, weil es ohne Flügel ist, den Tages vorstellen könne, wie Buonarroti meinet *b*). Besonders ist, daß diese Hetrurische Genii unbekleidet sind, bis auf ein Gewand, welches auf die Hüften herunter gesunken ist, und den Unterleib und die Schaam bis auf die Hälfte der Schenkel bedecket. Dieses findet sich weder an Geniis auf Griechischen Werken, noch auf den sogenannten Hetrurischen Gefäßen,

b) Die auf Hetrurischen Werken etwas verschieden, vom Homerus vorgestellet sind.

c) Geflügelte Genii auf Hetrurischen Werken.

aa) Insbesondere des Tages.

bb) Bekleidung der Hetrurischen Genii.

C 3

a) Cic. divinat. L. 2. c. 23.   *b)* Explic. ad Dempst. Etrur. p. 23. & 62.

Das dritte Capitel.

füßen, und kann als ein Beweis angesehen werden, daß diese Gefäße nicht von Hetrurischen Künstlern bemahlet worden.

c) Verfassung in Hetrurien nach Einwohnung der Pelasger daselbst.

Die Pelasger gedachter zwoten Colonie scheinen unter den Hetruriern keinen Krieg oder Staats-Veränderungen verursachet zu haben, als welche wie zuvor in dem Besitze der Freyheit blieben, unter Häuptern die sich das Volk erwählete, deren zwölf waren, nach der Zahl der Stämme oder der Völkerschaften in diesem Lande, und diese Häupter oder Könige waren wiederum einem anderen Wahl-Könige, wie Porsenna zu Clusium war, unterworfen. Griechenland hingegen befand sich zur Zeit dieser zwoten Wanderung der Pelasger nach Hetrurien, in der kläglichsten Verfassung und in beständigen Empörungen, welche die alte Verfassung zerrissen und den ganzen Staat umkehreten, und diese Verwirrung hob sich an im Peloponnesus, wo die Achäer und die Jonier die vornehmsten Völker waren. Die Nachkommen des Hercules, um dieses Theil von Griechenland wieder zu erobern, kamen mit einem Heere, welches mehrentheils aus Doriern, die in Thessalien wohneten, bestand, und verjageten die Achäer, von denen ein Theil die Jonier wechselsweise vertrieb. Die anderen Achäer von Lacedämon und Abkömmlinge des Aeolus flüchteten zuerst nach Thracien, und giengen hierauf nach Klein-Asien, wo sie das von ihnen eingenommene Land Aeolien nenneten, und Smyrna und andere Städte baueten. Die Jonier suchten sich ein Theil in Athen zu retten, ein anderes Theil gieng ebenfalls nach Klein-Asien unter Anführung des Nileus, Sohns des letzten Athenienfischen Königs Codrus, und nenneten ihren neuen Sitz Jonien. Die Dorier welche Herren vom Peloponnesus waren, übeten weder Künste noch Wissenschaften, und waren daher wenig auf den Anbau dieses eroberten Landes bedacht; andere Theile von Griechenland waren nicht weniger verheeret und ungebauet, so daß die Küsten, da Handel und Schiffarth lag, beständig von See-Räubern heimgesuchet wurden, und die Einwohner sahen sich genöthiget, sich von dem Meere und von dem schönsten Lande zu entfernen. Die inneren Gegenden genossen kein besseres Schicksal: denn die Einwohner vertrieben sich einer den andern, und es war daher, da man beständig bewafnet gehen mußte, keine Ruhe das Land zu bauen und auf die Künste zu denken.

d) Vergleichung der Umstände von Griechenland mit Hetrurien.

In solchen Umständen befand sich Griechenland, da Hetrurien ruhig und arbeitsam, sich vor allen Völkern von Italien in Achtung setzete und erhielt, und den ganzen Handel so wohl im Tyrrhenischen als im Jonischen Meere an sich zog, welchen sie durch ihre Colonien in den fruchtbarsten Inseln des Archipelagus und sonderlich in der Insel Lemnus befestigten. In

diesem

Von der Kunſt der Hetrurier.

dieſem Flore der mit den Tyrrheniern vereinigten Nation der Hetrurier blüheten die Künſte zu der Zeit, da die erſten Verſuche in denſelben in Griechenland untergegangen waren, und unzählige ihrer Werke zeigen offenbar, daß ſie gearbeitet worden, ehe die Griechen ſelbſt etwas förmliches aufweiſen konnten.

Die Kunſt wird ſich unter den Hetruriern wie bey anderen Völkern auf einerley Art gebildet haben, das iſt, mit Nachahmung der Natur, welche der Vorwurf derſelben iſt. Von dieſer als ihrer Führerin, da ſie kaum auf den Weg gebracht worden, trennete ſie ſich, und folgete ihren eignen Fußſtapfen, bis ſie ſich endlich verwirret fand, und ſich genöthiget ſahe von neuen zu ihrer Führerin zurückzukehren, und zu den Grund-Sätzen von welchen ſie abgewichen war. Ein völliges ähnliches Schickſal hat die Kunſt auch in neueren Zeiten erfahren, und die die Geſchichte derſelben kennen, werden die Gleichförmigkeit einſehen. Von der erſten Nachahmung der Natur iſt von den Hetruriern ſo wenig, als von anderen Völkern übrig, von den ſelbſt gebildeten Formen aber, und von den Abweichungen von der Natur zeugen ihre alleraelteſten Werke, als welches der erſte Stil ihrer Kunſt iſt; die Verbeſſerung deſſelben und die Rückkehr zur Natur erſcheinet in ihren ſpäteren Arbeiten die ich unter dem zweyten Stile begreife.

II. Kunſt der Hetrurier.
A) Erſter Stil derſelben.

Die übrig gebliebenen Werke ihres erſten Stils könnten in verſchiedene Claſſen und Zeiten abgeſondert werden; da aber meine Abſicht mehr auf Lehre und Unterricht gehet, halte ich mich an das beſte aus dieſem Stile, und nach Eigenſchaften und Kennzeichen, die ich in demſelben bemerke, beſtimme ich die Form des erſten Stils. Das alleraelteſte und zugleich das größte Werk aus dieſer Zeit ſcheinet eine erhobene Arbeit von Figuren beynahe in Lebens-Gröſſe zu ſeyn, welche ſich in der Villa des Herrn Cardinals Alex. Albani befindet. Es iſt auf demſelben Leucothea ſitzend vorgeſtellet, mit dem jungen Bacchus auf ihrem Schooße, nebſt drey ſtehenden Nymphen, denen gedachte Göttinn dieſes Kind, als ihrer Schweſter Semele Sohn, zur Erziehung übergiebet, über welche ſie ſelbſt die Aufſicht hatte. Dieſes Werk erſcheinet in meinen Denkmalen des Alterthums, und wird zu ſeiner Zeit die gegenwärtigen Anzeigen deutlicher machen.

a) Denkmale deſſelben.

Dieſes Werk kann ich zum Grunde legen in Beurtheilung des erſten Stils der Künſtler dieſer Nation, und es giebt mir daſſelbe mit anderen ihren Arbeiten zuſammen gehalten, Gelegenheit folgende Bemerkungen zu machen. Die Bildung der Figuren kann mit der Aegyptiſchen verglichen werden, ſo wohl in Abſicht der Zeichnung des ganzen als auch einiger Theile. Denn die in unſerem Werke ſind alle in geraden Linien gezogen, und ſogar

b) Eigenſchaften dieſes Stils.

das

Das Gewand hat zu Andeutung der Falten blos parallel-laufende Einschnitte; jedesmal zween derselben aneinander genähert, die theils völlig senkrecht gehen, theils sich in sehr flache Bogen krümmen, wie da wo das Gewand von der Achsel fällt, so daß eine völlige Monotonie daselbst herrschet. Die Köpfe der fünf Figuren dieses Werks haben platte und aufwerts gezogene Augen, wie die Aegyptischen Augen, und die an den Köpfen auf den ältesten Griechischen Münzen sind. Die Haupt-Haare so wohl diejenige welche hangen, als die oben auf dem Kopfe, sind in sanft geschlängelte Furchen gezogen, über der Stirne aber und an den Schläfen sind dieselben in Reihenweis gelegte kräußlichte Löckgen gearbeitet. Da nun diese Figuren bekleidet sind, und man von der Zeichnung des Nackenden vornemlich aus der Gestalt des Gesichts urtheilen muß, so scheinet die angezeigte Form der Augen, welche von der gewöhnlichen Natur abgehet, eine angenommene Bildung, oder wie wir jetzo zu reden pflegen, eine Manier zu verrathen, welche später als die erste Nachahmung der Natur selbst seyn wird. Denn ehe man von den ersten Versuchen in Bildung der Figuren bis an Ausführung eines erhabenen Werks, wie das gegenwärtige ist, gelangen können, muß eine geraume Zeit verflossen seyn. Es ist auch Manier oder ein angenommenes System die angezeigte Art von Falten, welche nicht natürlich ist, da sie sich an einer lebenden und regenden Figur nicht so steif werfen noch erhalten können.

Zweyter Stil der Hetrurischen Kunst.

Diesen ersten geraden und steifen Stil verliessen die Hetrurischen Künstler, wie man siehet, und suchten zur Nachahmung der Natur zurück zu kehren; sie verfehleten aber den Weg. Denn sie überschritten die Grenzen und verfielen wiederum in eine Manier, welches der zweyte und spätere Stil ihrer Kunst ist. Dieser Stil ist durch die Bemühung bedeutend und gelehrt zu erscheinen, hart und übertrieben geworden, wie ich in der Geschichte der Kunst umständlich glaube angezeiget zu haben.

Strengen Stils besteht den

Dieser Hetrurische Stil hat mit dem Ersteren zwey gemeinschaftliche Kennzeichen, nemlich den Mangel der Grazie, und die gezwungene Arbeit an den Haaren, welche in Reihen weitgeschwungenen Ringelchen bestehet. Auf ähnliche Art sind die Haare an der Ribbon von Erz an [...] gearbeitet, und da dieses Werk offenbar eines der mittleren ist, so treffen auch hier die Haare der geraumten Ausarbeitung besitzen. Daß dieselbe von der Hand eines Hetrurischen Meisters sey, da sich die Römer anfänglich der Künstler

Zusatz dieser Natur bedienten.

Diese Bildnis mit dem Remulus und Remus, die an ihr saugen, stand, wie bekannt ist, in dem Tempel des Remulus unter am Palatinus, welcher sich erhalten hat, und itzo St. Theodor heißt, und vermuthlich

Von der Kunst der Hetrurier.

muthlich ist es eben dieselbe Wölfin, die, nach dem Dionysius, in einem kleinen Tempel unten am Palatinischen Berge war, und wie eben dieser Scribent meldet, für ein Werk uralter Kunst gehalten wurde a). Cicero meldet von einer solchen Wölfin, die von dem Blitze beschädiget worden b), welches unter dem Consulate des Julius Cäsars und des Bibulus geschahe c). Nun hat die Wölfin im Campidoglio an dem linken Schenkel ein offenbares Zeichen solcher Verletzung, wie der geborstene Riß des Ertzes an diesem Orte zeiget, folglich ist zu glauben, daß es eben dieselbe sey. Nachdem Dio in angezogener Stelle hätte die vom Blitze gerührte Wölfin auf dem Capitolio gestanden; dieses aber kann eine Irrung seyn, da dieser Scribent über zwey hundert Jahre nachher gelebet hat.

Kennzeichen ausser der Zeichnung und der Ausarbeitung, die insgemein von Hetrurischen Figuren gegeben werden, können trieglich seyn, wie es der Bart des Mercurius ist: denn es waren auch in Griechenland bärtige Figuren dieser Gottheit, und Pausanias giebt zween dergleichen an, einen zu Pherä und den andern zu Pellene d). Eben dieses gilt von einem jugendlichen Vulcanus, welcher auf Hetrurischen Werken pfleget gebildet zu seyn, und ich bin selbst eine Zeitlang der Meinung gewesen, daß ein solcher Vulcanus auf eine Hetrurische Arbeit deuten könne, bis ich in den Scholien des Demetrius Triclinius über den Sophocles, aus dem Lysimachides angegeben fand e), daß Vulcanus und Prometheus einen gemeinschaftlichen Altar zu Athen gehabt, wo Vulcanus ohne Bart war.

Die neuesten Entdeckungen von Werken Hetrurischer Kunst sind die bereits angeführten Gräber der alten Stadt Tarquinium, einer der zwölf Haupt-Städte von Hetrurien. Diese sind alle unter der Erde in einem weichen Steine, welchen man Tufo nennet, gehauen, und liegen in einer Ebene bey Corneto, ohngefehr drey Meilen vom Meere, und einige Stunden jenseit Civita Vecchia. Der Eingang in diese Gräber gehet von oben in dieselben, vermittelst eines runden seukrechten Canals, welcher gegen die Oefnung eine Kegelförmige Verjüngung hat, und in demselben sind in der Höhe beynahe der Hälfte eines Mannes kleine Löcher über einander gehauen, die zu Stuffen dienen, in diese Grüfte hinein zu steigen, und es pflegen an fünf dieser Stuffen zu seyn. In einem dieser Gräber ist die Urne für den todten Körper in eben dem Stein gehauen. Das Gewölbe oder die obere Decke dieser Gräber ist

theils

c) Ungewisse Kennzeichen Hetrurischer Arbeit.

C) Neueste Entdeckung Hetrurischer Kunst-Werke, sonderlich die Gräber von Tarquinium.

a) Ant. Rom. L. 1. p. 64. l. 15.   b) De divinat. l. 2. c. 20.   c) Dio Cass. L. 36. p. 33. C.   d) L. 7. p. 579. l. 8. p. 594. l. 25.   e) In Oedip. Colon. v. 55.

D

Das dritte Capitel.

theils nach Art des Gebälkes der Decken in Zimmern gehauen, theils siehet man viereckigte Vertiefungen, die Lacunaria heissen, und einige von denselben haben Zierrathen an den Rändern derselben umher. In einigen andern Gräbern ist die Decke gehauen nach Art des Fußbodens der Alten, die von Ziegeln auf die schmale Seite derselben nach Art der Fisch-Gräten gesetzet sind, welche Weise noch ito daher spina pesce genennet wird, und häufig in dem Pallaste Mattei angebracht ist. Die Decke dieser Gräber ist nach dem Verhältnisse ihrer Grösse von mehr oder wenigern vierecktenPfeilern unterstützet, die in eben dem Tufo gehauen sind. Ohnerachtet diese Grüfte durch keine Oefnung beleuchtet waren (denn die obere Einfarth war vermuthlich geschlossen) sind dieselben voller Zierrathen, nicht allein an der Decke, sondern auch an den Wänden und Pfeilern, unter welchen man auch die so genannten Meaudri bemerket; ja einige haben von allen Seiten umher einen bemahlten breiten Streifen, welcher hier an die Stelle der Frise stehet, und über die Pfeiler fortläuft, und einige Pfeiler sind von unten an mit grossen Figuren bedecket. Diese Gemählde sind auf einer dicken Bekleidung von Mörtel ausgeführet; einige derselben sind ziemlich kenntlich, andere aber, wo Feuchtigkeit oder die Luft Zugang gehabt hat, sind zum Theil verschwunden.

Die Gemählde einer solchen Gruft an eben diesem Orte hat Buonaroti in schlecht entworfenen Umrissen bekannt gemacht; diejenigen Grüfte, von welchen ich Nachricht gebe, die weit beträchtlichere Vorstellungen enthalten, sind nach der Zeit entdecket, und es werden dieselbe künftig durch oben gedachten Hrn. Byres an das Licht erscheinen. Die mehresten der Frisen bilden Gefechte oder Gewaltthätigkeit wider das Leben einiger Personen; andere stellen der Hetrurier Lehre von dem Zustande der Seelen nach dem Tode vor. In diesen siehet man bald zween schwarze geflügelte Genios mit einem Hammer in der einen Hand, und mit einer Schlange in der andern, die einen Wagen an einer Deichsel ziehen, auf welchen die Figur oder die Seele des Verstorbenen sitzet; bald schlagen zween andere Genii mit langen Hämmern auf eine zur Erden gefallene nackte männliche Figur. Unter der zuerst erwehnten Art von Gemählden siehet man theils ordentliche Gefechte zwischen Kriegern, von denen sechs unbekleidete Figuren sich nahe aneinander schliessen, die ihre runde Schilder einen über den andern legen und also fechten; andere Krieger haben viereckte Schilder, und die mehresten sind nackend. In diesem Gefechte werden von einigen kurze Degens, die Dolchen gleichen, von oben her in die Brust gesunkener Figuren gestossen. Zu ein solches Blutvergiessen läuft ein betagter König herzu, mit einer zackigten Krone um sein Haupt, welches vielleicht die älteste zackigte Königliche Krone ist, von welcher sich in

alten

Von der Kunst der Hetrurier.

alten Werken Nachricht findet, und eben diese Krone kann auch dem Diadema ein höheres Alter geben, da alle neuere Scribenten dasselbe unter den Griechen allererst nach Alexanders des Grossen Zeiten im Gebrauche kommen lassen. Eben solche zackigte Krone trägt eine männliche Figur auf zwo Hetrurischen Begräbnis-Urnen a), welche ebenfalls einen König vorzustellen scheinet, ingleichen eine weibliche Figur auf einem Gefäße von gebrannter Erde b), und eine unbekleidete schwebende jugendliche männliche Figur, auf einem Herculanischen Gemählde, hält eine ähnliche Krone in der Hand c). Auf einer andern Frise, wo keine von beyden Arten Vorstellungen angebracht ist, siehet man unter anderen Figuren eine bekleidete Frau, mit einer oberwerts breiten Mütze auf dem Haupte, über welche bis auf das Mittel derselben ihr Gewand heraufgezogen ist; eine solche Mütze hieß bey den Griechen τυλεών, und war, nach dem Pollux, eine gewöhnliche Tracht der Weiber d). Einen ähnlichen Kopf-Schmuck hatte Juno zu Sparta e), ingleichen die Juno zu Samos auf Münzen f), nebst der zu Sarden, ebenfalls auf Münzen, und Ceres auf einem erhobenen Werke der Villa Albani.

Zum Beschlusse dieses Capitels erinnere man sich, was ich über die irrig so genannten Hetrurischen Gefäße von gebrannter und bemahlter Erde geurtheilet habe, die ich zum Theil für Campanische, zum Theil für Griechische Arbeit hielte, die in Groß-Griechenland verfertiget worden. Oben ist davon beyläufig ein Beweis in Absicht der Kleidung der Genii gegeben, und ich glaube, es könne auch die hohe Schönheit der Köpfe einiger Figuren auf denselben dieser Meinung vortheilhaft seyn. Als ein Beyspiel kann unter anderen Theseus und Pirithous, die den Sinnis züchtigen, auf einem dieser Gefäße in der Vaticanischen Bibliothec, welches in meinen Denkmalen erscheinet, angeführet werden.

Die mehresten Gefäße besagter Sammlung waren bereits durch Montfaucon, Buonarroti und Gori bekannt gemachet, und von diesem nach Zeichnungen, die ihm Bottari, der zweyte Custos dieser Bibliothec, mitgetheilet hatte. Aus den übrigen habe ich eine Nachlese gehalten, da nicht weniger merkwürdige Stücke von gedachten Gelehrten übergangen worden, unter welchen besagtes Gefäß vom Theseus ist. Ein anderes, so ebenfalls in den Denkmalen des Alterthums erscheinet, ist eins der größten und schönsten, wo Thetis von andern Nereiden umgeben, ihrem Sohne die vom Vulcanus geschmiedeten Waffen bringet.

III. Irrig so genannte Hetrurische Gefäße.

A. Die von dem Verfasser bekannt gemachet sind.

D 2 Seit

a) Dempst. Etr. tab. 21. n. 1. tab. 71. n. 2.   b) Montfauc. Suppl. Ant. T. 3. pl. 33.
c) Pitt. Erc. T. 4. tav. 24.   d) Onom. l. 5. Segm. 96.   e) Athen. Deipn. L. 15. p. 678. A.
f) Tristan. T. 1. p. 737.

28   Das dritte Capitel. Von der Kunst der Hetrurier.

B. Neue Sammlungen derselben.

Seit der Ausgabe der Geschichte der Kunst sind viele von diesen alten Gefäßen zum Vorscheine gekommen, und in den alten Gräbern bey Nola, oder in anderen Gegenden im Neapolitanischen ausgegraben worden, und man ist überhaupt seit einiger Zeit aufmerksamer gewesen, dieselben zu sammlen. Von neuen Sammlungen derselben, ausser denen, welche Gori anzeiget, ist zu Neapel diejenige merkwürdig, welche der Duca Caraffa=Noja gemachet hat, und diese bestehet etwa aus dreyßig grossen und anderen kleinen Gefäßen. Diese Sammlung aber übertrifft sowohl an Zahl als an Grösse der Gefäße eine andere, die der gegenwärtige Königliche Groß=Britannische Minister Hamilton, an dem Hofe zu Neapel, angefangen hat, und es befindet sich in derselben ein Gefäß mit Griechischer Schrift. Es verdienet auch ein Gefäß von dieser Art angeführet zu werden, welches der Durchlauchtige Fürst von Anhalt=Dessau zu Rom erstanden, und dieses wegen eines noch nicht bemerkten Umstandes. Eine weiblich bekleidete Figur, die vor einem geflügelten Genius stehet, hält vor sich einen runden Spiegel an einem runden Stiele, und in demselben zeiget sich das Profil des Gesichts derselben, aber nicht mit Farbe gezeichnet, sondern mit einer glänzenden Glasur oder Glätte, die bleyfarbig erscheinet. Da die Mahlerey dieses Gefäßes ganz und gar mit Tarter bedecket war, und sich kaum entdeckete, da es zum Kaufe angetragen wurde, so findet kein Verdacht einer Künstelen statt.

C. Gefäß des Durchl. Fürsten von Anhalt=Dessau.

D. Betrügereyen in dieser Art Gefäße.

Von neuen Betrügereyen in dieser Art habe ich einige unter ächten Gefäßen des Grafen Simonetti in Rom gesehen, die ebenfalls in Nola gesammlet sind. Die nachgemachten Gefäße sind entweder an sich selbst alt, und der Betrug ist nur in den Figuren auf denselben gemachet, als welche durch Abschabung der alten schwarzen Glätte hervorgebracht sind, und alsdenn eine gelbliche Farbe haben, wie die gebrannte Erde selbst ist, oder es sind diese Gefäße ganz und gar neu, und mit Oelfarbe bemahlet, und diese Art unterscheidet sich auch an der Schwere gegen die Leichtigkeit der alten. Hat man nicht die Bequemlichkeit diese Probe zu machen; so giebt in beyden Fällen die Zeichnung der Figuren ein genaues Unterscheidungs=Zeichen. Auf einem gedachter Gefäße von der letzten Art ist unter andern eine Sinesische Figur mit einer Hellebarde in der Hand angebracht, und auf einem anderen schläget sich, nach Art neuerer Gemählde, ein schmales Tuch um den Unterleib einer männlichen Figur.

Das

Das vierte Capitel. Von der Kunst der Griechen. 29

Das vierte Capitel.
Von der Kunst der Griechen.

Mit Betrachtung der Kunst der Griechen verhält es sich wie mit der Griechischen Litteratur; man kann nicht richtig urtheilen, ohne in dieser alles und mehrmal gelesen zu haben, so wie man in jener alles was übrig ist, wenn es möglich wäre, sehen und untersuchen muß. Wie nun die Griechische Gelehrsamkeit wegen der grossen Menge der Scribenten, und derer die über diese geschrieben haben, schwerer ist, als das Studium aller alten Sprachen zusammen genommen, eben so machet die unendliche Anzahl der Ueberbleibsel Griechischer Kunst die Kenntnis derselben weit mühsamer als es die Kunst anderer Völker des Alterthums ist. Da nun ein einziger Mensch unmöglich alles selbst beobachten kann, so hat die Abhandlung über die Kunst der Griechen in der Geschichte der Kunst nicht auf einmal alles begreifen können, was ich daselbst vorzubringen gewünschet hätte.

Einleitung in dieses Capitel.

Der in der Geschichte der Kunst beobachteten Ordnung zu folge begreife ich die Anmerkungen, die ich in diesem vierten und vornemsten Capitel gegenwärtiger Arbeit beyzufügen erachtet habe, in Vier Abschnitte, von welchen der Erste die Kunst der Griechen überhaupt betrift; der Zweyte handelt insbesondere von der Zeichnung und von der Schönheit; der Dritte erkläret was etwa von dem Ausdrucke und von der Action der Figuren zu erinnern wäre; der Vierte ergänzet die Kenntnissen des Künstlers über die Bekleidung, und der Fünfte Abschnitt ist der Mechanische Theil der Griechischen Kunst.

In dem Ersten Abschnitte bringe ich zu Erst diejenigen Anzeigen bey, die mir beygefallen sind über den Gründen und den Ursachen des Aufnehmens der Griechischen Kunst, und zweytens wird von dem Anfange und von dem ältesten Stil der Kunst dieses Volks geredet.

I. Erster Abschnitt. A. Gründe und Ursachen des Aufnehmens der Griechischen Kunst.

Die Griechen erkannten und priesen den glücklichen Himmel, unter welchem sie lebeten a), welcher ihnen nicht einen immerwährenden Frühling geniessen ließ, (denn in Theben schneiete es die Nacht, da der Aufstand wider die Spartanische Regierung ausbrach, so stark, daß niemand aus dem Hause gieng b),) sondern der vorzügliche Himmel bestand in einer gemäßen Witterung, welche als eine von den entfernteren Ursachen des Vorzugs der Kunst

a) Clima von Griechenland.

a) Plutarch. περι φυγης. p. 1073. l. 6.   b) Id. περι τȣ Σωκρ. δαιμ. p. 1058. l. 22.

Das vierte Capitel.

Kunst unter den Griechen anzusehen ist. Dieser Himmel war der Quell der Frölichkeit in diesem Lande, und diese erfand Feste und Spiele, und beyde gaben der Kunst Nahrung, die den höchsten Gipfel bereits erreichet hatte, da das, was wir Gelehrsamkeit nennen, den Griechen noch nicht bekannt war, als welche annoch zu diesen Zeiten einen besonderen Begrif von dem Ehren-Worte Scribent hatten. Es wurde derselbe einigermaßen für verächtlich gehalten, und Plato lässet den Socrates sagen, daß angesehene Männer in Griechischen Städten keine Schriften entworfen noch hinterlassen hätten, damit sie nicht unter die Sophisten gezählet werden möchten *a*).

b) Achtung der Schönheit unter den Griechen.
Die allgemeine Achtung der Schönheit, welche von mir ebenfalls als eine von den Ursachen des Vorzugs Griechischer Kunst angegeben ist, gieng so weit, daß die Spartanischen Weiber einen Apollo oder Bacchus, oder einen Nireus, Narcissus, Hyacinthus, oder einen Castor und Pollux in ihrem Schlaf-Zimmer aufstelleten, um schöne Kinder zu haben, wie Oppianus bezeuget *b*).

c) Verehrung der Statuen.
Nächst diesen Ursachen kann die Verehrung der Statuen als eine der vornehmsten angesehen werden; denn man behauptete, daß die ältesten Bilder der Gottheiten und deren Künstler nicht bekannt waren, vom Himmel gefallen (διηπετῆ) wären, und daß nicht allein diese Figuren, sondern auch jede Statuen bekannter Künstler von der Gottheit selbst, die sie vorstelleten, erfüllet sey *c*).

d) Frölichkeit der Griechen als die Ursach der Feste und Spiele.
Nicht allein dieser Aberglaube, sondern auch die Frölichkeit der Griechen wirkete zum allgemeinen Aufnehmen der Kunst, und die Künstler waren bereits in den ältesten Zeiten beschäftiget Statuen der Sieger in so vielen Spielen zu arbeiten, welche in der Aehnlichkeit der Personen und nicht über Lebens-Größe seyn mußten, worüber die Richter in den Spielen (Ελλανοδίκαι) genau hielten *d*). Die höchste Ehre im Volke war ein Olympischer Sieger zu seyn, und es wurde dieselbe für eine Seligkeit gehalten *e*): denn die ganze Stadt des Siegers hielte sich Heil wiederfahren; daher diese Personen aus den gemeinen Einkünften unterhalten wurden, und die Ehrenbezeugungen erstrecketen sich auf ihre Kinder; ja jene erhielten von ihrer Stadt ein prächtiges Begräbnis *f*). Es nahmen folglich alle Mitbürger Theil an der Ehre ihrer Statuen, zu welcher sie die Kosten aufbrachten, und der Künstler derselben hatte es mit dem ganzen Volke zu thun.

Die

---

a) In Phaedr. *b*) Cyneg. L. 1. v. 357. *c*) Io. Philopon. contr. Jamblich. περὶ ἀγαλμάτ. ap. Phot. Bibl. p. 285. l. 25. ed. Hoeschel. *d*) Lucian. pro Imag. p. 20. ed. Graev. *e*) Plat. Polit. L. 5. p. 419. ed. Basil. *f*) Ibid. lin. 32.

Von der Kunst der Griechen.

Die Mahlerey insbesondere hat dem Ausmahlen der Zimmer unter den Alten sehr viel zu danken, so wie eben dieses zu unserer voralter Zeiten in Italien eine von den Ursachen des Aufnehmens der Kunst war, ehe weniger kostbare Bekleidungen der Wände mit gewürketen Zeuge die Mahlerey aus den Zimmern verbannet haben. Die Alten liessen ihre Zimmer auch mit Geographischen Carten ausmahlen, von welcher Auszierung man sich aus dem langen und prächtigen Topographischen Saale der Länder von Italien, in dem Vaticanischen Pallast, einen Begrif machen kann. *e) Ursach des Aufnehmens der Mahlerey.*

Man kann mit Recht ganz Griechenland das Land der Kunst nennen: denn obgleich dieselbe vornemlich zu Athen ihren Sitz genommen hatte, so wurde die Kunst dem ohnerachtet auch zu Sparta geübet, und es schickete diese Stadt in den ältesten Zeiten und vor den Persischen Kriegen nach Sarden Gold zu der Statue eines Apollo zu kaufen a), das Gesicht desselben zu vergolden. *f) Die Kunst in ganz Griechenland geübet.*

Aus Münzen der Städte in Sicilien und in Groß-Griechenland könnte behauptet werden, daß die Künste in dieser Insel und in dem unteren Theile von Italien, eher als selbst in Griechenland zu blühen angefangen, wie denn überhaupt andere Wissenschaften zeitiger in Sicilien als in Griechenland empor gekommen. Dieses wissen wir von der Redekunst, in welcher sich zuerst Gorgias von Leontium in Sicilien, hervor that, und da er als Abgeordneter dieser Stadt nach Athen geschicket wurde, zog er daselbst Augen und Ohren auf sich b). Die Weltweisheit selbst bekam in der Eleatischen oder Italischen Schule, und in denjenigen, welche Pythagoras stiftete, eher als unter anderen Griechen, eine methodische Form. *g) Sonderlich in Sicilien und Groß-Griechenland.*

Von dem Ursprunge, Fortgange und dem Wachsthume der Griechischen Kunst, welches das zweyte Stück dieses Abschnitts ausmachet, können sich diejenigen mehr als andere einen Begrif machen, welche die seltene Gelegenheit gehabt haben Gemählde und sonderlich Zeichnungen von den ersten Mahlern in Italien bis auf unsere Zeiten zu sehen. Vornemlich wenn man eine ununterbrochene Folge von Zeichnungen von mehr als drey hundert Jahren wie mit einem Blicke durchlaufen und übersehen kann, wozu ein Theil der grossen Sammlung von Zeichnungen Herrn Barthol. Cavaceppi, Bildhauers zu Rom, eingerichtet ist, und wenn man aus denselben die Stuffen der neueren Kunst, mit denen welche sich in der Kunst der Alten entdecket, vergleichet, so erlanget man deutlichere Begriffe von dem Wege zur Vollkommenheit unter den Alten. Durch diese Vergleichung wird klar, daß wie der Weg zur Tugend rauh und enge, der zur Kunst, und zwar welcher zur Wahrheit *h) Ursprung, Fortgang und Wachsthum der Griechischen Kunst. a) Allgemeine Betrachtung über den ersten Stil der Griechischen Kunst.*

a) Herodot. L. 1. c. 69. *b) Athen. Deipn. Lib. 6. p. 232. A.*

Wahrheit derselben führet, strenge und ohne Ausschweifung sey und seyn müsse. Die Altväter neuerer Kunst annoch in der Kindheit derselben, haben so wie Raphael in ihrem höchsten Glanze that, den Umriß ihrer Figuren mit einer genauen Bestimmung angegeben, und begnügten sich nicht, wie diejenigen, die man Machinisten nennet, das ist, die grosse Werke geschwinde ausführen, ihre Figuren aus dem gröbsten zu entwerfen, und das übrige dem Glücke des Pinsels zu überlassen. Durch solche strenge Zeichnung gelangeten dieselben endlich zur Richtigkeit, und der Meister offenbaret sich in den zuverläßigen kaum angedeuteten Zügen auch der kleinsten Figur. Man unterscheidet daher noch jetzo einige Zeichnungen des Penni, genannt Fattore, die denen vom Raphael, dessen Schüler er war, am nächsten kommen, blos an den oft abgesetzten Linien und Umschreibungen der Figuren, die in des Meisters ersten Gedanken, wie diese selbst, eine aus der andern fliessen und geschrieben heissen können.

b) Vergleichung dieses Stils mit der Schreibart eben derselben Zeit. Wenn hier von dem ältesten Stil der Griechischen Kunst geredet wird, verstehet man nicht die ersten Versuche in derselben, die im ersten Capitel berühret sind, sondern die Werke in welchen die Kunst bereits ihre Form erlanget hatte und in ein Systema gebracht war. Es könnte dieser Stil vielleicht mit der Schreibart des Herodotus, des ältesten Griechischen Geschichtschreibers und dessen Zeitgenossen verglichen werden, Aristoteles merket an, daß dieselben die alte Form des Ausdrucks behalten, in welcher die Redensarten eine von der andern getrennet sind, und keine Verbindung haben, daher auch den Perioden die gewünschte Rundung mangelt. Dieses wird sonderlich auf die Gemählde dieses ersten Stils der Kunst als eine Vergleichung dienen können; denn es wird denselben die Rundung gefehlet haben, die durch Licht und Schatten entstehet, so wie dieses an den Mahlern vor dem Raphael, und sonderlich an den von der Florentinischen Schule ausgesetzet werden kann.

c) Uebrig gebliebene Werke dieses Stils. Dieser ältere Stil kann sonderlich betrachtet und erkannt werden in drey Statuen, von denen die eine in dem Pallaste Farnese stehet, und einen unbekleideten Ringer in Lebens-Grösse vorstellet, die zwo anderen sind bekleidet, die eine ist eine Pallas in der Villa des Herrn Cardinals Alex. Albani, und die zwote ist die grosse Muse im Pallaste Barberini, deren ich zu Anfange des zweyten Theils dieser Anmerkungen gedacht habe. Der Kopf des vermeinten Ringers, welcher niemals abgelöset gewesen ist, deutet eine bestimmte Person an, und siehet den allerältesten männlichen Köpfen auf Griechischen Münzen und der Hetrurischen Bildung ähnlich; es sind auch die Haare so wohl am Kopfe, als über der Schaam in kleine geringelte Löckgen

Reihen=

Von der Kunst der Griechen.

Reihen-weis geleget, als welches ein beständiges untriegliches Zeichen der Kunst vor dem Flor derselben ist. In der ganzen Figur aber offenbaret sich so viel Wissenschaft mit meisterhafter Arbeit ausgeführet, daß dieselbe den schönsten Zeiten der Kunst würdig seyn könnte. Die deutlichsten Merkmäle aber dieses älteren Stils offenbaren sich an der angezeigten Pallas, die seit der Ausgabe der Geschichte der Kunst entdecket worden, und in meinen Denkmalen erscheinet. Der Kopf derselben hat die Bildung die wir pflegen Hetrurisch zu nennen, und den Köpfen auf den ältesten Syracusischen und einigen Münzen von Groß-Griechenland eigen ist; das ist, die Augen sind länglich platt geschnitten, und aufwerts gezogen, und eben so ist der Mund gezogen; das Kinn ist kleinlich und das Oval des Gesichts bleibet dadurch unvollkommen; die Haare sind, wie an der Pallas gewöhnlich ist, lang von dem Kopfe herunter gebunden. Der Aegis bedecket ihr nicht allein die Brust, sondern auch den Rücken, und reichet bis auf die Schenkel herunter, dergestalt, daß derselbe ein Fell, welches eigentlich Aegis war, vorstellet, und daher den Namen bekommen hat: der Aegis des Jupiters war das Fell der Ziege Amalthea, die ihn gesäuget. An unserer Pallas hat derselbe einen Rand mit Schlangen besetzet, und ist ihr mit Schlangen um den Leib an statt des Gürtels gebunden.

Die Barberinische Muse kann nicht völlig so alt seyn; denn die Bildung des Gesichts ist verschieden von der Pallas, und hat regelmäßige Züge der Schönheit; die Bekleidung aber, deren Falten senkrecht hängen, lässet auf die Zeit schliessen, in welcher ich dieselbe, nach denen im Zweyten Theile gegebenen Muthmassungen, gesetzet habe. Es ist diese Statue vielmehr als ein Werk anzusehen, welches auf dem Wege der Kunst zur Vollkommenheit gemachet worden, den Ageladas, als der wahrscheinliche Meister desselben, betreten hatte. Vermuthlich ist die Diana von bemahlten Marmor, in dem Herculanischen Museo, eben so alt als jene Pallas, als welcher dieselbe in der Idea des Gesichts völlig ähnlich ist.

Da dieser ältere Stil sich vornemlich durch Bilder der Gottheiten geformet hatte, so wurde in den Figuren derselben dieser Stil annoch in den besten und in spätern Zeiten der Kunst nachgeahmet, vermuthlich um denenselben in solcher Gestalt ein höheres Alterthum, und durch dieses mehrere Verehrung einzuprägen. Es finden sich Werke mit Figuren der Götter, die sonderlich in der Bekleidung und in den gezwungenen Parallel-Falten derselben, aus gedachter Zeit der Kunst zu seyn scheinen; aber die Zierrathen an denselben sprechen ihnen dieses Alter ab, und deuten auf eine weit spätere Kunst. Dieses zeiget sich augenscheinlich an einem vierseitigen Altare oder Basa-

d) Nachahmung des älteren Stils in göttlichen Figuren späterer Zeit.

Basamente in der Villa des Herrn Cardinals Aler. Albani, und dergleichen Werke könnten mehrere angeführet werden. Diese ältere Gestalt der Götter ist sogar auf Münzen angebracht, und man kann diese Betrachtung unter andern machen bey einer Pallas auf Alexanders des Grossen Münzen, die im älteren Stile gekleidet ist.

II. Zweyter Abschnitt. Von der Zeichnung des Nackenden, oder von der Schönheit.

Nach einigen allgemeinen Anmerkungen über die Kunst der Zeichnung unter den Griechen, da ich weiter in Betrachtung derselben zu gehen suchete, schien mir die Schönheit zu winken, vielleicht eben die Schönheit, die den grossen Künstlern erschien, und sich fühlen, begreifen und bilden ließ: denn in ihren Werken habe ich dieselbe zu erkennen gesuchet und gewünschet. Ich

Uebergang in diese Materie.

aber schlug mein Auge nieder vor dieser Einbildung, wie diejenigen, denen der Höchste gegenwärtig erschienen war, weil ich diesen in jener zu erblicken glaubete. Ich erröthete zugleich über meine Zuversicht, die mich verdreistet hatte, in die Geheimnisse derselben hinein zu schauen, und von dem höchsten Begriffe der Menschlichkeit zu reden, indem ich mir die Furcht zu Gemüthe führete, die mir ehedem dieses Unternehmen verursachete. Aber die gütige Aufnahme, die meine Betrachtung gefunden, machet mir Muth, jenem Winke zu folgen, und der Schönheit weiter nachzudenken. Mit erwärmter Einbildung von dem Verlangen alle einzelne Schönheiten, die ich bemerket, in eins und in einem Bilde zu vereinigen, suchte ich mir eine Dichterische Schönheit zu erwecken, und mir gegenwärtig hervorzubringen. Ich bin aber von neuen in diesem zweyten Versuche und Anstrengung meiner Kräfte überzeuget worden, daß dieses noch schwerer ist, als in der menschlichen Natur das vollkommene Schöne, wenn es vorhanden seyn kann, zu finden.

In diesem Zweyten Abschnitte von der Zeichnung des Nackenden, oder welches einerley ist, von der Schönheit, will ich suchen den Faden in der Geschichte der Kunst, jedoch mit einiger Ablenkung zu folgen, so daß ich diesen Abschnitt in drey Stücke fasse: das erste bringet Zusätze allgemeiner Betrachtungen von der Schönheit, welche von Anmerkungen über die Proportion und über die Gratie begleitet sind; das zweyte ist weniger allgemein, und begreifet Anmerkungen über die Idealische Schönheit der Götter und Helden, und das dritte Stück handelt von der Schönheit einzelner Theile der menschlichen Figur.

A. Erstes Stück. Allgemeine Betrachtung über die Schönheit.

Man muß sich nicht wundern, wie ich bereits gedacht habe, daß die Begriffe der Schönheit unter uns sehr verschieden sind von den Begriffen der Sinesen und der Indischen Völker, wenn wir bedenken, daß wir selbst selten uns in einen Punct über ein schönes Gesicht vereinigen. Die blauen Augen werden insgemein von blauen gezogen, und die braunen von blauen gereitzet,

Von der Kunst der Griechen.

reißet, und es verhält sich mit dem verschiedenen Urtheile über eine schöne Person, wie mit der verschiedenen Neigung gegen weisse und braune Schönen. Derjenige, welcher eine bräunliche Schönheit einer weissen vorziehet, ist deswegen nicht zu tadeln, ja man könnte ihm beypflichten, wenn derselbe weniger durch das Gesicht als durch das Gefühl gereitzet wird. Denn eine bräunliche Schönheit kann vielleicht eine sanftere Haut als eine weisse schöne Person zu haben scheinen, da die weisse Haut mehr Lichtstralen als eine bräunliche zurück schicken, und also enger, dichter und folglich stärker als diese seyn muß. Es würde daher eine bräunliche Haut durchsichtiger zu achten seyn, weil diese Farbe, wenn sie natürlich ist, von dem Durchscheinen des Bluts verursachet wird, und aus eben diesem Grunde färbet sich eine bräunliche Haut in der Sonne eher als eine weisse, ja eben daher ist die Haut der Mohren weit sanfter anzufühlen als die unsrige. Die bräunliche Farbe in schönen Knaben war den Griechen eine Deutung auf ihre Tapferkeit, und die von weisser Farbe hiessen Kinder der Götter *a*). Die Farbe aber sollte wenig Antheil an der Betrachtung der Schönheit haben, weil nicht sie sondern die Bildung das Wesen derselben ausmachet, und über dieses werden sich Sinne, die erleuchtet sind, ohne Widerspruch leicht vereinigen.

Der Begrif der hohen oder Idealischen Schönheit ist, wie ich bemerket habe, nicht allen und jeden gleich deutlich, und man könnte glauben, daß wenn vom Ideal die Rede ist, dasselbe ein blos Metaphysischer Begrif sey, welcher in allen dessen Theilen der menschlichen Figur besonders statt finde, und nur allein im Verstande könne gebildet werden. Das Ideal ist blos zu verstehen von der höchsten möglichen Schönheit einer ganzen Figur, welche schwer in der Natur in eben dem hohen Grade seyn kann, in welchem einige Statuen erscheinen, und es ist irrig, das Ideal auf einzelne Theile deuten zu wollen, wenn von der schönen Jugend die Rede ist. In diesem Mißverstande scheinen selbst Raphael und Guido gewesen zu seyn, wenn wir aus dem was beyde schriftlich bezeugen, urtheilen können. Der erste schreibet an seinen Freund, den berühmten Graf Balthasar Castiglione, da er die Galathea, in der Farnesina, mahlen sollte: „Um eine Schöne zu wählen, müste man schönere „sehen, weil aber schöne Weiber selten sind, bediene ich mich einer gewissen „Idea, die mir meine Einbildung giebet." Die Idea des Kopfs seiner Galathea aber ist gemein, und es finden sich an allen Orten schönere Weiber, und über dieses hat er seine Figur so gestellet, daß die Brust, das schönste Theil des weiblichen Nackenden, durch den einen Arm völlig verdecket wird, und das eine sichtbare Knie ist viel zu knorpelicht für ein jugendliches Alter,

a) Plato Polit. l. 5. p. 422. l. 51. ed. Bas.

a) Von der Schönheit allgemein.
aa) Erinnerung über den Mißverstand in Beurtheilung derselben.
bb) Das Ideal und dessen Begrif.

36 Das vierte Capitel.

geschweige für eine göttliche Nymphe. Guido schrieb an einen Römischen Prälaten, da er seinen Erz-Engel Michael zu mahlen hatte: „Ich hätte „eine Schönheit aus dem Paradiese gewünschet für meine Figur, und die„selbe im Himmel zu sehen, aber ich habe mich nicht so hoch erheben können, „und vergebens habe ich dieselbe auf der Erde gesuchet." a). Gleichwohl ist sein Erz-Engel weniger schön, als einige Jünglinge, die ich gekannt habe. Ich scheue mich nicht zu sagen, daß beyder Urtheil aus Mangel der Achtsamkeit auf das, was in der Natur schönes ist, herrühre, ja ich verdreiste mich zu behaupten, daß ich Bildungen des Gesichts gefunden, die eben so vollkommen sind, als diejenigen, die unseren Künstlern Muster der hohen Schönheit seyn müssen.

*) Im jugendlichen Alter.
**) Allgemein.

Die Schönheit ist jedem Alter eigen, aber wie den Göttinnen der Jahrs-Zeiten in verschiedenem Grade; mit der Jugend aber gesellet sie sich vornemlich; daher ist der Kunst grosses Werk, dieselbe zu bilden. So wie aber die Seele als ein einfaches Wesen viele verschiedene Begriffe auf einmal und in einem Augenblicke hervorbringet, so ist es auch mit dem schönen jugendlichen Umrisse, welcher einfach scheinet, und unendliche verschiedene Abweichungen auf einmal hat, und die sanfte Verjüngung die in einer Säule schwer ist, ist es noch mehr in den mancherley Formen eines jugendlichen Körpers. Wie nun unter so unendlichen Arten Säulen in Rom einige durch eben diese Verjüngung vorzüglich zierlich erscheinen (von welchen ich mir besonders zwo von Granit gemerket habe, die ich jedesmal von neuen betrachte) eben so selten ist eine vollkommene Form auch in der schönsten Jugend, die in unserem Geschlechte noch weniger als im weiblichen einen festen Punct hat.

***) Durch Vermischung beyder Geschlechter in der Kunst hervor gebracht.

In dieser Betrachtung haben sich die alten Künstler, wie in der Bildung des Gesichts, also auch in dem jugendlichen Gewächse einiger Gottheiten als des Apollo und des Bacchus bis zum Ideal erhoben. Dieses Ideal bestehet darinn, daß sie die Formen einer Jugend von längerer Dauer im weiblichen Geschlechte der Männlichkeit eines schönen Jünglings einverleibeten, und diese dadurch völliger, runder und zarter bildeten, welches den Begriffen von ihren Gottheiten gemäß und würdig war. Denn die Alten gaben einigen derselben in mystischer Bedeutung beyde Geschlechte in einem vermischet, wie sich sogar an einer kleinen Venus von Erzte in dem Museo des Collegii Romani zeiget, und diese Vermischung ist vornemlich dem Apollo und Bacchus eigen.

****) Welcher Begrif von Verschnittenen genommen scheinet.

Dieses Idealische Gewächs der Jugend werden die alten Künstler stückweis in Verschnittenen bemerket haben, deren Bildung verschieden seyn kann, nach-

a) Bellori Vit. de' Pitt. p. 6.

nachdem dieselben früher oder später in den Stand zweydeutiger Natur gesetzet worden; es unterscheidet sich jedoch dieselbe allezeit so wohl von männlichen als von weiblichen Gewächsen, und ist eine mittlere Gestalt zwischen
beyden. Dieses zeiget sich offenbar an den Händen dieser Personen, die
wenn sie von Natur schön gebildet sind, eine Form haben, welche die Aufmerksamkeit desjenigen verdienet, der die Schönheit in allen Theilen betrachtet; dieser Unterschied aber würde nicht anders als sehr unvollkommen schriftlich angedeutet werden können. Deutlicher und greiflicher ist derselbe von
uns auf die Verschnittene in den Hüften und auf dem Rücken: denn dieser
so wohl als jene sind weiblich, das ist, die Hüften sind völliger und haben
eine stärkere Ausschweifung als in männlichen Körpern, und der Rückgrad
lieget nicht so tief als bey uns, so daß sich wenigere Muskeln zeigen, wodurch
der Rücken mehr Einheit im Gewächse, wie bey Weibern, zeiget; sie haben auch ebenfalls wie diese über dem heiligen Beine das was wir den Spiegel nennen, groß, breit und flach.

Das Gewächs der Verschnittenen ist in bisher unbemerkten Figuren **11) Figuren
von Priestern der Cybele durch gedachte weibliche Hüften derselben angezei- von Ver-
get, und es ist diese Völligkeit der Hüften auch unter der Kleidung kennt- schnittenen
lich an einer solchen Statue in der Größe eines Knabens von zwölf Jahren, und Herma-
die nach Engeland gegangen ist. Man hat in dieser Figur an der Phrygi- phroditen.
schen Mütze einen Paris zu sehen geglaubet, und in der Ergänzung zu dessen
Bezeichnung einen Apfel in die Hand gegeben. Eine umgekehrte Fackel,
und zwar von derjenigen Art, die bey Opfern und bey heiligen Gebräuchen
üblich war, und die an einem Baume zu den Füssen dieser Figur stehet, scheinet die wahre Bedeutung derselben anzuzeigen. An einem andern Priester
der Cybele auf einem verstümmelten erhobenen Werke ist die Hüfte dermaß-
sen weiblich geformet, daß daher diese Figur von dem erfahrensten Bildhauer
in Rom von weiblichen Geschlechte zu seyn gehalten wurde. Es offenbaret
aber die Peitsche in der Hand einen Priester der Cybele, weil diese Verschnittenen sich geisselten, und diese Figur stehet vor einem Dreyfusse. Es
waren auch die Priester der Diana zu Ephesus verschnitten a), von welchen
sich aber keiner, so viel man weiß, auf alten Werken vorgestellet findet.
Die vielen Hermaphroditen in verschiedener Größe und Stellung zeigen,
daß die Künstler in der aus beyden Geschlechtern vermischeten Natur ein
Bild hoher Schönheit auszudrücken gesuchet haben, und dieses Bild war
Idealisch. Denn wenn es auch Geschöpfe giebt, die man Hermaphroditen nennet, wie der Philosoph Favorinus von Arles in Gallien, nach dem

Phi-

a) Strab. Geogr. L. 14. p. 641. B.

Das vierte Capitel.

Philostratus a) soll gewesen seyn, kann nicht ein jeder Künstler eine so seltene Abweichung der Natur gesehen haben, und Hermaphroditen, dergleichen die Kunst hervorgebracht hat, sind vermuthlich niemals erzeuget. In der Wahl der schönsten Theile aus alten Statuen würde man einen weiblichen Rücken von dem schönen Hermaphroditen in der Villa Borghese zu nehmen haben.

a) Im männlichen Alter.
  Die Idealische Schönheit aber findet nicht allein statt in dem Frühlinge der Jahre und in jugendlichen oder weiblichen Gewächsen, sondern auch im männlichen Alter, welches die alten Künstler in den Bildern ihrer Gottheiten durch die Jugend frölich macheten und verjüngeten. Im Jupiter, Neptunus und in einem Indischen Bacchus sind der Bart, das ehrwürdige Haupt-Haar, allein die Zeichen des Alters, und es ist dasselbe weder in Runzeln, noch in hervorstehenden Backen-Knochen oder in tiefen eingefallenen Schläfen angedeutet. Die Wangen sind weniger völlig als an jugendlichen Gottheiten, und die Stirn pfleget sich dort gewölbeter zu erheben, wodurch die sanfte Linie des Profils junger Schönheiten mehr gesenkt und der Blick dadurch grösser und denkender wird. Diese Bildung ist der Würdigkeit des Begrifs von der Gottheit gemäß, als welche keinen Wechsel der Zeit, noch Stuffen des Alters annimmt, sondern wir müssen ein Wesen ohne alle Folge denken. Eben so würdige Begriffe von der Gottheit hätten unseren Künstlern mehr noch als den Alten eigen seyn sollen, und wir sehen gleichwohl in den mehresten ihrer Bilder des ewigen Vaters (nach der Sprache der Welschen Künstler von Gott dem Vater zu reden) einen betagten Greis mit einen kahlen Schädel. Ja Jupiter selbst ist von des Raphaels Schülern in dem Gastmale der Götter, in der Farnesina, mit schnee-weissen Haaren des Haupts so wohl als des Barts vorgestellet, und Albano hat eben so gedacht bey seinem Jupiter an der von ihm gemahlten bekannten Decke im Pallaste Verospi.

cc) Schönheit der Bilder bestimmter Personen.
  Dem Ideal näherten sich die alten Künstler in Köpfen bestimmter Personen, so weit es ohne Nachtheil der Aehnlichkeit geschehen konnte, und man siehet an solchen Köpfen, mit wie grosser Weisheit gewisse Kleinigkeiten übergangen sind, die nichts zur Aehnlichkeit beytragen. Viele Runzeln sind nicht angedeutet, die nach den Jahren hätten da seyn müssen, und die da wo sie der Idea der Schönheit nichts nehmen, ausgedrücket sind, wie unter dem Kinne und am Halse an eben den Köpfen. Man beobachtete hier die Lehre der alten Weisen, das gute so groß als möglich zu machen, und das schlechte zu verstecken und zu verringern b). Man kann auf der andern Seite

a) De Vit. Philos. L. 1. c. 8.   *b*) Plutarch. Consol. ad Apollon. p. 194. l. 10.

Seite in Bildung bestimmter Personen diejenigen Theile, welche schön sind, und der Aehnlichkeit nichts geben noch nehmen, besonders hervorspielen lassen, wie dieses weislich an Köpfen Ludwigs XIV. auf dessen Münzen beobachtet ist, als welches aus Vergleichung derselben mit denen von Nanteuil schön gestochenen Köpfen eben dieses Königs erhellet.

Die Schönheit kann zwar ohne Proportion nicht gedacht werden, und diese ist der Grund von jener, da aber einzelne Theile des menschlichen Körpers schön gebildet seyn können, ohne schöner Verhältnis der ganzen Figur, so kann man füglich über die Proportion, als über einen abgesonderten Begrif und ausser dem Geistigen der Schönheit, besondere Bemerkungen machen, die ich nebst einigen Gedanken von der Gratie an die Zusätze von der Schönheit überhaupt hier anhänge. *b) Von der Proportion. aa) Allgemein.*

So wie die Gesundheit ohne anderes Vergnügen kein grosses Glück scheinet, so ist es eine Figur schön zu zeichnen, nicht hinlänglich, daß dieselbe in der Proportion richtig sey, und so wie die Wissenschaft von gutem Geschmacke und von Empfindung gänzlich entfernet seyn kann, eben so kann die Proportion, welche auf das Wissen bestehet, in einer Figur ohne Tadel seyn, ohne daß dieselbe dadurch schön ist. Viele Künstler sind gelehrt in der Proportion, aber wenige haben Schönheiten hervorgebracht, weil hier der Geist und das Gefühl mehr als der Kopf arbeitet. Da nun das Idealische der Schönheit von den alten Künstlern als das höhere Theil derselben betrachtet worden, so haben sie dieser die bestimmten Verhältnisse unterworfen und diese jener zugewäget. In der Proportion haben sie sich zuweilen einige Freyheit genommen, und es ist dieselbe zu entschuldigen, wenn es mit Grunde geschehen. Z. E. die Brust von der Hals-Grube bis an die Herz-Grube, die nur eine Gesichts-Länge halten sollte, ist mehrentheils, um der Brust eine prächtige Erhobenheit zu geben, einen Zoll und vielmals noch länger.

An den Köpfen ist mehrentheils die Seite welche abgewandt ist, flächer gehalten als die andere, welches sich deutlich an den Köpfen der Niobe zeiget, und noch deutlicher an einigen fast Colossalischen Köpfen, wie dergleichen von einer bestimmten Person bey dem Bildhauer Cavaceppi ist. Eine Bemerkung aber die Caylus von den Köpfen alter Figuren machet a), nemlich daß dieselben insgemein sehr groß und stark sind, hat, so viel ich urtheilen kann, keinen Grund. Es saget derselbe dieses bey Gelegenheit des Urtheils des Plinius über den Zeuxis und über den Euphranor, deren Köpfe und Gelenke stark gewesen seyn sollen. Dieses Urtheil hätte ohne Erläuterung als müßig oder wenig bedeutend übergangen werden sollen, sonderlich da einem *bb) An Köpfen der Figuren.*

jeden

---

a) Caylus du Caract. des Peintr. Grecs dans les Mem. de l'Acad. des Inscr. T. 25. p. 208.

Das vierte Capitel.

jeden der die Werke des Alterthums mit Aufmerksamkeit betrachtet, das Gegentheil deutlich erscheinet. Denn woher ist die ungereimte Sage entstanden, daß der Kopf des Farnesischen Hercules einige Meilen weit von dem Körper gefunden worden? eben daher, weil dieser Kopf dem pöbelhaften Begriffe von einem Hercules ziemlich klein geschienen, welches jedoch eben diese Kunstrichter an mehr als an einem Hercules auszusetzen gefunden hätten, sonderlich wenn man dessen Figuren auf geschnittenen Steinen betrachten wollen. Es liesse sich vielmehr das Gegentheil darthun von dem was Caylus vorgiebt, und man begreift der alten Künstler Verhältnis aus der Proportion des Jonischen Capitäls, welche als das Haupt von der Säule dieser Ordnung angesehen worden, und hieraus kann man schliessen, daß vielmehr die neueren Künstler die Köpfe ihrer Figuren groß halten müssen, da dieselben in dem Capitäl eben dieser Ordnung weit über das alte Verhältnis gegangen sind. Ich kann dem Urtheile gedachten neueren Scribenten so wenig als der Anmerkung des Plinius beypflichten: denn es war den Alten und sonderlichen Künstlern wie Zeuxis, das Verhältnis des Haupts zum Halse und zu dem übrigen Körper mehr als uns bekannt, welches sich unter andern aus einer Stelle des Catullus in dem Vermählungs-Gedichte des Peleus und der Thetis zeiget. „Die Amme", sagt dieser Dichter a), „wird der Thetis, wenn sie dieselbe nach der ersten Braut-Nacht besuchet, „den Hals nicht mehr mit dem Faden umgeben können". Man sehe die Ausleger über diese Stelle, ob sie dieselbe in ihr völliges Licht gesetzet haben. Es ist diese Gewohnheit noch itzo in Italien nicht unbekannt, und kann hier zur Erläuterung dienen. Man misset einem Knaben oder einem Mädgen den Hals mit einem Faden oder Bande: diese Maaß wird alsdenn doppelt genommen, und die beyden Enden des Bandes hält man zusammen, und die Hälfte derselben wird mit den Zähnen gehalten. Wenn dieses Band ungehindert von dem Munde ab über den Kopf gezogen werden kann, soll es ein Zeichen der Jungfrauschaft der Person geben; kann es aber nicht über den Kopf gezogen werden, wird daraus das Gegentheil geschlossen. Ich habe diese Probe an einigen jungen Personen gemacht, wo es mir geschienen, daß es eingetroffen.

cc) Mängel in der Proportion alter Figuren.

Man muß aber auch gestehen, daß die alten Künstler zuweilen in der Proportion gefehlet haben, wo mir itzo als ein Beyspiel eine schöne erhobene Arbeit in der Villa Borghese einfällt: Hier ist der eine Arm zu lang an der weiblichen Figur, welcher Auge den jungen Telephus in Windeln reichet. Es ist in der Proportion sogar an schönen Köpfen gefehlet, wie der

eine

a) Epithal. Pel. & Thet. v. 376.

Von der Kunst der Griechen. 41

eine Kopf der lächelnden Leucothea im Campidoglio zeiget, an welchem die Ohren, die mit der Nase parallel stehen müssen, unter dieselbe herunter gehen. Die Unrichtigkeit der Zeichnung siehet man auch an einem sonst schönen Kopfe der Venus in der Villa Albani, welcher den erdenklichsten schönen Conturn und den lieblichsten Mund hat; das eine Auge aber stehet schief. In dem ganzen Verhältnisse sind ein paar weibliche Figuren in zwo Herculanischen Gemählden offenbar fehlerhaft und viel zu lang. Wenn aber der zurückweichende Fuß grösser als der ruhende ist, wie ich dieses in der Geschichte der Kunst von einer Aegyptischen Statue und von dem Apollo im Belvedere erinnert habe, so bin ich itzo noch mehr als vorher überzeuget, daß der Zusatz an jenem Fusse dasjenige ersetzen sollen, was der Fuß im Zurückweichen zu verliehren scheinen könnte. Am Laocoon habe ich eben diese Ungleichheit der Füsse bemerket, ja am Apollo ist auch das linke und zurück weichende Bein selbst ein paar Zolle länger als das rechte Bein. Ich könnte dieses noch mit mehreren Beyspielen behaupten. dd) Erklärung der Ungleichheit der Füsse an einigen Statuen.

In Betrachtung der Schönheit erscheinet als eine Gesellin derselben die Gratie, so wie die drey Göttinnen derselben die Begleiterinnen der Göttinn der Schönheit sind: denn die schönste Bildung würde ohne Gratie unbelebet seyn, und bleibet ohne Reizung, wie es die Erfahrung zuweilen in der Natur lehret. Hier wird von derjenigen Gratie geredet, die sich in der Bildung des Gesichts und in den Gebährden desselben offenbaret; von derjenigen Gratie die sich im Stande und in den Handlungen der Figuren äusert, wird im nächst folgenden dritten Abschnitte bey der Action gehandelt. c) Von der Gratie, besonders in Gebährden des Gesichts. aa) Allgemein.

Ich habe mich bemühet in der Geschichte der Kunst zu erklären, wie Lucianus und Plinius zu verstehen seyn, wenn der erste anzeiget, daß die Werke des Praxiteles sich durch eine besondere Gratie von denen die vor ihm gearbeitet worden, unterschieden, und wenn Plinius saget a), daß Apelles alle seine Vorgänger in der Gratie übertroffen habe. Aus diesen Anzeigen vergleichen mit dem Urtheile anderer Scribenten über die Werke der Vorgänger des Praxiteles und des Apelles, wo in diesen eine Härte bemerket worden, habe ich geschlossen, daß den grossen Meistern, die mit dem Phidias die Kunst veredelten, eine gewisse gefällige Gratie noch nicht eigen gewesen, und ich habe gesuchet, ohne nachtheilig von so grossen Künstlern zu urtheilen, einen Unterschid dieser Gratie von einer höheren Gratie anzugeben. Es kann dieser Unterscheid aber ohne anschaulicher Erkenntnis und mündlichem Unterrichte nicht völlig deutlich seyn und werden, und auch nur allein bb) Erklärung des Lucianus und des Plinius, aus welchen auf eine zwofache Gratie in den Werken der Alten zu schliessen ist.

a) L. 35. c. 36. n. 10. p. 207.

Das vierte Capitel.

allein die mit feinen Sinnen begabet sind, werden dieses, wenn sie hinlängliche Musse zu solcher Betrachtung haben, begreifen.

-) Die Gratie des hohen Stils. Den hohen Stil ohne Gratie und den folgenden Stil findet man in einer einzigen Statue in der Villa Albani vereinet. Es ist dieselbe ein schöner Bacchus über Lebensgrösse, dessen ich in der Betrachtung über die Zeichnung des Nackenden gedacht habe. Der Kopf desselben ist nicht der Statue eigen, sondern ein Apollo, welcher zwar schön und von hoher Bildung ist; aber der Blick desselben ist zu ernsthaft, und der Mund hat nicht den lieblichen Zug, welchen man wünschete; so daß hier unwidersprechlich kenntlich wird, daß die Statue, deren Kopf auf diesen Bacchus gesetzet worden, aus einer weit älteren Zeit der Kunst seyn müsse, als der Körper, auf welchen derselbe stehet.

a) Die gefällige Gratie des zweyten Stils. Von der zwoten oder der gefälligeren Gratie kann man sich aus Köpfen der Leucothea im Museo Capitolino einen Begrif machen, und zu mehrerer Einsicht dessen, worinn die alten Künstler die Gratie gesetzet, vergleiche man mit jenen und mit ähnlichen Köpfen die Bildungen des Correggio, des Mahlers der Gratien. Alsdenn wird man überzeuget werden, daß von dieser neueren, nicht selten gezierten und vielmals übertriebenen Gratie, bis zu der gefälligen Gratie der alten Künstler des schönen Stils kein geringerer Sprung sey, als etwa von dieser bis zu der erhabenen Gratie des hohen Stils ehemals von wahren Kennern wird haben können bemerket werden.

B. Zweytes Stück. Idealische Schönheit der Götter, Helden und Thiere. Nachdem ich mich mit einigen Gedanken über die Schönheit allgemein in den Bildern der alten Künstler gewaget habe, will ich in diesem Zweyten Stücke versuchen, näher zur Bildung des Ideals in einigen Gottheiten und in Helden zu gehen, zu deutlicherer Erklärung des allgemeinen Schönen, und zum Unterrichte im Einzelnen.

a) Der Gottheiten. aa) Männlicher Gottheiten. Die Bildung aller Gottheiten ist wie nach einer von der Natur selbst angedeuteten Idea bestimmet, und ist sich allenthalben in unzähligen Bildern ähnlich, so daß die Götter vom Jupiter an bis auf den Vulcanus kenntlich sind, wie die Köpfe berühmter Personen, und so wie Antinous blos aus dem Untertheile seines Gesichts, und Marcus Aurelius aus den Augen und Haaren eines zerstümmelten Cameo in dem Museo Strozzi, erkannt wird, so würde es Apollo seyn, durch dessen Stirn, oder Jupiter durch dessen Bart, wenn sich Köpfe derselben finden, von denen weiter nichts vorhanden wäre.

a) Jupiter. Jupiter wurde mit einem immer heiteren Blicke gebildet a), und unterscheidet sich von anderen Gottheiten in betagten Alter und mit einem Barte, von dem Neptunus, Pluto, Aesculapius, durch die Haare über der Stirne,

die

---

a) Martian. Capel. L. 1. p. 18. edit. Grot.

Von der Kunst der Griechen. 43

die sich aufwerts gestrichen erheben, und in einen engen Bogen gekrümmet seitwerts wiederum die Spitzen niederbäugen. In ähnlicher Gestalt pflegen sich die Haare auf der Stirne des Aesculapius zu erheben und gebogen von der Seite wiederum herunter zu sinken, so daß in diesem einzelnen Theile kein Unterschied zwischen dem Vater der Götter und dessen Enkel ist. Aescula‍pius aber unterscheidet sich durch kleinere Augen, durch ältere Züge, und an den übrigen Haupt-Haaren und an dem Barte, sonderlich auf der Ober-Lippe, welcher mehr Bogen-weis geleget ist, an statt daß dieser obere Bart am Jupiter sich mit einmal um die Winkel des Mundes herum drehet, und sich mit dem Barte auf dem Kinne vermischet. Diese grosse Aehnlichkeit des Enkels mit dem Groß-Vater könnte die Bemerkung zum Grunde haben, daß vielmals der Sohn weniger dem Vater als dem Groß-Vater ähnlich ist, welchen Sprung der Natur in Bildung ihrer Geschöpfe die Erfahrung auch in Thieren, sonderlich in Pferden, bewiesen hat.

Eines prächtigen aber mangelhaften Kopfs eines Jupiter Serapis von dem schönsten grünlichen Aegyptischen Basalte, in der Villa Albani, habe ich in der Geschichte der Kunst gedacht, und erinnere hier nur, daß alle und jede Figuren und Köpfe dieser Gottheit nicht vor Alexander dem Grossen ge‍macht seyn können: denn Ptolemäus Philadelphus war derjenige, welcher diese Gottheit aus Pontus zu erst nach Aegypten brachte und daselbst ein‍führete *a*). *s*) Serapis.

In dem Pallaste Giustiniani ist ein Colossalischer Kopf, welcher einem Jupiter ähnlich ist, und man siehet, daß er als Serapis einen Scheffel ge‍tragen hat. Da aber dessen Gesicht nicht den gnädigen und gütigen Blick zeiget, der dem Jupiter eigen ist, und Pluto, nach dem Seneca *b*), die Aehn‍lichkeit des Jupiters hatte, aber fulminantis, so ist zu glauben, daß gedachter Kopf einen Pluto vorstelle, zumal derselbe in verschiedenen Figuren einen Scheffel auf dem Kopfe träget, wie unter anderen auf einem erhobenen Werke in dem Bischöflichen Hause zu Ostia. Es wird folglich der Colossalische Kopf von schwarzen Basalte, in der Villa Mattei, welchen Spence einen Ju‍piter mit dem Beynamen des Schrecklichen (Terribilis) nennet, wegen dess‍en strengen Miene, da sich oben auf demselben ebenfalls die augenscheinliche Spur von einem Scheffel findet; ich sage, es wird derselbe, wie jener Kopf, das Bild des Pluto seyn. Ausserdem unterscheiden sich diese Köpfe von denen des Jupiters auch durch die Haare, als welche über der Stirne herunter hän‍gen, da die Haare des Jupiters sich von der Stirne erheben, wie ich vorher angezeiget habe. Dieser gegründeten Bemerkung zu folge stellet ein grosser *v*) Pluto.

F 2 Kopf

a) conf. Scalig. Animadv. in Euseb. Chron. N. MDCCXXX p. 131.   *b*) Herc. fur. v. 721.

44 Das vierte Capitel.

Kopf mit einem Scheffel, von weissen Marmor, in der Villa Pamfili, ebenfalls einen Pluto vor. Auf diese Eigenschaft der Bildung ist niemand bisher aufmerksam gewesen, daher die neueren Künstler den Pluto nicht anders als durch einen zweyzackigten Zepter, oder vielmehr durch eine Gabel, kenntlich zu machen geglaubet haben. Zu dieser Gabel scheinen Feuer=Gabeln, womit man die Teufel in der Hölle zu mahlen pfleget, die erste Idea gegeben zu haben. Auf alten Werken hält Pluto einen langen Zepter, wie andere Götter, welches man unter andern auf dem angeführten Stücke zu Ostia, und auf einem runden Altare bey dem Marchese Ronbinini siehet, wo Pluto den Cerberus auf einer Seite und die Proserpina auf der anderen hat.

1) Neptunus. Der schöne Kopf der einzigen Statue des Neptunus, zu Rom in der Villa Medicis scheinet nur allein im Barte und in den Haaren sich von den Köpfen des Jupiters zu unterscheiden. Der Bart ist nicht länger aber krauser, und über der Ober=Lippe ist derselbe dicker. Die Haare sind lockigter, und erheben sich auf der Stirne verschieden von dem gewöhnlichen Wurfe dieser Haare am Jupiter. Es kann also ein fast Colossalischer Kopf mit einem Kranze von Schilfe, in der Farnesina, keinen Neptunus abbilden: denn die Haare des Barts sowohl als des Haupts gehen schlängliche gerade, und die Miene ist nicht heiter, wie dieselbe an jener Statue ist, folglich muß hier ein Meer= oder Fluß=Gott vorgestellet seyn.

c) Apollo. Der schönste Kopf des Apollo, nach dem in Belvedere, scheinet mir der auf einer wenig bemerkten sitzenden Statue desselben über Lebensgrösse, in der Villa Ludovisi, und es ist derselbe eben so unversehrt als jener, und einem gütigen und stillen Apollo noch gemässer. Es ist diese Statue in Absicht eines dem Apollo beygelegten Zeichens, als die einzige die bekannt ist, zu merken, und dieses ist ein krummer Schäferstab, welcher an dem Steine lieget, auf welchem die Figur sitzet, wodurch Apollo der Schäfer (Νόμιος) abgebildet wird a), vornemlich auf dessen Hirtenstand bey dem Könige Admetus in Thessalien zu deuten. An zween Köpfen des Apollo, von welchen der eine im Campidoglio, der andere in der Farnesina stehet, kann man sich einen Begrif machen von dem Haar=Schmucke, den die Griechen κρωβυλος nenneten, und wovon in Schriften keine deutliche Anzeige gegeben ist. Dieses Wort bedeutete bey Jünglingen was an Jungfrauen κόρυμβος hieß, das ist, die Haare an dem Hintertheile des Kopfs zusammen gebunden. Bey Jünglingen waren es die Haare rund herum am Haupte herauf gestrichen und auf dem Wirbel zusammen genommen, ohne sichtbaren Bande der sie halten konnte.

In

---

a) Callimach. Hymn. Apoll. v. 47. Theocr. Idyl. 25. v. 21.

Von der Kunst der Griechen.

In völlig gleicher Weise sind die Haare aufgenommen an einer weiblichen Figur eines der schönsten Herculanischen Gemählde, die neben einer Tragischen Person auf einem Knie sitzet, und an einer Tafel etwas schreibet.

Den Bacchus stellet uns Seneca als eine verkleidete Jungfrau vor im *)* Bacchus. Gewächse, Gange und im Anzuge. Der Kopf der höchsten Schönheit in demselben ist mit dessen ergänzter Statue, die etwas grösser als die Natur ist, nach Engeland gegangen. Es zeiget sich in diesem Gesichte eine unbeschreibliche Vermischung männlicher und weiblicher schöner Jugend, und ein Mittel zwischen beyden Naturen, welches von einem aufmerksamen Betrachter empfunden wird. Es wird dieser Kopf denen, die denselben, wo er ist, aufsuchen wollen, an einer Binde über der Stirne kenntlich seyn, und er ist weder mit Weinlaub noch mit Epheu bekränzet. Man muß sich wundern, daß sogar in Rom unter den ersten Künstlern nach Widerherstellung der Kunst ein falscher Begrif von der Gestalt des Bacchus gewesen. Der noch lebende erste Mahler in Rom, da er über diese Gottheit wie sie der Ariadna erschien, befraget wurde, hat den Bacchus mit roth-bräunlichen Fleische angegeben.

Mercurius unterscheidet sich durch eine besondere Feinheit im Gesichte. *)* Mercurius.
Von dessen Figuren mit einem Barte auf Hetrurischen Werken und bey den ältesten Griechen ist oben gedacht. Einen anderen Mercurius in Lebens-Größe, der ein junges Mädgen umfasset, in dem Garten hinter dem Farnesischen Pallaste, hat der neue Künstler, welcher den Kopf nebst einem Theile der Brust ergänzet, einen starken Bart gegeben, und dieses hat mich eine Zeitlang befremdet, weil ich nicht begreifen konnte, woher ihm dieser Einfall gekommen: denn man darf nicht vermuthen, daß derselbe bey einem verliebten Mercurius, worin ihm auch die Hetrurische Bildung bekannt gewesen wäre, diese alte Gelehrsamkeit habe anbringen wollen. Ich glaube also daß dem Ergänzer der Statue zu diesem bärtigen Mercurius von einem Gelehrten Gelegenheit gegeben worden, welcher hier das von ihm übel verstandene Wort ὑπηνήτης, beym Homerus, mit einem starken Barte ausgedrücket haben wollen. Der Dichter sagt, Mercurius da er Priamus zu den Achilles begleiten wollen, habe die Gestalt eines jungen Menschen angenommen πρῶτον ὑπηνήτῃ *a)*, welches ein Alter bedeutet, wenn sich die erste Bekleidung des Kinnes meldet, und von einem Jünglinge in der schönsten Blüte kann gesaget werden; eben so ist auch Mercurius beym Lucianus gebildet *b)*. Das junge Mädgen, mit welcher Mercurius spielend vorgestellet ist, scheinet nicht Venus zu seyn, die nach dem Plutarchus *c)*, neben diesem Gotte pflegte gestellet zu werden, um anzuzeigen, daß der Genuß des Ver-

a) Odyss. ω. v. 348.   *b)* De Sacrif. p. 367. l. 36.   *c)* Praecept. Conjug. p. 239. l. 24.

Das vierte Capitel.

Vergnügens von einer sanften Rede müsse begleitet seyn. Man könnte vielmehr in Absicht des zarten Alters dieser Figur sagen, es sey entweder Acacallis, des Minos Tochter, oder Herse, eine von des Cecrops Töchtern, mit welchen er Kinder zeugete, oder es könnte Proserpina seyn, welche vom Mercurius drey Töchter hatte a), oder die Nymphe Lara, Mutter von zween Lares b).

a) Hercules.   Hercules ist sonderlich an seinen Haaren kenntlich, welche kurz und kraus und über der Stirne in die Höhe gestrichen sind, und dieses Kennzeichen kommt sonderlich bey einem jungen Hercules zu statten. Denn ich habe bemerket, wenn man Köpfe junger Helden für einen Hercules nehmen können, daß bemeldete Haare alsdenn unterschieden haben, und eben diese Bemerkung so wohl von den Haaren des Hercules überhaupt, als sonderlich der Haare über der Stirne lässet die Benennung eines Hercules nicht zu an dem Rumpfe einer kleinen Figur, die man itzo als einen Hercules ergänzet vermöge einiger Aehnlichkeit mit den Köpfen desselben. Da nun der einzige Kopf dieses Rumpfs keine Ausnahme machen kann, wäre ich geneigt, da derselbe Pancratiasten-Ohren hat, diese Figur auf einen Philosophen zu deuten, welcher in der Jugend ein Ringer gewesen ist, wie Lycon war c). Dieses vorzügliche Stück, welches bereits vor einigen Jahren nach Engeland gegangen war, und wiederum zurück nach Rom gekommen, wird für den Herrn General von Walmoden zu Hannover ergänzet.

c) Pan.   Der Gott Pan war nicht allezeit mit Ziegen-Füssen gebildet: denn eine Griechische Inschrift redet von einer Figur desselben, deren Kopf einem gewöhnlichen Pan mit Ziegen-Hörnern ähnlich war, der Leib aber und die Brust war wie Hercules gestaltet; die Füsse waren wie des Mercurius seine geflügelt d).

a) Satyre, Faune und Silene.   Die jungen Satyrs oder Faune sind alle ohne Ausnahme schön, und dergestalt gebildet, daß eine jede Figur derselben, den Kopf ausgenommen, mit einem Apollo könnte verwechselt werden, sonderlich mit demjenigen, welcher Sauroctonon heißt, und einerley Stand der Beine mit den Faunen hat. Unter den vielen Statuen derselben sind zwo im Pallaste Ruspoli ohne alle Verletzung geblieben, und wer weiß, ob nicht einer von so vielen schönen Faunen der berühmte Satyr des Praxiteles ist, welcher περιβόητος, der Beschriene, zubenamet wurde. In einem Kopfe eines jungen Fauns hat sich der Künstler desselben über die gewöhnliche Idea erhoben und ein Bild einer hohen Schönheit gegeben, über welches sich eine unaussprechliche

Süßig-

a) Tzetz. Schol. in Lycoph. v. 680.   b) Ovid. Fast. L. 2. r. 559.   c) Diog. Laert. L. 5. Segm. 67.   d) Anthol. L. 4 c. 12. p. 337.

Von der Kunst der Griechen. 47

Süßigkeit ergießet; es scheinet derselbe in einer sanften Entzückung zu seyn, die sich sonderlich in dem halb geschlossenen Munde äusert. Das Oberteil der Ohren, welche spitz seyn sollten, ist durch die Haare bedecket, die auch nicht die gewöhnliche Stärrigkeit haben, sondern sich in lieblichen Krümmen legen, und in diesem Kopfe würde nimmermehr ein Faun erkannt werden, ohne dem Ansatze zum Gewächse kleiner Hörner, die auf beyden Seiten der Stirn hervor zu keimen anfangen. Wenn es die Haare erlaubeten, könnte in diesem Bilde ein junger Bacchus mit Hörnern abgebildet seyn a). Dieser Kopf, dessen in den Nachrichten von den neuesten Herculanischen Entdeckungen Erwehnung geschehen, befindet sich itzo in dem Besitze des Verfassers.

Die gewöhnliche Bildung der Faune hat dasjenige, was die Alten σιμός nenneten, und was nach dem Plato b) ἐπίχαρις hieß, oder εὐχαρις, wie es Pollux erkläret. Dieses scheinet widersprechend, wenn man σιμός dem γρυπός mit dem Plato entgegen setzet; denn dieses Wort wird eigentlich von einer erhobenen oder Habichts-Nase gebrauchet, so wie jenes von einer eingebogenen Nase, und diese Nase kann allein nicht εὐχαρής seyn, d. i. nicht Gratie haben. Man muß also das Wort σιμός als ein gleichbedeutendes Wort mit σιληνός ansehen, so wie es Lucretius erkläret c), und diese Begriffe mit der Bildung der Satyre verbinden, um den Plato verständlich zu finden. Alsdenn entstehet der Begrif derjenigen Gratie, die den Köpfen des Correggio eigen ist, welche nicht die hohe Gratie haben, die sich besser in dessen Werken empfinden als beschreiben lässet. So wie der gemeine Begrif von den Satyren oder Faunen irrig zu seyn pfleget, eben so ist es mit dem Silenus ergangen; ich sollte sagen mit den Silenen: denn die Alten sagten in der mehrern Zahl σιληνοί. Da man sich nun den Silenus allgemein vorgestellet, wie derselbe insgemein gebildet ist, als einen alten überaus dicken, unbequemen und immer betrunkenen Menschen, welcher immer taumelt, zuweilen von seinem Esel sinket und fällt, und sich pfleget auf Satyre zu lehnen, so hat man mit einer solchen Figur den Pflege-Vater und Lehrmeister des Bacchus, welcher auch Selenus war, nicht zu reimen gewußt. Dieser Mißverstand ist Ursach, daß man in der Statue dieses Silenus, mit dem jungen Bacchus in den Armen, wie er in der Villa Borghese stehet, einen Saturnus finden wollen, weil diese Figur einem alten Helden ähnlich ist, da man jedoch an den spitzigen Ohren, und an dem Epheu um dessen

Haupte

---

a) Conf. Spanh. de praest. Num. T. 1. p. 392.   b) Polit. L. 5. p. 422. l. 49. ed. Baſ.
c) De rer. nat. L. 4. v. 1163.

Haupte die wahre Vorstellung erkennen sollen. Zwo jenem vollkommen ähnliche Statuen, die wenig bekannt sind, finden sich in dem Pallast Ruspoli.

bb) Weibliche Gottheiten.

An Göttinnen ist so wie an Göttern die Gestalt bestimmet und beständig beobachtet. Juno ist kenntlich an den grossen Augen, und an dem gebieterischen Munde, und der Zug des Mundes scheinet ein unnachahmliches Profil, welches von einem weiblichen Kopfe eines Cameo im Museo Strozzi, auf eine Juno zu deuten. Der schönste Kopf der Juno in Marmor ist und bleibet der von mir angeführte Colossalische Kopf dieser Göttinn in der Villa Ludovisi, wo sich noch ein kleinerer Kopf derselben befindet, welcher den zweyten Rang verdienet, so wie die schönste Statue der Juno im Pallaste Barberini ist. Ein gleichfalls Collossalischer Kopf derselben in eben diesem Pallaste kommt dem erst gedachten Kopfe an Schönheit nicht bey.

a) Juno.

x) Pallas und Diana.

Pallas und Diana sind allezeit ernsthaft

Pallas & asperior Phœbi soror, utraque telis
Vtraque torua genis, flauoque in vertice nodo.
Stat. Theb. l. 2. v. 237.

die Haare in Knoten gewunden, welches der Dichter von beyden saget, kann nur allein auf die Diana gehen. Denn Pallas hat insgemein die Haare lang von dem Kopfe ab gebunden, welche hernach unter dem Bande länger oder kürzer in langen Locken, Reihen-weis herunter hängen. Von diesem ihr eigenen Haar-Schmucke scheinet Pallas den wenig bekannten Beynamen Παρακεπλεγμένα bekommen zu haben. Dieses Wort erkläret Pollux a) mit ἀνακεπλεγμένα, wodurch er den Begrif nicht deutlicher machet. Vermuthlich deutet das Beywort auf so gebundene Haare, und angeführter Scribent würde also durch dieselben erkläret. Da nun diese Göttinn die Haare länger als andere zu tragen pfleget, kann dieses der Grund gewesen seyn bey ihren Haaren zu schweren b).

γ) Die Gratien.

Zu den Göttinnen sind die Gratien, die Parcen und die Gorgonen zu rechnen. Die schönsten Bilder der Gratien finden sich in Figuren, die beynahe halb so groß als die Natur sind, im Pallaste Ruspoli. Sie sind unbekleidet, und die Köpfe den Figuren eigen, da die an den Gratien in der Villa Borghese hingegen neu und häßlich, so können jene unsere Begriffe bestimmen. Diese Köpfe sind ohne allen Schmucke, und die Haare mit einer dünnen Schnure um den Kopf herum gebunden, und an zwo Figuren derselben hinten gegen den Nacken zusammen genommen. Die Mine derselben

a) Onom. L. 1. Segm. 35.   b) Tibul. L. 1. el. 4. v. 22.

Von der Kunst der Griechen.

selben deutet weder auf Fröhlichkeit noch auf Ernst, sondern bildet eine stille Zufriedenheit, die der Unschuld der Jahre eigen ist. Die Parcen, welche Catullus mit bebenden und zitternden Gliedern, im betagten Alter, mit runzeligten Angesichte, mit gebäugtem Rücken, und mit einem strengen Blicke bildet, sind das Gegentheil auf mehr als auf einem alten Denkmale. Es finden sich dieselben insgemein bey dem Tode des Meleagers, und sind schöne Jungfrauen, mit oder ohne Flügeln auf dem Haupte, und unterscheiden sich durch die ihnen beygelegte Zeichen; die eine schreibet allezeit mit einer Feder auf einem gerolleten Zettel. Zuweilen finden sich nur zwo derselben, so wie sie nur in zwo Statuen in der Vorhalle des Tempels des Apollo zu Delphos standen. Die Gorgonen sind zwar auf keinem alten Werke gebildet, ihre Gestalt aber würde der Beschreibung der ältesten Dichter nicht ähnlich seyn, als welche ihnen lange Zähne, wie Schweins-Hauer gaben: denn Medusa, eine von diesen drey Schwestern ist den Künstlern ein Bild hoher Schönheit geworden. Der schönste Kopf einer erblaßten Medusa in Marmor ist einer sehr ergänzten Statue des Perseus, im Pallaste Lanti, in der Hand gegeben, und einer der schönsten auf geschnittenen Steinen ist ein Cameo in dem Königl. Farnesischen Museo zu Neapel, ingleichen ein anderer Kopf in einem Carniole geschnitten, im Museo Strozzi, welche beyde von höherer Idea sind, als der berühmtere in eben diesem Museo. Dieser welcher in einem Chalcedonier geschnitten ist, wurde zu Rom in einem Weinberge bey der Kirche zu St. Joh. und Paul, auf dem Berge Coelio, gefunden von einem Weingärtner, welcher diesen Stein auf dem Platze Montanara, bey dem Theater des Marcellus, einem Aufkäufer von dergleichen Sachen anboth, die man Anticagliari nennet. Dieser welcher sich auf dergleichen Waare nicht sonderlich verstehen mochte, wollte den Stein in Wachse abdrucken, da es aber im Winter und des Morgens frühe geschahe, folglich das Wachs nicht weich genug war, zerplatzte der Stein in zwey Stücke, und der Verkäufer bekam zween Zecchini für denselben. Von dem Aufkäufer bekam ihn Sabattini, ein nicht unbekannter practischer Antiquarius für drey Zecchini. Dieser ließ den Stein in Golde fassen, und verkaufte denselben dem Herrn Card. Alex. Albani, (welcher damals den geistlichen Stand noch nicht erwählet hatte,) für fünf Zecchini, und dieser überließ ihn wiederum gedachten Sabattini gegen andere Alterthümer, rechnete ihm aber den Stein auf funfzig Scudi an. Ohne dieser beglaubten Nachricht würde bey mir der Verdacht geblieben seyn, daß diese Arbeit des Steins von neuerer Hand seyn könne, wie ich einige Zeit diesen Zweifel geheget. Unterdessen hat diese Medusa in dem Rufe den Preis erhalten, und ist von

*) Die Parcen.

1) Die Gorgonen, insbesondere die Medusa.

unseren

Das vierte Capitel.

unseren Künstlern zur Nachahmung gewählet, und vielfältig geschnitten worden, da es vorgedachter Kopf im Carniole vielmehr verdienet hätte.

b) Der Helden und Heldinnen.

Neben den Göttern stehen die Helden und Heldinnen aus der Fabel, und diese so wohl als jene waren den Künstlern Vorwürfe der Schönheit.

aa) Helden und besonders Telephus.

In einigen jungen Helden haben sie sich, wie ich vom Hercules angezeiget habe, so hoch in dem Begriffe der Schönheit erhoben, daß selbst das Geschlecht zweydeutig ist, und ich war bey dem ersten Anblicke hierüber zweifelhaft an der Figur des Telephus, welcher von dessen Mutter-Auge erkannt wird, da sie diesen ihren Sohn ermorden wollte. Das Gesicht dieses jungen Helden ist völlig weiblich, wenn man es von unten herauf betrachtet, und es scheinet sich etwas Männliches in dasselbe zu mischen, wenn man es von oben herunter ansiehet. Dieses bisher unerkannte erhobene Werk im Pallaste Ruspoli, welches unter die schönsten in der Welt kann gezählet werden, erscheinet unter meinen Denkmalen des Alterthums.

bb) Heldinnen und besonders Amazonen.

Unter den Heldinnen sind die Amazonen die berühmtesten und in vielen Statuen und auf erhobenen Arbeiten vorgestellet. Von ganzen Statuen sind in Rom bekannt, eine in der Villa Mattei, welche die einzige ist, die einen Helm zu den Füssen liegen hat; die zwote ist im Pallaste Barberini; die dritte stehet in dem Museo Capitolino, mit dem Namen des Künstlers Sosicles; die vierte befindet sich in dem Hofe des Pallastes Verospi; die fünfte und sechste Amazone stehen ebenfalls im Campidoglio, haben aber fremde Köpfe, von welchen der eine neu ist, mit einem Helme. Diejenigen, welche die zwo letzteren Statuen ergänzen lassen, haben nicht verstanden, daß die Köpfe der Amazonen eine bestimmte Idea haben, und zwar dergestalt, daß dieselben in den vier ersteren Statuen Schwestern, und wie aus eben derselben Forme gezogen scheinen. Es ist sogar in den Haaren kein Unterschied, weder in der Lage noch in der Arbeit; ihr Gesicht zeiget in allen dasjenige, was das Wort Virago ausdrücket. Zween diesen vollkommen ähnliche und sehr wohl erhaltene Köpfe stehen unerkannt in dem Museo Capitolino, und hätten auf die Statuen der Amazonen daselbst, die fremde Köpfe haben, gesetzet werden können. Keine Köpfe wären unseren Künstlern bessere Modelle zu Figuren geheiligter Jungfrauen gewesen, und dennoch ist es niemanden eingefallen. Der Blick der Amazonen ist nicht kriegerisch noch wild, sondern ernsthaft und noch mehr als es Pallas zu seyn pfleget. In der Villa Pamfili stehet eine Amazone in mehr als Lebens-Größe, so wie jene Figuren sind, aus welcher man in der Ergänzung eine Diana gemachet hat, ohnerachtet die Kleidung und der Kopf dieselbe hätte bezeichnen sollen.

Von der Kunst der Griechen.

Die Thiere können von den Bemerkungen über die Schönheit nicht ausgeschlossen werden, und ich will einige wenige Anzeigen mit beyfügen. Bey den Pferden bemerken diejenigen, die hier Schul-mäßig sprechen können, daß diejenigen, die in Marmor und in Erzte übrig geblieben, Nachahmungen eines schweren Schlages von Pferden sind, und sie beweisen dieses sonderlich aus der vermeinten unbehenden Forme des Gemächtes zwischen dem Halse und dem Rückgrade, da wo bey Menschen die Schulter-Blätter sind, welches bey Pferden der Widerroß heißt. An diesem Theile sollen die Arabischen, Spanischen, Neapolitanischen und Englischen Pferde feiner gebauet seyn, und mehr Gelenksamkeit und Leichtigkeit zeigen. Einige andere Thiere, sonderlich Löwen, haben die alten Künstler Idealisch gebildet, welches zum Unterrichte dienet für diejenigen, denen die Löwen in Marmor von dem Geschöpfe wahrer Löwen verschieden scheinen. Eben dieses kann noch mehr von den Delphinen gesaget werden, welche so wie dieselben auf alten Werken vorgestellet worden, sich in der Natur nicht finden; unterdessen ist die Gestalt der erdichteten Delphine als wirklich von allen neueren Künstlern angenommen worden.

c) Idealische Bildung der Thiere.

Ich bin in Betrachtung der Schönheit Analytisch gegangen, das ist, von dem Ganzen auf die Theile; man könnte aber eben so nützlich Synthetisch lehren, und nach Untersuchung der Theile das Ganze nehmen. Im mündlichen Unterrichte, welcher durch Fragen geschiehet, scheinet der letzte Weg brauchbarer: denn man suchet die Kenntnis des Schönen bey jungen Leuten zu prüfen durch die verlangete Anzeige der Form des Einzelnen, und hierinn bestehet die Probe der Rechnung. Da man aber die Kenntnis allgemeiner Sätze vor einzelnen Bemerkungen, obgleich aus diesen jene erwachsen ist, in aller Methode voraus setzen muß, so bin ich auch hier derselben gefolget.

C) Drittes Stück. Schönheiten einzelner Theile des menschlichen Körpers.

Die Betrachtung des Einzelnen in der Schönheit muß vornemlich auf die äusersten Theile der menschlichen Figur gerichtet seyn, weil nicht allein in denselben Leben, Bewegung, Ausdruck und Handlung bestehet, sondern weil ihre Form die schwerste ist, und den eigentlichen Unterschied des Schönen vom Häßlichen und der neuen Arbeit von der alten bestimmet. Kopf, Hände und Füsse sind im Zeichnen das erste, und müssen es auch im Lehren seyn.

d) Der äusseren Theile.

An dem Haupte ist eine kurze Stirn den Begriffen der alten Künstler von der Schönheit dergestalt eigen, daß dieselbe ein Kennzeichen ist, vielmals eine neue Arbeit von der alten zu unterscheiden. Durch eine hohe Stirn allein habe ich an manchem Kopfe, den ich nicht in der Nähe betrachten können,

aa) Des Hauptes.
a) Der Stirne.

nen, erkannt, daß derselbe neu ist, oder es hat mir dergleichen Stirn den ersten Zweifel wider dessen Alter erwecket, welchen ich hernach bey mehrerer Untersuchung gegründet gefunden habe. Ich habe sogar bemerket, daß einige unserer Künstler, so wenig Betrachtung über diese Schönheit gemachet haben, daß sie in Abbildungen junger Personen von beyderley Geschlechte, die ich kenne, und an welchen die Stirn kurz ist, dieselbe erhöhet und den Haarwachs herauf gerücket, um wie man etwa geglaubet, eine offene Stirn zu machen. Zu diesem Haufen gehörete Bernini, und Baldinucci glaubet etwas besonders von dem feinen Geschmacke dieses Künstlers anzubringen, wenn er berichtet, es habe derselbe, da er Ludwigs XIV. Bildnis in dessen Jugend, nach dem Leben selbst modelliret, diesem jungen Könige die Haare von der Stirne weggestrichen; dieser schwatzhafte Florentiner verräth hier, wie in vielen anderen Dingen, seine wenige Kenntnis. Um sich hiervon zu überzeugen, darf man nur an Personen, die eine niedrige Stirn haben, die vorderen Haare mit einem Finger bedecken, und sich die Stirn um so viel höher vorstellen, so wird, wenn ich so reden darf, der Uebelklang der Proportion merklich werden, und wie eine hohe Stirn der Schönheit nachtheilig seyn kann, wird deutlich in das Auge fallen. Selbst die Circaßierinnen wissen dieses, und um die Stirn noch niedriger zu machen, kämmen sie die abgestutzten Haare auf der Stirne von oben über dieselbe herunter, so daß sie fast bis an die Augenbraunen reichen. Daß Horatius, wenn er insignem tenui fronte Lycorida besinget a), eine niedrige Stirn meinet, haben die alten Ausleger desselben verstanden, wo es erkläret wird, angusta & parva fronte, quod in pulchritudinis forma commendari solet. Cruquius aber hat es nicht eingesehen: denn er saget, Tenui fronte] tenuis & rotunda frons index est libidinis & mobilitatis simplicitatisque, sine procaci petulantia dolisque meretricis. Franz Junius hat hier das Wort Tenuis ebenfalls nicht verstanden: denn er erkläret Tenuem frontem durch ἁπαλὸν καὶ δροσῶδες μέτωπον des Bathyllus beym Anacreon. Frons tenuis ist frons brevis beym Martialis b); welche er an einem schönen Knaben verlanget. Es kann auch Frons minima beym Petronius, in Beschreibung der Gestalt der Circe, mit dem Französischen Uebersetzer nicht front petit gegeben werden; denn die Stirn kann breit seyn, und zu gleicher Zeit niedrig. Aus dem Arnobius c) kann man schliessen, daß diejenigen Weiber, welche eine hohe Stirne hatten, über dieselbe ein Band legten, um dieses Theil des Gesichts dadurch niedriger schei-

a) L. 1. Carm. 33. v. 5. Lugd. B. 4to.   b) L. 1. ep. 4a.   c) Adv. gent. p. 72. L. 26. ed.

scheinen zu machen. Zu Vollendung der Schönheit einer jugendlichen Stirne wird erfordert, daß der Haar-Wachs um die Stirn herum rundlich bis über die Schläfe gehe, um dem Gesichte die Ey-förmige Gestalt zu geben, und eine solche Stirn findet sich an allen schönen weiblichen Personen. Diese Form der Stirne ist allen Idealischen und anderen jugendlichen Köpfen der Alten dergestalt eigen, daß man an keinen Figuren auch im männlichen Alter die tiefen unbewachsenen Winkel über den Schläfen siehet, welche in zunehmenden Jahren, wenn die Stirn hoch, sich immer mehr zu vertiefen pflegen. Diese Bemerkung ist von wenigen neueren Bildhauern gemachet, und wo man neue jugendliche männliche Köpfe auf alte Statuen gesetzet siehet, unterscheidet sich die mangelhafte neuere Idea in den Haaren, welche ausschweifend auf der Stirne hervor laufen.

Die Augen sind, so wie in der Natur, also auch in der Kunst, verschieden geformet an den Bildern der Gottheiten und an Idealischen Köpfen, so daß das Auge selbst ein Kennzeichen von jenen ist. Jupiter, Apollo, Juno haben dieselben groß und rundlich gewölbet, und enger als gewöhnlich in der Länge, um den Bogen derselben desto erhabener zu halten. Pallas hat ebenfalls grosse Augen, aber das obere Augenlied ist mehr als an jenen Gottheiten gesenket, um ihr einen jungfräulichen züchtigen Blick zu geben. Venus aber hat die Augen kleiner, und das untere Augenlied, welches in die Höhe gezogen ist, bildet das liebreizende und das schmachtende, von den Griechen ὑγρόν genannt. Ein solches Auge unterscheidet die Himmlische Venus, Urania, von der Juno, und jene, weil sie ein Diadema wie diese hat, ist daher von denen die diese Betrachtung nicht gemacht haben, für eine Juno gehalten. Viele der neueren Künstler scheinen hier die alten übertreffen zu wollen, und haben das was Homerus Ochsen-Augen, oder grosse Augen nennet, in hervorliegenden Augäpfeln, die aus ihrer Einfassung hervor quellen, zu bilden vermeinet. Solche Augen hat der neue Kopf der irrig vermeinten Cleopatra in der Villa Medicis, wie sie an gehängeten Menschen seyn würden, und eben dergleichen Augen hat ein junger Bildhauer einer ihm aufgetragenen Statue einer heiligen Jungfrau, in der Kirche von St. Carlo al Corso, gegeben.

Ueber eine besondere Schönheit der Augenlieder müssen bereits die ältesten Griechen ihre Betrachtung gemachet haben: denn das Wort ἑλικοβλέφαρος beym Hesiodus scheinet auf eine besondere Form derselben zu deuten. Der Haufen späterer Sprachlehrer erkläret dieses Wort sehr unbestimmt und weitläufig mit καλλιβλέφαρος, „mit schönen Augenliedern." Der Scholiast des Hesiodus hingegen scheinet zum inneren und geheimen

s) Der Augen.

γ) Der Augenlieder.

Das vierte Capitel.

Verstande zu bringen, und will, daß ἑλικοβλέφαρος Augen bezeichne, deren Lieder einen geschlängelten Zug machen, welcher mit den Wendungen der jungen Schlingen der Weinreben (ἕλικες) verglichen worden a). Diese in ihrer Maaße gedeutete Vergleichung könnte statt finden, wenn man den gezogenen Schwung des Randes schöner Augenlieder betrachtet, welcher sich an den Augenliedern der vorzüglichsten Köpfe, wie am Apollo, an den Köpfen der Niobe, und sonderlich an der Venus deutlich zeiget; an Colossalischen Köpfen, wie die Juno in der Villa Ludovisi, ist dieser Schwung noch deutlicher gezogen und empfindlicher angegeben.

2) Der Augenbranen.

Die Andeutung der Augenbranen, das ist, ihrer Härchen, weil dieselben kein wesentliches Theil sind, kann an Köpfen bestimmter Personen sowohl als Idealischer Figuren, von dem Mahler, wie von dem Bildhauer übergangen werden, wie dieses vom Raphael und vom Annibal Caracci geschehen ist. An den schönsten Köpfen in Marmor sind wenigstens die Augenbranen nicht angegeben in abgesonderten Härchen. Augenbranen die zusammenlaufen sind bereits erwehnet, und ich habe mich gegen dieselben erkläret, und den Dichter angegeben, dem einige andere Scribenten gefolget sind. Unter diesen ist auch der vermeinte Phrygier Dares, welcher die Schönheit der Briseis auch durch zusammen gewachsene Augenbranen bezeichnen will. Bayle fand dieses fremde an einer Schönheit, auch ohne Kenntnis der Kunst, und meinet, daß solche Augenbranen der Briseis zu unserer Zeit für keine Eigenschaft der Schönheit würden gehalten werden; man kann aber mit demselben versichert seyn, daß Kenner der Schönheit auch vor Alters eben so gedacht haben. Aristänetus lobet die abgesonderten Augenbranen an einer schönen Person b). Es sind die zusammen gewachsene Augenbranen des Augustus bemerket c), auch an dem Kopfe der Julia Kaysers Titus, in der Villa Medicis, und an einem anderen weiblichen Kopfe im Pallaste Giustiniani sind die Augenbranen also gearbeitet; man glaube aber nicht, daß dieses geschehen sey, die Schönheit dieser Personen zu erheben, sondern ein ähnliches Bild zu machen.

3) Des Kinnes.

Die Schönheit des Kinns bestehet in einer völligen Wölbung desselben, welche durch die Unter-Lippe, wenn dieselbe kurz ist, desto mehr Großheit erhält, und um diese Form dem Kinne zu geben, haben die alten Künstler, nach Anweisung der schönsten Natur, die unteren Kinnladen grösser und tiefer herunter gezogen, als gewöhnlich ist, gehalten. Wenig neuere Mahler und Bildhauer sind in dem Kinne ihrer Köpfe ohne Tadel, und die mehresten haben

---

a) In Hesiod. Theog. p. 234. B. L. 2. ed. Heins. Plautin.   b) Epist. 1.   c) Sueton. Aug. c. 79.

Von der Kunst der Griechen. 55

ßen daſſelbe zu klein, zu ſpitzig, und zuweilen wie umher gekniffen gehalten, und Pietro von Cortona iſt allezeit an dem kleinlichen Kinne kenntlich. Bey dem Kinne der Mediceiſchen Venus habe ich eine andere Unvollkommenheit zu bemerken vergeſſen, nemlich die platte Spitze deſſelben, in deren Mitte das Grübchen iſt, und dieſes Kinn iſt dergeſtalt plat gedrücket, daß ſich ſolche Fläche weder in der Natur noch an irgend einem alten Kopfe findet. Unterdeſſen da dieſe Statue noch beſtändig von unſeren Bildhauern in Marmor nachgearbeitet wird, ahmen ſie die ungewöhnliche Fläche, als eine Schönheit, in der größten Strenge nach, und ſie können nicht überzeuget werden, daß ein breitgedrücktes Kinn nicht ſchön ſey. Das Grübchen im Kinne, welches bey den Griechen Νύμφη hieß *a*), war auch an dem Kopfe der Statue des Bathyllus, die in dem Tempel der Juno zu Samos ſtand, wie Apulejus berichtet *b*).

Die Ohren ſind an alten Köpfen mit dem größten Fleiſſe ausgearbeitet, und es giebt dieſer Theil eins von den untrieglichen Kennzeichen das Alte von dem Neuen zu unterſcheiden. An Figuren beſtimmter Perſonen kann man zuweilen, wenn das Geſicht verunſtaltet und unkenntlich geworden, aus der Form des Ohrs die Perſon, wenn dieſelbe bekannt iſt, errathen, wie aus einem Ohre mit einer ungewöhnlich groſſen inneren Oefnung auf einen Marcus Aurelius zu ſchlieſſen wäre. In ſolchen Figuren ſind die alten Künſtler ſo aufmerkſam auf die Ohren geweſen, daß ſie auch das Unförmliche angedeutet, wie dieſes unter anderen an einem ſchönen Bruſtbilde des Marcheſe Rondinini und an einem anderen in der Villa Altieri zu ſehen iſt. Die beſondere Form der Ohren an einigen Ideatiſchen Figuren und beſtimmten Perſonen beſtehet darinn, daß dieſelben plat geſchlagen und an den knorpelichten Flügeln geſchwollen ſcheinen, wodurch der innere Gang derſelben enger, und das ganze äuſſere Ohr ſelbſt zuſammen gezogen und kleiner geworden iſt. So geſtalte Ohren pflegen die Figuren des Pollux und einige des Hercules zu haben, und es ſind Pancratiaſten-Ohren. Dieſes iſt weitläuftiger in der Vorrede des Verſuchs einer Allegorie ausgeführet, und noch umſtändlicher, nebſt der Abbildung der wahren Form dieſes Ohrs, wird es in der Erläuterung der unbekannten Denkmale des Alterthums geſchehen. Die Form ſolcher Ohren an einer kleinen männlichen unbekleideten Figur von Erzt, im Hauſe Maſſimi, welche ich für ein neues Werk gehalten hatte, ehe ich auf die Ohren Achtung gegeben, machete nachher mein Urtheil über dieſe Figur richtig. Da ich mich nun verſichert halte, daß vor mir niemand, ſonderlich kein Künſtler, dieſe Ohren bemerket hat, ſo waren mir dieſelben ein Beweis

c) Der Ohren und beſonders der Pancratiaſten Ohren.

des

a) Poll. Onom. L. 2. Segm. 90.   *b*) Florid. 15. p. 791. ed. in uſ. Delph.

des Alterthums des Kopfs der Figur, und ich fand in demselben bey genauerer Betrachtung eine Aehnlichkeit mit den Köpfen des Hercules. Der Schlauch den diese Figur auf der linken Achsel träget, scheinet einen Hercules mit dem Beynamen, der Säufer, abzubilden. Ich glaube also, wenn Plinius die Statue des Diorippus anführet, welcher im Pancrazio, gleichsam ohne Mühe oder Widerstand (citra pulveris tactum, quod vocant aconiti) Sieger geworden, daß die Ohren an derselben nicht Ringern ähnlich gebildet gewesen, und daß diese Figur sich dadurch von den Statuen anderer Pancratiasten unterschieden habe.

*) Der Haare, wo eine Stelle des Petronius verbessert und erkläret wird.

Die Haare auf der Stirne sind, je niedriger dieselbe ist, aus dieser Ursache desto kürzer, und es pflegen sich die Spitzen von einigen vorwärts über zu bäugen. Dieses ist offenbar an allen schönen Köpfen des Hercules, sowohl im jugendlichen als im männlichen Alter, und solche vorwerts gebogene Haare sind gleichsam Kennzeichen dieser Köpfe, die nicht selten einen neuern Kopf des Hercules in geschnittenen Steinen entdecken. Eben solche Haare giebt Petronius seiner Circe: diese Schönheit aber haben weder die Abschreiber noch die Ausleger dieses Scribentens verstanden. Denn wo man liefet — frons minima, & quae radices capillorum retroflexerat, muß man ohne Zweifel an statt des Worts radices setzen apices, „die Spitzen,“ nemlich der Haare, oder ein ähnliches Wort, da apex die Spitze eines jeden Dinges bedeutet. Wie können sich die Wurzeln der Haare vorwerts bäugen? Der Französische Uebersetzer des Petronius hat hier in seinen Anmerkungen einen Putz von fremden aufgesetzten Haaren finden wollen, unter welchen man die Wurzeln der eigenen und natürlichen Haare entdecket habe. Was kann ungereimter seyn!

**) Insbesondere der Haare der Faune.

Die Haare der Faune oder der jungen Satyre sind straubigt und krümmen sich wenig an ihren Spitzen (solches Haar hieß bey den Griechen ἐυθύθριξ, und beym Suetonius, capillus leniter inflexus) weil man gleichsam eine Art Ziegen-Haare vorstellen wollen, indem man den alten Satyrs oder den Figuren der Pane Ziegen-Füsse gegeben hat: Es wird daher dem Pan das Beywort Φριξοκόμης, "Straubhaar", beygeleget a). Wenn aber im Hohenliede b) die Haare der Braut mit Ziegen-Haaren verglichen werden, so ist dieses etwa von Orientalischen Ziegen zu verstehen, deren lange Haare geschoren werden c).

***) Arbeit der Haare neuerer Bildhauer.

In keinem Stücke sind die neueren Künstler den alten ungleicher als in den Haaren, so daß dieses einem Anfänger in der Kenntnisse der Kunst zu erst

a) Anthol. L. 4. c. 36. p. 364. l. 15.   b) C. 4. v. 1.   c) Conf. Bochart. Hieroz. T. 1. L. 2. c. 51. p. 625.

Von der Kunst der Griechen.

erst in die Augen fallen muß. Die Haare sind an allen Figuren aus guter Zeit lockigt, groß, und mit dem ersinnlichsten Fleiße ausgearbeitet, anstatt daß die Neueren ihre Haare kaum angedeutet haben, wie sonderlich an weiblichen Köpfen zu tadeln ist. Es fehlet daher in diesem Theile Licht und Schatten, welches durch niedrige Furchen nicht entstehen kann, und obgleich die neueren Haare, wenn sie angestrichene oder gebundene Haare anzeigen sollen, der Wahrheit näher kommen, welches eine von den Ursachen der wenigen Ausarbeitung scheinen könnte, so erfordert hingegen die Kunst auch solche Haare in tiefen Krümmungen zu ziehen, und hier können die Köpfe der Amazonen, an welchen keine Locken sind, das Muster seyn. Ferner sind die Satyr-Haare fast allgemein unter den neuern Künstlern an männlichen Köpfen Mode geworden, und dieser Stil scheinet sonderlich durch den Algardi eingeführet zu seyn.

Von schönen Händen haben sich erhalten, von jugendlich-männlichen Figuren eine Hand an dem Sohne der Niobe, welcher auf der Erde gestreckt lieget, und eine an dem Mercurius in dem Garten hinter dem Farnesischen Pallaste. Von weiblichen Händen eine an dem Hermaphrodten in der Villa Borghese, und alle beyde Hände, welches sehr selten, ja einzig ist, an dem jungen Mädgen neben vorgedachtem Mercurius. Ich rede hier von Statuen und von Figuren in Lebens-Größe, nicht von erhabenen Werken. bb) Der Hände.

Die schönsten jugendlichen Beine und Knie hat, wie ich es einsehe, Apollo Sauroctonon in der Villa Borghese, ein Apollo mit einem Schwane zu dessen Füßen und Bacchus, beyde in der Villa Medicis, ingleichen ein ähnlicher Apollo in dem Pallaste Farnese. Ueber die Füße will man aus Fußstapfen, die sich im Sande, sonderlich am Ufer der See, welcher feste ist, eindrücken, bemerket haben, daß weibliche Füße hohler sind in der Fuß-Sohle, männliche Füße aber hohler in den Seiten. cc) Der Beine und Knie.

Ueber eine weibliche jungfräuliche Brust glaube ich mich bereits deutlich erkläret zu haben, und ich habe nachher gefunden, daß meine Anmerkung nicht überflüßig scheinen sollte, da ich einige der größten Künstler in der von den Alten beobachteten Form tadelhaft gefunden habe. Der berühmte Domenichino hat an einer in fresco gemahlten Decke eines Zimmers im Hause Costaguti zu Rom, die Wahrheit welche sich der Zeit zu entreißen suchet, mit Warzen auf den Brüsten gemahlet, die eine Frau, nachdem sie viele Kinder gestillet, nicht erhobener, spitziger und größer haben könnte. Niemand unter den vorigen Mahlern hat die jungfräuliche Form der Brüste besser gezeiget als Andrea del Sarto, und unter anderen in einer halben Figur, die mit Blumen bekränzet ist, bey dem Bildhauer Hrn. Barthol. Cavaceppi. b) Der Flächen des Körpers. aa) Der jungfräulichen Brust.

H Ich

bb) Warze an der Brust des irrig so genannten Antinous im Belvedere. Ich begreife nicht wie dem großen Künstler des irrig so genannten Antinous im Belvedere eingefallen ist, um die Warze der rechten Brust einen eingeschnittenen kleinen Zirkel zu machen, so daß es scheinet, als wenn die Warze bis an den Zirkel eingesetzet ist, welches vielleicht geschehen, um den drüsigten Umfang der Warze zu bezeichnen. Dieses findet sich an keiner andern Griechischen Figur, und es wird auch niemand schön finden können.

III. Dritter Abschnitt. Von dem Ausdrucke, der Action, und der Handlung der Figuren.
A) Allgemeine Betrachtung.

Nächst der Kenntnis der Schönheit ist bey dem Künstler der Ausdruck und die Action zu achten, wie Demosthenes die Action bey einem Redner fand, das erste, das zweyte und das dritte Theil desselben: denn es kann eine Figur durch die Action schön erscheinen, aber fehlerhaft in derselben niemals für schön gehalten werden. Es soll also im Unterrichte mit der Lehre von den schönen Formen die Beobachtung des Wohlstandes in Gebähr-den und im Handeln verbunden werden, weil hierinn ein Theil der Gratie bestehet, und deswegen sind die Gratien als Begleiterinnen der Venus, der Göttinn der Schönheit vorgestellet. Bey Künstlern heißt folglich, den Gratien opfern, auf die Gebährden und auf die Action in ihren Figuren aufmerksam seyn.

Das Wort Ausdruck kann in weitläuftigen Verstande die Action mit in sich begreifen, in engeren Verstande aber scheinet die Bedeutung desselben auf dasjenige, was durch Minen und Gebährden des Gesichts bezeichnet wird, eingeschrenket, und Action oder Handlung, wodurch der Ausdruck erhalten wird, beziehet sich mehr auf dasjenige, was durch Bewegung der Glieder und des ganzen Körpers geschiehet.

B) Bestimmung des Worts Ausdruck, wo insbesondere Aristoteles und Plinius erkläret werden.

Auf das eine so wohl als auf das andere kann gedeutet werden, was Aristoteles an Zeuris Gemählden ausgesetzet hat. Er saget, es seyen dieselben ohne Ἦθος gewesen a), welches die Ausleger theils nicht berühret, theils nicht verstanden haben, wie Franz Junius freymüthig von sich gestehet, und Castelvetro fällt in Verwirrung über die Colorit, mit welcher er es erklären will b). Es kann dieses Urtheil des Aristoteles von dem Ausdrucke im engeren Verstande genommen werden, weil Ἦθος von der menschlichen Figur gebraucht mit Vultus zu übersetzen wäre, und den Ausdruck im Gesichte, die Minen und Gebährden bedeutet c). Man vergleiche vorher mit gedachten Urtheile, was der ebenfalls berühmte Mahler Timomachus jemanden der des Zeuris Helena tadeln wollte, antwortete: Nimm meine Augen, sagte er, so wird sie dir eine Göttin seyn; woraus zu folgen scheinet, daß die Schönheit des Zeuris Antheil in der Kunst gewesen. Wenn man

a) De Poët. c. 6. p. 250. ed. Heins.   b) Poët. d'Arist. Part. 3. p. 143.   c) Casaub. ad Theophr. Char. c. 8. p. 76. ed. Needh.

Von der Kunst der Griechen. 59

man dieses mit jenem zusammen hält, so wird aus dem Urtheile des Aristoteles sehr wahrscheinlich, daß Zeuxis der Schönheit den Ausdruck aufgeopfert, und daß dessen Figuren, da seine Absicht war, dieselben auf das schönste zu bilden, eben dadurch unbedeutender geschienen. Denn der Ausdruck der mindesten Empfindung und Leidenschaft im Gesichte verändert die Züge, und kann der reinen Schönheit nachtheilig seyn. Auf der anderen Seite aber kann Aristoteles auch an Zeuxis Gemählden haben tadeln wollen, daß dieselben ohne Handlung und Action gewesen, welches gleichfalls in dem Worte Ἦθος lieget, wie eben dieses vom Malvasia, und von denen die wie dieser denken, an einigen Figuren des Raphaels ausgesetzet worden ist. Dieses aber kann eben denselben Grund im Zeuxis gehabt haben, nemlich den Vorsatz, die höchste Schönheit zu suchen und zu mahlen. Das Gegentheil dieses Tadels muß dieser Mahler in seiner Penelope gezeiget haben, in welcher er, nach dem Plinius, mores gemahlet, wo dieser Scribent, wie man siehet, auf eines Griechen Urtheil nachgesprochen, und das Wort Ἦθος mit dem gemeinsten Worte übersetzet hat, ohne seine Gedanken, wenn er etwas dabey gedacht, deutlich zu erklären. Der Graf Caylus, welcher dieses anführet, wo er die Kennzeichen der alten Mahler geben will, ohne sich bey der Erklärung aufzuhalten a), würde vielleicht mit meiner Meinung übereingestimmet seyn, wenn er des Plinius Anzeige mit dem Urtheile des Aristoteles zusammen gehalten hätte. Gegenwärtige Anmerkungen betreffen weniger den Ausdruck im engeren Verstande, als die Action und Handlung.

Die Griechen suchten allezeit eine grosse Sittsamkeit zu beobachten in Gebährden und im Handeln; es wurde daher sogar ein geschwinder Gang in gewisser Maaße wider die Begriffe des Wohlstandes gehalten; man fand in demselben eine Art von Frechheit. Demosthenes wirft dem Nicobulus einen solchen Gang vor, und frech sprechen und geschwinde gehen verbindet er mit einander b). Dieser Denkungs-Art zufolge hielten die Alten eine langsame Bewegung des Körpers für eine Eigenschaft großmüthiger Seelen c). Diese Sittsamkeit haben die alten Künstler bis in ihren tanzenden Figuren, die Bacchanten ausgenommen, beobachtet, und man war der Meinung, daß die Action in den Figuren nach der Maaße der älteren Tänze abgewogen und gestellet sey, und daß in den folgenden Tänzen der alten Griechen ihre Figuren wiederum den Tänzern zum Muster gedienet, um sich in

Action der Künstler den Grundsätzen der Griechen von dem Wohlstande gemäß.

a) In ihren tanzenden Figuren.

a) Du Caract. des Peintr. Gr. dans les Mem. de l'Acad. des Inscr. T. 25. p. 195. b) Demosth. adv. Pantanet. p. 70. b. lin. 15. ed. Ald. conf. Casaub. ad Theophr. Char. c. 5. p. 54. c) Aristot. Eth. ad Nicom. L. 4. c. 3. p. 68. ed. Sylb.

Das vierte Capitel.

den Grenzen eines züchtigen Wohlstandes zu erhalten a). Es finden sich viele weibliche leicht bekleidete Statuen, von welchen die mehresten keinen Gürtel haben, und diese sind ohne alle beygelegte Zeichen, wie in einem sehr züchtigen Tanze vorgestellet, so daß man, wenn auch die Arme fehlen, siehet, daß sie mit der einen Hand von oben und mit der anderen von unten ihr Gewand sanft in die Höhe gezogen. In diesen Figuren muß die Action dieselben bedeutend machen und erklären, und da verschiedene einen Idealischen Kopf haben, kann in ihnen eine von den beyden Musen, denen der Tanz vor anderen eigen war, nemlich Erato und Terpsichore b) abgebildet seyn. In der Villa Medicis, Albani und anderwerts finden sich Statuen in dieser Stellung. Eine von solchen Figuren in Lebens-Grösse in der Villa Ludovisi hat einen Kopf von einer hohen Schönheit, aber die Haare haben nicht die Einfalt, die an Idealischen Köpfen gewöhnlich ist, sondern es sind dieselben künstlich in einander geschrenket und geflochten, und gleichen einer Mode unserer Zeiten. Es kann also scheinen, daß diese Statue einer wirklichen schönen Tänzerinn errichtet worden, welche unverdiente Ehre diese Personen bey den Griechen erhielten, und es finden sich verschiedene Griechische Inschriften auf Statuen derselben c).

b) Statue einer Tänzerin in der Villa Ludovisi.

Den Grundsätzen der alten Künstler von dem Wohlstande zu folge, kann ich mich nicht überreden, daß unter den Figuren an dem Fronton des Tempels der Pallas zu Athen, Kayser Hadrianus vorgestellet sey, wie er eine weibliche Person umfasset, welches uns Pocock versichert d). Dieses würde wider die Würdigkeit eines Kaysers und des Orts gedacht seyn, und ich glaube nicht, daß weder Hadrianus noch dessen Gemahlinn Sabina hier abgebildet worden, welches Spon zuerst will entdecket haben e): denn in Kenntnis dieser Art getraue ich mich nicht diesem Scribenten nachzusprechen.

c) Beurtheilung des Spons und des Pococks über diesen Wohlstand in vorgegebenen Figuren des Hadrianus und der Sabina, an dem Tempel der Pallas zu Athen.

Hier ist auch zu erwegen, daß in öffentlichen Denkmalen derjenige Ausdruck der Leidenschaften nicht statt findet, welcher ausser denselben in anderen nicht öffentlichen Werken sehr anständig seyn kann. Eine Person, sonderlich weibliches Geschlechts kann in grosser Betrübnis und Verzweifelung sich die Haare ausraufend vorgestellet werden, aber an einem Triumph-Bogen und in Gesellschaft von Haupt-Figuren eines solchen Werks würde ein solches Bild der Erhabenheit des Orts widersprechen, und wie die Griechen sagen, nicht κατα σχῆμα seyn. Es ist in dieser Betrachtung, auch ohne

d) Wohlstand beobachtet an öffentlichen Werken.

---

a) Athen. Deipn. L. 14. p. 629. B. in Hesiod. Ἐργ. a. p. 7. A.   b) Schol. Apollon. Argon. L. 3. v. 1. Tzetz. c) Anthol. L. 4. c. 35. p. 362. seq.   d) Descr. of the East. Vol. 2. P. 2. p. 163.   e) Voy. T. 2. p. 112.

Von der Kunst der Griechen.

ohne gelehrte Beweise, diejenige Münze beym Occo und Mezzabarba für falsch zu erklären, auf welcher ein Assyrier und eine Assyrierinn an einem Palmbaume gebunden, erscheinen, die beyde sich die Haare ausraufen wollen, mit der Umschrift: ASSYRIA ET PALAESTINA IN POTEST. P. R. REDAC. S. C. Ein Münzverständiger hat die Betrügerey dieser Münze suchen zu erweisen durch das Wort Palaestina, welches nach dessen Angeben auf keiner einzigen Lateinischen Römischen Münze gefunden wird a).

Eine Statue eines Helden mit über einander geschlagenen Beinen würde bey den Griechen getadelt worden seyn: denn es wurde dergleichen Stand auch an einem Redner unanständig gehalten b), so wie bey den Pythagorädern war, den rechten Schenkel über den linken zu legen c). Von Gottheiten sind allein Bacchus und Apollo in einigen Figuren also gestellet, und dieser stehet also im Campidoglio d), und in einigen ähnlichen Statuen in der Villa Medicis, nebst einer anderen im Pallaste Farnese, welches so wohl im Gewächse als im Kopfe die schönste unter allen ist. In einem Herculanischen Gemählde hat Apollo eben diesen Stand e). Unter weiblichen Gottheiten ist mir keine einzige also gestellet bekannt, und es würde diesen weniger als männlichen Gottheiten anstehen; ich lasse also dahin gestellet seyn, ob eine Münze Kaysers Aureolus, auf welcher die Vorsicht mit über einander geschlagenen Beinen stehet f), alt ist. In der Villa Albani stehet eine Nymphe in Lebens-Grösse also, die ehemals dem Hause Giustiniani gehörete. Dieser Stand ist einem Meleager und Paris eigen, und diese Statue stehet also in dem Pallaste Lancellotti.

Die Römischen Kayser erscheinen allezeit auf ihren öffentlichen Werken, als die ersten unter ihren Bürgern, ohne Monarchischen Stolze, wie mit gleich ausgetheilten Vorrechten begabt: (ἰσόνομοι) denn die umstehenden Figuren scheinen ihrem Herrn gleich zu seyn, als welchen man nur durch die vornemste Handlung, die ihm gegeben ist, von anderen unterscheidet. Niemand der dem Kayser etwas überreichet, verrichtet es fußfällig, die gefangenen Könige ausgenommen, und niemand redet mit ihnen mit gebäugtem Leibe oder Haupte, und obgleich die Schmeicheley sehr weit gieng, wie wir vom Tiberius wissen, dem der Römische Senat zu Füssen fiel g), erhob dennoch die Kunst ihr Haupt, wie sie es gethan hatte, da dieselbe in Athen zu ihrer Höhe stieg. Es ist

c) Ins besondere von über einander geschlagenen Beinen.

f) Bürgerliche Gestalt Römischer Kayser auf ihren Denkmalen.

---

a) Valois Obs. sur les Med. de Mezzab. dans les Mem. de l'Acad. des Inscr. T. 16. p. 151.
b) Plutarch. Conf. ad Apoll. p. 194. l. 10.   c) Id. περὶ τοῦ ἀκούειν, p. 78. l. 17.
d) Mus. Cap. T. 3. tav. 15.   e) Pitt Erc. T. 2. tav. 17.   f) Tristan. Com. T. 3. p. 183.   g) Suet. Tib. c. 24.

Das vierte Capitel.

ist also sehr niedrig gedacht, wenn an der Fontana Trevi auf einem grossen erhobenen Werke der Baumeister dieser alten Wasserleitung mit seinem schriftlichen Entwurfe in der Hand, denselben fußfällig dem Marcus Agrippa überreichet.

D) Vergleichung alter und neuer Künstler in der Action. Diese Kenntnisse und Betrachtungen über die Action sind bey denen, welche anfangen die Werke der Kunst zu untersuchen, in gewisser Maaße nöthiger zu achten, als selbst die Begriffe der Schönheit, weil jene begreiflicher, auch für diejenigen faßlicher sind, die die Empfindung des Schönen nicht im hohen Grade haben. Hier ist in Vergleichung alter und neuer Werke der Unterschied so deutlich, daß diese das Gegentheil von jenen zu seyn scheinen, und ein jeder wird gewahr, daß die mehresten neuerer Künstler, sonderlich Bildhauer, nach entgegen gesetzten selbst entworfenen Regeln gearbeitet haben. Diese haben mit solchen Grundsätzen die Kunst zu verbessern in guter Zuversicht geglaubet, und haben sich eingebildet, daß dieselbe, wie verschiedene andere Künste, in der Action nicht zu ihrer völligen Feinheit gelanget sey. Eben daher sind die Nachfolger des Raphaels von demselben abgegangen, und die Einfalt, in welcher er die Alten nachgeahmet, ist eine marmorne Manier, das ist; ein steinernes todtes Wesen genennet worden. Vom Michael Angelo bis zum Bernini ist dieses Verderbnis beständig stuffenweis gegangen, und obgleich unsere Sitten selbst, die sich immer mehr vom gezierten Zwange entfernen, auch zu Erleuchtung in diesem Theile der Kunst beytragen, so bleibet dennoch allezeit etwas von der neuen Schule übrig. Einer der berühmtesten itzo lebenden Mahler hat in seinem Hercules zwischen der Tugend und zwischen der Wollust, welches Stück vor kurzen nach Rußland abgegangen ist, die Tugend in der Gestalt der Pallas nicht schön genug zu machen geglaubet, ohne den rechten vorwerts gesetzten Fuß auf die Zehen allein ruhen zu lassen, als wenn sie eine Nuß zertreten wollte. Ein auf solche Weise erhobener Fuß würde bey den Alten ein Zeichen des Stolzes a), oder nach dem Petronius, der Unverschämtheit seyn; nach dem Euripides war dieses der Stand der Bacchanten b).

Zugabe von Erinnerungen über die Begriffe der Schönheit in Werken neuerer Künstler. Alles dieses was sowohl von der Schönheit überhaupt, als auch über die Action angemerket worden, muß derjenige überdenken, welcher eine Vergleichung der alten und neueren Bildhauer machen will, und ein gelehrtes Mitglied der Academie in Frankreich, würde, wenn derselbe einige Kenntnis von den Werken der Alten gehabt hätte, sich nimmermehr getrauet haben, zu sagen, daß unsere Bildhauer, oder welches derselbe eigentlich sagen will, die Französischen, endlich dahin gelanget seyn, nicht allein das schönste, was Rom und

a) Propert. L. I. el. 3. v. 6.   *b)* Bacch. v. 941.

Von der Kunst der Griechen.

und Athen hervorgebracht, zu erreichen, sondern dasselbe sogar zu übertreffen a). Schwer aber sind dergleichen Urtheile bey dem der sie äussert, zu widerlegen, und unmöglich schien es mir bey einem Russen von Stande, welcher auf seiner vorgegebenen dritten Reise nach Italien, in Gegenwart anderer Personen, mir sagte, daß er alle Statuen, den Apollo, den Laocoon, den Farnesischen Hercules, nichts achte gegen den Mercurius von Pigalle, in Sans-souci bey Potsdam.

A) Vorurtheile über die Vorzüglichkeit der Werke neuerer Kunst.

a) Unverschämte Urtheile.

Andere die bescheidener im Richten scheinen, und gläuben, daß ein Michael Angelo, ein Puget, ein Fiammingo, ohne sich verkriechen zu dürfen, neben einen Apollonius, oder einen Agasias, auftreten können, mögen zum Probier-Steine dieses Vergleichs die Schönheit nehmen. Man fange an die besten Köpfe der Helden neuerer Kunst zu betrachten; man lege ihnen vor den schönsten Christus von Michael Angelo, den berühmten Kopf der Klugheit auf dem Grabmale Pabsts Pauls III. in der St. Peters Kirche, von Guil. della Porta, des vorigen Schüler, ferner den Kopf der beschrienen H. Susanna von Fiammingo, und den von der H. Bibiana des Bernini, als welche Statue allezeit angeführet wird von denen die diesen Künstler erheben wollen. Derjenige dem es zu hart scheinet, wenn ich an einem andern Orte mir merken lassen, daß Michael Angelo die Brücke zu dem verderbten Geschmacke auch in der Bildhauerey angeleget und gebauet, betrachte unter anderen dessen erhobene Arbeit in Marmor, bey den Bildhauer Hrn. Barthol. Cavaceppi, welche den Apollo vorstellet, wie er den Marsyas schindet, dieses Werk ist das Gegentheil von allem guten Geschmacke, und mein Urtheil kann ich besonders rechtfertigen im Angesichte der Modelle dieses grossen Künstlers, von denen eben dieser Bildhauer eine seltene Sammlung gemachet hat: denn diese offenbaren dessen Geist am deutlichsten, und es zeiget sich überall dessen Wildheit. Wie unvollkommene Begriffe der berühmte Algardi von der jugendlichen Schönheit gehabt habe, beweiset dessen bekannte erhobene Werk der H. Agnese, in der Kirche gleiches Namens, am Platze Navona; denn die Figur der Heiligen ist vielmehr häßlich als schön, ja der Kopf ist schief gezeichnet, und dennoch ist die Gips-Form dieses Stücks in der Französischen Academie zu Rom, zum Studio aufgehänget.

b) Unwissende Urtheile.

Mit der Mahlerey der neuerer Zeit verhält es sich verschieden von der Bildhauerey, und jener ist die Vergleichung mit den Bildern der Alten nicht in gleichem Grade nachtheilig. Die Ursach ist vermuthlich, weil die Mahlerey seit ihrer Wiederherstellung mehr als die Bildhauerey geübet worden,

B) Vorzüge der neueren Mahlerey insbesondere.

und

a) Burette Diss. sur les effets de la Musiq. dans les Mem. de l'Acad. des Infer. T. 5. p. 133.

und folglich weniger in dieser als in jener Kunst sich grosse Meister zu bilden Gelegenheit gehabt haben. Lionardo da Vinci und Andrea del Sarto, welche wenige Werke der Alten zu sehen Gelegenheit hatten, dachten und arbeiteten, wie wir uns die Griechischen Mahler vorstellen müssen, und Christus mit den Pharisäern von der Hand des ersteren, ist wie die Madonna del Sacco von dem letzteren, zu Florenz, des Alterthums würdig. Ja in des Andrea Köpfen ist so viel Unschuld, und wahre anerschaffene Gratie, daß ein Pythagoräer sagen würde, es habe die Seele des Protogenes oder des Apelles in dessen Körper ihre Wohnung genommen. Man kann überhaupt sagen, daß in der goldenen Zeit der Kunst, zu Anfange des Sechzehenden Jahrhunderts, die Gratie den Mahlern sich mehr als ihren Nachfolgern geoffenbaret habe. Im Annibal Caracci wurde dieser Geist nach langer Zeit von neuen erwecket, und von der Würdigkeit seines Denkens zeuget unter andern unsterblichen Werken desselben der Leichnam des entblaßten Christus in der Königlichen Farnesischen Gallerie zu Neapel, von welchem das Altar-Blad in der Haus-Capelle des Pallastes Pamfili al Corso, zu Rom, eine Wiederholung des Meisters selbst zu seyn scheinet. Caracci hat den Heiland als einen jungen Helden ohne Barte gebildet, und demselben eine hohe Idea gegeben, die er von den schönsten Köpfen der Alten genommen hat, um den Schönsten der Menschenkinder vorzustellen. Ein ähnliches heldenmäßiges Gesicht, ohne Barte, hat Guercino seinem verstorbenen Christus in einem schönen Gemählde des Pallastes Pamfili, auf dem Platze Navona, gegeben, zu Beschämung der niedrigen und pöbelhaften Gestalt des Heilandes in dessen Köpfen von Michael Angelo.

C) Gegenwärtiger Bildhauer zu Rom Nachahmung alter Werke.

Zur Ehre unserer Zeiten aber muß ich bekennen, daß die Kenntnis des Schönen sich nicht weniger als die Vernunft ausgebreitet hat, und dieses ist vornemlich von der Bildhauerey zu behaupten. Unsere Römischen Künstler werden aus Bescheidenheit in der Wissenschaft sich nicht neben einen Buonarroti zu stellen getrauen; denn dieses Ziel ist schwer, aber nicht unmöglich zu erreichen. Hingegen in schönen Bildungen, Formen und Ideen sind einige unter uns weit über alle ihre Vorgänger in neueren Zeiten. Die Ursach ist eine strengere Befolgung der alten Werke, die seit wenigen Jahren das Augenmerk unserer Bildhauer geworden sind, nachdem ihnen die Decke vor den Augen weggefallen. Hierzu hat der gute Geschmack und die Liebe zur Kunst, die in Engeland ein Trieb der Ehrbegierde geworden ist, und auch in unserem Vaterlande sich auf dem Throne erhebet, das mehreste beygetragen. Denn da von unseren Künstlern Copien alter Werke verlanget worden, sind dieselben dadurch auf die Nachahmung der Alten mehr eingeschrenket worden, an

statt

Von der Kunst der Griechen.

statt daß vor dieser Zeit die Kunst in Rom fast allein den Kirchen und den Mönchen gewidmet war, wo der Algardische und der Berninische Stil ihnen das Evangelium predigte.

Ueber die Bekleidung alter Figuren, welche gegenwärtiger Vierte Abschnitt dieses Capitels begreift, habe ich geglaubet, in der Geschichte der Kunst das nöthigste zu sagen, ich bin aber dennoch mangelhaft geblieben, und es wird auch in diesen Zusätzen nicht alles was der Künstler zu wissen verlangen möchte, erschöpfet werden, sonderlich da ohne Abzeichnung die Anzeige von vielen Stücken unvollkommen bleibet. Alles aber in Kupfer zu bringen, würde nicht eines Menschen Werk seyn.

IV. Vierter Abschnitt. Von der Bekleidung.

In der Bekleidung sind wenig neue Künstler ohne Tadel, und im vorigen Jahrhunderte, den einzigen Poußin ausgenommen, sind alle fehlerhaft. Bernini hat seiner H. Bibiana sogar den Mantel über die Kleider mit einem breiten Gurte gebunden, welches nicht allein aller alter Bekleidung entgegen ist, sondern auch der Natur des Mantels selbst widerspricht: denn ein gegürteter Mantel höret gleichsam dadurch auf ein Mantel zu seyn. Derjenige welcher die Zeichnungen zu den schön gestochenen Kupfern in der Chambray Vergleichung alter und neuer Baukunst gemachet, hat sogar den Callimachus, den Erfinder des Corinthischen Capitäls weiblich gekleidet. Ich bin daher verwundert, wie Pascoli in der Vorrede zu seinen Lebens-Beschreibungen der Mahler behaupten können, daß den Bildhauern des Alterthums der edle und liebliche Geschmack in Gewändern gemangelt habe, welches eines von den Theilen der Kunst sey, worinn dieselben von den Neueren übertroffen worden. Da nun dieser Scribent, wie aus gedachten Buche und aus dem Zeugnisse derer die ihn persönlich gekannt haben, erhellet, wenige oder gar keine Kenntnis von der Kunst gehabt hat, sondern was er schreiben wollen, stückweis von anderen erfragen müssen, so ist hieraus zu schliessen, daß seine irrige Meinung von den Gewändern der Alten ein ziemlich gemeines Urtheil unter Künstlern müsse gewesen seyn. Was kann man sich also von diesen gutes versprechen, die von einem so wesentlichen Irthume eingenommen wirken und arbeiten; und blind sind gegen das was schön ist auch an mittelmäßigen Figuren der Alten.

A) Vergehen neuerer Künstler in der Kleidung und irrige Meinung bei Alten in diesem Stücke.

Die gegenwärtigen Anmerkungen begreifen zugleich die Geräthe, sonderlich Waffen, weil diese als Stücke des Anzugs können betrachtet werden, und handeln zum Ersten von der männlichen Kleidung und hernach von der weiblichen, nebst dem Schmucke.

J

Das vierte Capitel.

B) Bekleidung allgemein.
a) Das Unterkleid.

Die männliche sowohl als weibliche Kleidung bestehet aus dem Unterkleide und dem oberen Gewande, und jenes wird wenigstens im Sommer von Leinewand gewesen seyn, da Leinenzeug eine gemeine Tracht war, und Perrault urtheilet ohne Grund, wenn er glaubet, Augustus habe in aller seiner Herrlichkeit kein Hembde gehabt. Daß das Unterkleid der Weiber gewöhnlich von Leinen gewesen, kann man schliessen aus der Nachricht des Plinius von dem Römischen Hause Serana, in welchem sich die Weiber von anderen dadurch unterschieden, daß sie kein Leinen getragen a), folglich trugen es andere Römische Frauen, und Arbutnoth hat aus dieser Anzeige des Plinius einen irrigen Schluß gemachet, wenn er vorgiebt, daß das Leinenzeug bey den Römern nicht im Gebrauche gewesen.

Die Form eines Unterkleides oder der Weste siehet man am deutlichsten an oben gedachter Figur des Priesters der Cybele, die in Engeland ist: es bestehet daßelbe aus zwey lang=vierecten Stücken Tuch, die auf beyden Seiten zusammen genähet sind, so daß die Nath deutlich angezeiget worden. Den Arm durchzustecken, ist eine Oefnung gelaßen, und was von den Achseln herunter fällt bis an den hälften Ober=Arm, machet gleichsam einen kurzen Ermel.

b) Ermel an der Kleidung.
a) Der Theatralischen Figuren.

Es behauptet jemand daß die Römischen Weiber, nicht die Männer-Hembden (vielleicht hat derselbe Unterkleider sagen wollen) mit Ermeln tragen dürfen b): ich wünschete den Beweis davon zu sehen. An männlichen Griechischen oder Römischen Figuren, die Theatralischen ausgenommen, kann ich mich nicht entsinnen Unterkleider mit engen Ermeln, die, wie bey Weibern, bis an die Knöchel der Hand giengen, bemerket zu haben; in einigen Herculanischen Gemählden c) aber siehet man Röcke mit halben Ermeln, die nur bis an die Hälfte des Ober=Arms reichen, und solche Kleider hießen daher Colobia d). Eben so kurze Ermel hat auch eine weibliche Figur auf einem gedachter Gemählde e), und andere Figuren dieses Geschlechts, die ich in der Geschichte der Kunst angezeiget habe. Männer=Kleider mit vorgedachten langen und engen Ermeln finden sich nur an Figuren, die Comische oder Tragische Personen vorstellen, wie sich zeiget an zwo kleinen Comischen Statuen in der Villa Mattei, und an einer diesen ähnlichen in der Villa Albani, ingleichen an einem Tragico auf einem Herculanischen Gemählde f). Noch deutlicher aber und an mehreren Figuren ist dieses auf einer erhobenen Arbeit in der Villa Pamfili vorgestellet, die in meinen Denkmalen erscheinet. Die Knech-

---

a) L. 19. c. 2. p. 560.   b) Nadal Diss. sur l'habillement des Dames Rom. dans les Mem. de l'Acad. des Inscr. T. 4 p. 241.   c) Pitt. Erc. T. 3. tav. 51. T. 4. tav. 39. 41.
d) Salmas. in Tertul. p. 85.   e) T. 4. tav. 16.   f) Ibid. tav. 41.

Von der Kunst der Griechen.

Knechte in der Comödie haben über die Bekleidung mit langen engen Ermeln, ein oberes kurzes Camisol mit halben Ermeln a). Ich habe Ausschliessungs weis gesaget, daß sich die langen engen Ermel nicht an Griechischen und Römischen männlichen Figuren, die vom Theater ausgenommen, finden; allen Phrygischen Figuren aber sind diese Ermel eigen, welches man an den schönen Statuen des Paris in den Palläsen Altemps und Lancellotti, und an anderen Figuren desselben auf erhobenen Arbeiten und auf geschnittenen Steinen siehet, wie auf zwey solchen Werken, die dessen Entführung der Helena vorstellen, von welchen das eine im Pallaste Spada, das andere in der Villa Ludovisi befindlich ist. Eben daher ist Cybele als eine Phrygische Gottheit allezeit mit solchen Ermeln gebildet, welches man am deutlichsten an der erhoben gearbeiteten Figur derselben im Campidoglio siehet. Aus eben dem Grunde und um in der Isis eine ausländische und fremde Göttinn abzubilden, ist dieselbe nebst der Cybele die einzige unter allen Göttinnen, welche enge und lange Ermel hat. Nach Art der Phrygier pflegen auch die Figuren, welche Barbarische Völker anzeigen sollen, die Arme mit Ermeln bekleidet zu haben, und wenn Suetonius b) von einer Toga Germanica redet, scheinet er einen Rock mit Ermeln verstanden zu haben.

bb) Der ausländischen Göttinnen Cybele und Isis.

cc) Der Barbarischen Völker.

Von der männlichen Kleidung ist überhaupt zu merken, daß wenn an stehenden oder sitzenden Figuren, mit einem ungeschlagenen Mantel, die Brust blos ist, das ist, wenn dieselben ohne Unterkleide sind, Philosophen und keine Senators vorgestellet worden; denn die letzteren sind allemal ganz bekleidet.

C) Männliche Kleidung.

Mit Hosen pflegen außer den Figuren Barbarischer Völker, Comische Personen bekleidet zu seyn, weil überhaupt die Hosen um des Wohlstands willen auf dem Theater eingeführet waren, und an kurz zuvor gedachten Figuren von Marmor sind Hosen und Strümpfe, wie bey Barbarischen Völkern, aus einem Stücke. Dieses veranlasset zu glauben, daß jene Knechte der Comödie vorstellen, die aus Ländern waren, welche die Griechen und Römer Barbarische nenneten, nach deren Art sie gekleidet sind. Zum zweyten siehet man Beinkleider, die bis über die Knie reichen, wie Fabretti dieses insbesondere von der Figur des Trajanus anzeiget c), und Herodianus meldet d), daß Caracalla seine Beinkleider von den Schenkeln herunter gezogen habe, da er seine Nothdurft verrichten wollen, und vom Martialis ermordet wurde. Eine andere Art von Beinbekleidung bestand aus Binden, die um die Schenkel gebunden wurden; und diese Art habe ich bemerket an der einzigen Statue eines Aurigä, das ist, einer Person, die im Wettlaufe

a) Hosen und andere Arten von Beinkleidern.

J 2 zu

a) Pitt. Erc. T. 4. tav. 33.   *b)* Domit. c. 4.   *c)* De Col. Traj. c. 7. p. 179.
d) L. 4. c. 24. p. 153.

Das vierte Capitel.

zu Wagen, in dem Circo zu Rom, den Preis davon getragen hatte, welche in der Villa Negroni stehet. Diese Binden gehen nur bis an die Hälfte des Schenkels, und sind daselbst mit Schnüren festgebunden. Es ist nicht zu sagen, ob diese oder jene Art diejenige war, die Augustus im Winter zu tragen pflegete, welche Suetonius Feminalia nennet. Eine gewöhnliche und beständige Tracht aber war bey den Alten keine Art von Beinkleidern, und es sind dieselben nicht zur häuslichen Kleidung zu zählen, sondern als eine Reise- oder Feld-Tracht anzusehen. Unterdessen ist zu merken, daß bey einer heroischen Figur in Rüstung, die blos Symbolisch ist, wie in einem von vier erhobenen neuen Werken in der Gallerie des Königlichen Schlosses zu Turin, diese Art Beinkleider nicht sehr wohl angebracht scheinet: denn man bildet daselbst einen Held allgemein ab, nicht einen Krieger, welcher zu Pferde steigen will. Es können auch die Hosen, die wie jene zu weit und bis auf die hälfte Wade herunter gehen, an einem Soldaten auf einer bekannten erhobenen Arbeit der H. Agnese, in der Kirche dieses Namens, zu Rom, vom Algardi nicht entschuldiget werden.

b) Schurz der Opfer-Priester.

Der Schurz, welchen die entkleideten Priester beym Opferschlachten (Victimarii) über die Hüften banden, Limus genannt, würde nicht zu berühren gewesen seyn, weil derselbe aus vielen erhobenen Werken bekannt ist, wenn nicht der Französische Uebersetzer des Petronius einen solchen Schurz der Priesterinn Enothea (incincta quadrato pallio) für ein Ceremonien-Kleid angesehen hätte a). Da die Priesterinn dieses pallium umgürtet hatte, so scheinet es mir kein Mantel zu seyn, als welcher niemals gegürtet wurde.

c) Römische Toga.
aa) Latus clavus.

Von dem Römischen Oberkleide oder der Toga ist so viel geschrieben, daß die weitläuftigen Untersuchungen selbst den Leser viel ungewisser machen, und am Ende hat niemand die wahre Form der Toga gezeiget, welche allerdings schwer zu bedeuten ist. Für Künstler ist es genug zu wissen, daß dieses Kleid weiß war; denn wenn dieselben Römische Figuren zu kleiden haben, können sie sich der Statuen bedienen, und einen Senator durch die breite Besetzung von Purpur an der Toga kenntlich machen, welche Latus clavus hieß. Dieser kann nicht den unteren Saum dieses Rocks besetzet haben, wie Noris b), und andere meinen, sondern es muß dieselbe längst den Vordertheilen gewesen seyn, und erscheinet an einigen Statuen und Brustbildern in verschiedenen breiten Streifen, in welche die Toga zusammen geleget ist, von denen der obere Streifen die Besetzung von Purpur, oder Latus clavus zu seyn scheinet. Diese auf solche Weise gelegte Toga gehet über

a) T. 2. p. 475.   b) Cenotaph. Pisan. p. 119.

Von der Kunst der Griechen.

über der linken Achsel, oder auch über diesen Ober-Arm, quer über die Brust, unter den linken Arm, wie eine Statue in der Villa Pamfili, und zwey Brustbilder im Campidoglio zeigen; das eine ist mit dem Kopfe des Marimninus, auf dem anderen stehet der Kopf des jüngeren Philippus a). Aehnliche Brustbilder finden sich in dem Pallaste Barberini, und in der Villa Borghese.

Rubens irret sehr, wenn er behauptet, daß sich dergleichen breite Binde nur an Figuren aus der Zeit des Constantinus und von späterer Arbeit finde, daß diese Tracht folglich dasjenige sey, was damals und nachher Orarium hieß, und itzo Stola b). Ich kann versichern, daß Brustbilder, die viel älter sind, als die ich aus dem Museo Capitolino angeführet habe, die Toga in angezeigte breite Falten zusammen gelegt tragen, welches unter anderen aus angeführten Brustbilde in der Villa Borghese deutlich erhellet.

Man merke hier zugleich den Wurf der Römischen Toga, welcher Cinctus Gabinus hieß, welche Form bey heiligen Verrichtungen und sonderlich bey Opfern der Toga gegeben wurde. Es bestand dieselbe darinn, daß die Toga bis auf das Haupt hinauf gezogen wurde, die rechte Achsel frey ließ, über die linke Achsel aber herunter fiel, und unter der Brust quer herüber gezogen wurde, wo der linke Zipfel mit dem Zipfel zur rechten Hand gewunden, und in diesem hinein gestecket wurde, doch so, daß dadurch die Toga dennoch bis auf die Füsse hieng. Dieses zeiget sich an der Figur des Marcus Aurelius auf einem erhobenen Werke von dessen Bogen, wo derselbe opfert, und an anderen ähnlichen Werken. Wenn die Kayser mit einem Theile der Toga auf das Haupt gezogen vorgestellet sind, deutet diese Tracht auf das Hohepriesterliche Amt derselben. Unter den Göttern ist Saturnus insgemein mit bedecktem Haupte bis über den Scheitel gebildet c), und es finden sich an göttlichen Figuren, so viel mir bekannt ist, nur ein paar Ausnahmen von dieser Bemerkung. Die erste ist in einem Jupiter, der Jäger genannt, auf einem Altare in der Villa Borghese, welcher auf einem Centaur reitet, und sein Haupt auf gedachte Weise bedecket hat. Jupiter in solcher Gestalt heißt beym Arnobius Riciniatus d), von dem Worte Ricinium also genannt, welches dasjenige Theil des Mantels bedeutet, womit das Haupt bedecket wurde, und also stellet ihn auch Martianus vor e). Die zwote Ausnahme ist an einem Pluto unter den Gemählden des Nasonischen Grabmals f).

bb) Cinctus Gabinus der Toga.

a) Mus. Capit. T. 2. tab. 65. 71. gr. du Cab. de Stosch. p. 33. L. 1. p. 17. *b)* De re vest. L. 1. c. 13. *c)* Descr. des Pier. *d)* Adv. gent. L. 6. p. 209. *e)* De nupt. Philol. *f)* Tav. 8.

d) Mäntel der Alten.
aa) Gefütterte und ungefütterte.

Die so genannten Mäntel der Alten waren theils gefüttert, wie sonderlich das Tuch, welches die Cyniker um sich warfen (duplex pallium) theils ungefüttert, welche Homerus ἀπλοΐδας χλαῖνας nennet a). Dieses Tuch war rund geschnitten, und eben die Form hatte der Kriegs-Mantel, (Paludamentum, Sagum) jedoch nach dem Strabo, mehr oval als rund. Die Gallier und die Asiatischen Völker trugen viereckte Mäntel.

bb) Paludamentum.

Das Paludamentum der Kayser war kein Panzer, wie einige geglaubet haben, sondern ein rund geschnittenes Gewand von Purpur, welches kleiner war, als der gewöhnliche Griechische Mantel; dieses Gewand hieng vermittelst eines Knopfs auf der linken Achsel. Mich wundert wie ein Academicus in Frankreich unentschieden gelassen, ob Paludamentum ein Panzer oder ein Mantel gewesen b). Dieses Gewand trugen die Imperatores und die Kayser vermöge der Würde, die ihnen dieser Titel gab, welchen jedoch weder Tiberius noch Claudius annehmen wollten; ihre Nachfolger waren weniger eigen hierinn. Es ist bekannt, daß die Kayser bis auf den Gallienus, das Paludamentum in Rom selbst nicht trugen, sondern in der Toga giengen. Die Ursach davon entdecket man in der Vorstellung, die dem Vitellius seine Freunde macheten, da er mit diesem Gewande auf der Achsel seinen Einzug in Rom halten wollte. Dieser Aufzug, sagten sie, würde den Schein geben, daß man der Haupt-Stadt des Römischen Reichs als einer im Sturme eroberten Stadt begegnen wollte.

e) Schuhe.

Schuhe die Heroischen Figuren können gegeben werden, siehet man an der irrig so genannten Statue des Quintus Cincinnatus zu Versailles. Dieses sind Sohlen mit einem Finger-breit erhobenen Rande umher, und hinten mit einem Fersen-Leder, welche, wo der Fuß oben offen-lieget, mit Riemen geschnüret, und über die Knöchel herauf gebunden werden. Halb-Stiefeln wie des Pollux und des Amycus in dem Kupfer zu dem fünften Capitel der Geschichte der Kunst sind, ziehet Moses aus vor dem feurigen Busche, in einem Gemählde der sehr alten Handschrift des Cosmas in der Vaticanischen Bibliothec, deren ich zu Ende des zweyten Theils dieser Anmerkungen gedenke.

1. Weibliche Kleidung.
a) Kleidung insbesondere.

Noch umständlicher als die Anmerkungen über die männliche Kleidung würde eine Abhandlung von dem weiblichen Anzuge seyn, wenn man alle Arten desselben angeben und beschreiben wollte oder könnte, welches jedoch für den Künstler, auf den meine vornehmste Absicht gerichtet ist, überflüßig seyn würde.

Ueber

a) Odyss. ά. v. 275.   b) De la Bleterie sur le Gouvern. Rom. dans les Mem. de l'Acad. des Inscr. T. 21. p. 299.

Von der Kunst der Griechen.

Ueber den Gürtel, mit welchem das Ober-Kleid nahe unter der Brust gebunden wurde, habe ich insbesondere den Gürtel einer der jüngeren Töchter der Niobe angemerket, welche über die Achseln und über den Rücken um den Leib gehet, und ein solches Band hieß insbesondere, wenigstens in späteren Zeiten, succinctorium oder Bracile *a*). Aus einem Fragmente des Turpilius, wo ein junges Mädgen sagt: Ich Unglückliche, die ich einen Brief verlohren habe, welcher mir aus den Busen heraus geschoßen ist, (me miseram quod inter vias epistola excidit mihi, inter tuniculam & strophium collocata) will jemand schließen, daß man dieser Binde, oder dem Gürtel, mit der Zeit eine besondere Form gegeben habe *b*). Dieses folget hieraus im geringsten nicht: das bekümmerte Mädgen redet von einem Briefe, welchen sie zwischen dem Unterkleide und dem Rocke unter dem Gürtel selbst gestecket hatte.

aa) Der Gürtel.

Die Figuren und Statuen der Tänzerinnen sind insgemein ohne Gürtel, und ihr leichtes Gewand ist nicht gebunden weder unter der Brust, noch über die Hüften, wie ich oben in den Anmerkungen über die Action berühret habe, und eben dieses ist von den mehresten Figuren der Bacchanten zu sagen, welche tanzend oder in gewaltsamen Bewegungen gebildet sind. Unterdessen fand sich vor Alters eine Statue einer Tänzerinn mit einem Gürtel *c*). Ferner sind ohne Gürtel vorgestellet Weiber in grosser Betrübniß, sonderlich über den Tod ihrer Eltern und Anverwandten, so wie Seneca die Trojanerinnen über den erblaßten Hector klagend einführet (Veste remissa) *d*) und Andromache nebst anderen Weibern empfängt also mit einem ungegürteten und schleppenden Kleide den Körper ihres Gemahls an dem Thore der Stadt Troja, auf einem erhobenen Werke in der Villa Borghese. Auch bey den Römern war dieser Gebrauch in solchen Fällen, und selbst die Römischen Ritter begleiteten den Körper des Augustus bis in dessen Grabmal, mit ungeschürzeten Kleidern *e*).

bb) Figuren der Tänzerinnen und Weiber ohne Gürtel.

Unter den weiblichen Mänteln ist besonders das obere Gewand der Isis zu merken, welches mehrentheils Frangen hat, und allezeit über beyde Achseln herüber genommen und an zween Zipfeln unter den Brüsten zusammen geknüpfet ist. Dergleichen Gewand hat bereits eine im Capitel von der Kunst der Aegypter angeführte Figur, aus dem zweyten Stile dieser Nation, in der Villa Albani, welche aus angegebener Bemerkung für eine Isis zu halten ist. Ein auf solche Weise geknüpftes Gewand haben hernach alle Figuren dieser Göttinn, die nach eingeführter Verehrung derselben in Rom

cc) Mäntel, und besonders der Mantel der Isis.

von

---

a) Isidor.   *b*) Nadal Diss. sur l'habill. des Dames Rom. p. 251.   *c*) Anthol. L. 4. c. 35. p. 363. l. 13.   *d*) Troad. v. 83.   *e*) Suet. Aug. c. 100.

72 Das vierte Capitel.

von Griechischen Künstlern werden gearbeitet seyn, von der größten Statue derselben im Pallaste Barberini anzufangen bis herunter auf die kleinste Figur. Man kann also nicht leicht fehlen, eine Figur mit einem Gewande, welches angegebener maßen zusammen gebunden ist, eine Isis zu benennen, wenn an derselben alle andere Kennzeichen verstümmelt oder abgebrochen seyn sollten. Ein solches Gewand lehrete mich eine im zweyten Capitel dieser Anmerkungen angeführte kleine verstümmelte Isis in der Villa Ludovisi erkennen, die mit dem rechten Fuße in ein Schiffgen tritt. Aus eben dem Grunde muß das Obertheil einer Colossalischen verstümmelten Figur, die an dem Pallaste der Republic Venedig zu Rom stehet, für eine Isis gehalten werden: der Pöbel nennet dieselbe Donna Lucretia.

dd) Juno mit einer Löwenhaut bedecket.

Aussererordentlich gekleidet ist eine beynahe Colossalische weibliche Figur, im Hause Paganica: denn ihr Haupt ist oben bedecket mit dem Felle von dem Rachen eines Löwens, wie Hercules, und das übrige dieser Haut lieget vermittelst eines breiten Gürtels nahe am Leibe, und dienet dieser Figur an statt der Weste, die ihr bis auf die Hälfte der Schenkel reichet, und diese Art von kurzen Oberkleide findet sich an keiner anderen bekannten Statue. Man könnte dieselbe für eine Juno halten, der Nachricht von einer Statue zu folge, die zu Argos stand, und zu den Füßen eine Löwenhaut geworfen hatte a). Vielleicht ist unsere Statue diejenige, welche Πειρώη benennet wurde b), (ein Wort, welches von niemand erkläret ist,) wenn man diese Benennung von Πίου, Leder, herleitet, das ist, die mit Leder oder mit einem ledernen Koller bekleidet ist, und in diesem Falle sollte es heißen Πειρώνη, oder Πιρώνη. Eine einzige Juno Sispita, die auf Römischen Münzen nicht selten ist, befindet sich in Marmor, und zwar auf einem runden Werke in der Villa Pamfili: es ist dieselbe, wie gewöhnlich, mit einer Reh-Haut bedecket.

ee) Kleidung der Vestalen.

In Absicht der Kleidung ist man fast durchgehends über die Vestalen irrig gewesen: denn es werden verschiedene Figuren und Statuen also genennet, weil das Gewand derselben bis auf das Haupt herauf gezogen ist, welches gleichwohl allen Weibern gemein war. Ueber einen Kopf aber in der Farnesina, die das Kinn verhüllet hat, sind alle einig, demselben eine Vestale zu nennen, ohne zu überlegen, daß demselben das vornehmste Abzeichen fehlet, nemlich die Infula, oder ein breites Band um das Haupt, welches von demselben auf die Achsel herunter fiel c). Also sind zween Köpfe gebildet, die Fabretti beybringer d), einer auf einem runden metallenen Bleche,

a) Tertul. de coron. milit. p. 124. B. b) Etymol. Magn. & Suid. v. Πειρώη.
c) Prudent. contr. Sym. L. 2. v. 1085. d) de Col. Traj. c. 6. p. 167.

Bleche, der andere auf einem Onyx geschnitten: Auf jenem stehet der Name der Person mit der Umschrift: BELICIAE MODESTE, und inwendig neben dem Brustbilde bedeutet nach gedachten Scribentens Auslegung V. V. Virgo Vestalis. Auf dem Steine stehet unter der Figur NERVIRV, welches eben derselbe ergänzet NERATIA VIRGO VESTALIS. Eine Vestale würde auch kenntlich seyn an ein besonderes Tuch oder Schleyer über ihr Haupt, welches länglich-viereckt war, und suffibulum hieß.

Es war mir ein solcher von dem Gewande abgesonderter Schleyer bekannt, da aber auf alten Denkmalen von Marmor zu Rom keine weibliche Figur mit demselben erscheinet, übergieng ich dieses Stück der Kleidung. Nach dieser Zeit aber wurde bey Atina im Königreiche Neapel ein schönes Musaico entdecket, welches ito die Villa des Herrn Cardinals Alex. Albani zieret, wo Hesione, des Trojanischen Laomedons Tochter einem Meer-Ungeheuer ausgesetzet vorgestellet ist, die vom Hercules befreiet und dem Telamon zur Ehe gegeben wird. Hier hat Hesione ein weisses Tuch, welches kein Theil ihres Gewandes ist, auf ihr Haupt geworfen, und ich schliesse aus einer Stelle des Cratinus beym Athenäus a), daß eine Haupt-Decke von Leinen bey Weibern nicht unmöglich gewesen seyn muß, und diese Decke, weil dieselbe einem Handtuche ähnlich war, wurde χειρόμακτρον genennet, wie eben dieser Scribent aus der Sappho und aus dem Hecatäus anführet. Es hänget an zwo weiblichen Figuren auf Herculanischen Gemählden eine besondere Decke des Haupts von demselben hinterwerts herunter b).

ff) Schleyer.

Was die anderen Stücke der Kleidung und zum Ersten die Bedeckung des Haupts betrift, ist die Haube zu merken, die betagten Weibern eigen ist, von welcher man sich aus derjenigen Statue im Museo Capitolino, die unter dem ungegründeten Namen einer Präfica gehet c), einen Begrif machen kann. Ich hingegen glaube, es sey Hecuba, die ihr Haupt in die Höhe gerichtet hat, als wenn sie ihren Enkel Astyanax von den Mauren von Troja stürzen sehe. Der Grund von dieser Meinung ist auf der einen Seite, weil auf allen Denkmalen der alten Fabel-Geschichte, nebst den Figuren der Ammen, wie die von der Phädra d), der Alcestis, der Töchter der Niobe u. s. f. sind, Hecuba die einzige betagte Frau ist; auf der anderen Seite, weil dieselbe allezeit mit einer ähnlichen Haube bezeichnet ist.

b) Andere zur Kleidung gehörige Stücke.

aa) Haube betagter Weiber.

Den

a) Deipn. L. 9. p. 410.   b) Pitt. Erc. T. 2. tav. 33.   c) Mus. Capit. T. 3. tav. 62.   d) Bartol. Pitt. ant. tav. 6.

Das vierte Capitel.

bb) Hut der Weiber.
 Den Hut der Weiber habe ich in der Geschichte der Kunst berühret. Nach der Zeit habe ich einige andere weibliche Figuren mit dem Hute bemerket; es träget ihn die Figur der Stadt Hyrcania, auf dem in dem Versuche der Allegorie erklärten Basamente zu Pozzuoli; ferner eine Figur die auf einem Felsen sitzet, erhoben gearbeitet, in der Villa Negroni, und eine stehende Figur unter den Arbeiten des Hercules auf einer grossen Schale von Marmor von funfzehen Palmen im Durchmesser, in der Villa Albani. Diese scheinet aus ihrem Anzuge Pallas zu seyn, als welche diesem Helde allezeit beystand, und mit dem Hute könnte es Pallas auf der Jagd, oder die Jägerinn, seyn, weil sie sich, wie Callimachus und Aristides bemerken a), auch an der Jagd belustigte: denn diese Figur stehet neben den Hercules, wo er den Hirsch des Gebürges Tangete einholet.

cc) Schuhe mit Absätzen.
 Ich kann auch nicht vorbeylassen hier anzuzeigen, daß man an keinen Schuhen Absätze unter den Hacken siehet, ausser an dem Schuhe einer weiblichen Figur auf einem Herculanischen Gemählde, welche roth sind, die Sohle aber und der Absatz gelb b). Absätze der Schuhe hiessen καττύματα, und waren aus kleinen Stücken Leder zusammen gesetzet c).

c) Weiblicher Schmuck. aa) Am Haupte, besonders ein halber Mond.
 Ueber den weiblichen Schmuck habe ich an einem anderen Orte den gelehrten Buonarrotti widerleget, welcher vorgiebt, daß sich nur an Köpfen von Göttinnen durchgebohrte Ohren finden: ich füge zu den bereits angemerkten Köpfen eine Matidia, in der Villa Ludovisi, die ebenfalls Löcher hat. Die Ohrgehenke sind angedeutet an einer Pallas in dem ältesten Griechischen Stil, in erhobener Arbeit, bey dem Bildhauer Jos. Nollekens, in Rom. Als etwas besonders ist eine Statue der Venus anzumerken, deren Haare unter einem Netze gebunden gewesen scheinen, welches andere weibliche Köpfe auf Gemählden und auf Münzen tragen. In der Villa Pamfili findet sich ein Brustbild der Marciana, des Trajanus Schwester-Tochter, die über der Stirne an den Haaren einen halben Mond mit den Hörnern aufwerts stehen hat, und kann den Statius erläutern, wo Alcmena des Hercules Mutter mit drey Monden an ihren Haaren gezieret ist,

— tergemina crinem circumdata luna.
Theb. L. 6. v. 288.

vermuthlich auf die dreymal lange Nacht zu deuten, wo Hercules gezeuget wurde. Die allenthalben eine verborgene Deutung suchen wollen, könnten hier den halben Mond vielleicht als ein Bild der Abwechselung menschlicher Umstän-

a) Hymn. Pall. v. 91. conf. Stat. Theb. L. 2. v. 243. Arist. Orat. Minerv. v. 25. *b)* Pitt. Erc. T. 4. tav. 43. *c)* Schol. Aristoph. Equit. v. 317.

Von der Kunst der Griechen.

Umstände auslegen, welches Plutarchus in dem halben Monde finden will, den die edlen Römer auf ihren Schuhen trugen *a*). Unterdessen hänget eben dieser Zierrath auf der Brust einiger Pferde auf alten Werken, und auch das Pferd des Parthenopäus beym Statius träget einen halben Mond am Halse.

Von Armbändern der Weiber ist, deucht mich, alles gesaget was bekannt ist; ich merke hier nur an, daß die Römischen Consuls, die in Rom triumphirend einzogen, auch Armbänder zu tragen pflegeten *b*). Diesen Schmuck aber hat weder Titus, noch Marcus Aurelius, die auf ihren Sieges-Wagen vorgestellet sind, entweder weil unter den Kaysern dieser Gebrauch abgekommen war, oder weil man dergleichen Putz auf einem öffentlichen Denkmale der Majestät, der Person und des Orts nicht anständig hielt. *bb)* Armbänder.

Ausserordentlich ist eine kleine Glocke, welche die Comische Muse auf einigen erhobenen Werken, in dem Pallaste Mattei und in dem Museo des Collegii Romani, um den Hals auf der Brust hängen hat. Ich weiß nicht, ob durch die Glocke die Feld-Muse oder die Hirten-Poesie, (weil unter den Hirten die Comödie ihren Ursprung nahm) soll angedeutet werden, in Absicht etwa auf die Glocken, die dem Viehe sonderlich in Italien um den Hals gehänget werden. Hier kann der Gebrauch der Glocken bey den Bacchanten berühret werden, weil man auf zwo Begräbnis-Urnen, von denen die eine in dem Garten der Farnesina stehet, an männlichen bekleideten Bacchanten drey bis vier Reihen dergleichen Glocken auf der Brust hängen siehet, und eben solche Glocken sind mit Klang-Becken und mit Thyrsis vorgestellet auf vier ähnlichen erhobenen Arbeiten in der Villa Negroni. *cc)* Glocke am Halse der Comischen Muse.

Nebst der Form der Kleidung ist die Farbe derselben zu berühren, welche in den Schriften von der Kleidung der Alten nicht angezeiget ist. Von göttlichen Figuren anzufangen, findet sich Jupiter bis an dem Unterleibe unterwerts mit einem weissen Mantel bedecket, in dem Gemählde wo er den Ganymedes küssen will: ein alter Scribent der spätern Zeit giebt ihm ein rothes Gewand *c*). Neptunus würde ein Meergrünes Gewand haben müssen. Wo Apollo einen Mantel hat, ist derselbe blau *d*), oder violet *e*), und Bacchus welcher ein Purpur-rothes Gewand haben könnte, erscheinet dennoch weiß gekleidet *f*). *f)* Farbe der Kleidung. *a)* Der Gottheiten, Helden und Priester.

K 2 Cybele

---

a) περ. καταγγ. Ῥωμ. p. 503. l. 13.   *b)* Zonar. Annal. L. 7. p. 352. D. ed. Reg.
c) Martian. Cap. de nupt. Philol. l. 1. p. 17.   *d)* Bartol. Pitt. ant. Tav. 2.
e) Pitt. Erc. T. 3. tav. 1.   *f)* Ibid. tav. 2.

Das vierte Capitel.

Cybele wird vom Martianus Capella in grün gekleidet, als die Göttinn der Erde und die Mutter der Geschöpfe *a*). Juno in Absicht auf die Luft, welche sie bedeutet, kann himmel=blau gekleidet seyn; der kurz zuvor gedachte Scribent aber führet dieselbe in einem weissen Schleyer ein *b*). Ceres sollte ein gelbes Gewand haben, weil diese die Farbe der reifen Saat ist, auf welche auch ihr Beywort ξανθή, die Gelbe, beym Homerus abzielet. Pallas hat auf einer mit Farben ausgeführten Zeichnung eines alten Gemähldes in der Vaticanischen Bibliothec, welches in meinen Denkmalen des Alterthums erscheinet, ihren Mantel nicht von Himmel=blauer Farbe, wie er in andern ihrer Figuren zu seyn pfleget, sondern es ist derselbe feuerroth, vielleicht in Andeutung ihrer kriegerischen Gesinnung; diese war auch die Farbe der Kleidung der Spartaner im Kriege. Venus hat auf einem Herculanischen Gemählde ein fliegendes Gewand von Gold=gelber Farbe, die in dunkelgrün spielet *c*), vielleicht auf ihr Beywort, die Goldene, zu deuten. Eine Najade hat auf gedachter Zeichnung ein feines Unterkleid von Stahl-Farbe, wie Virgilius die Figur der Tiber kleidet,

— eum tenuis glauco velabat amictu
Carbasus

ihr Gewand aber ist grün, wie es die Flüsse bey anderen Dichtern haben *d*), und die eine sowohl als die andere Farbe kommt symbolisch dem Waffer zu; die grüne deutet vornemlich auf die bewachsenen Ufer.

Es wird auch nicht überflüßig seyn, für Künstler eine Anzeige der Farbe der Gewänder von Helden und Königen zu geben. Nestor warf ein rothes Gewand um sich *e*). Das Gewand und die ganze Bekleidung beyer gefangenen Könige in der Villa Medicis, und zween anderer in der Villa Medicis, scheinet in dem Porphyr, woraus dieselben gearbeitet sind, ein Purpur-Gewand anzudeuten, und auf die Königliche Würde dieser Gefangenen zu zielen. Achilles hatte in einem alten Gemählde ein Meer=grünes Kleid *f*), in Anspielung auf die Thetis, deren Sohn er war, welches auch Balthasar Peruzzi beobachtet hat an der Figur dieses Helden an der Decke eines Saal in der Farnesina. Sextus Pompejus nahm nach dem über den Augustus erhaltenen Siege zur See ein Kleid von ähnlicher Farbe, weil er sich, wie Dio saget *g*), einbildete, ein Sohn des Neptunus zu seyn, und Augustus beschenkete den Marcus Agrippa nach der See=Schlacht mit dem

Pom-

a) L. c. p. 19. *b*) p. 18. *c*) Pitt. Erc. T. 4. tav. 8. *d*) Stat. Theb. L. 9. v. 354. *e*) Il. π'. v. 133. *f*) Philostr. L. 2. Icon. 2. p. 812. l. 24. *g*) L. 48. p. 389. B.

Von der Kunst der Griechen. 77

Pompejus mit einer Meer-grünen Fahne a). Die Priester waren bey allen
Völkern weiß gekleidet b).
 In der Trauer giengen in den alten Zeiten bey den Römern so wohl b) Ja der
als bey den Griechen, die Weiber schwarz gekleidet c), wie es bereits zu Trauer.
Homerus Zeiten war, wo Thetis den Tod des Patroclus zu betrauren das
schwarzeste Tuch nahm d). Unter den Römischen Kaysern aber änderte
sich dieser Gebrauch, und die Weiber trauerten in weiß e); wenn also Plutarchus dieses allgemein und ohne Bestimmung der Zeit anmerket f), ist
dieser Gebrauch von dessen Zeit zu verstehen. Von der Trauer in weisser
Kleidung meldet Herodianus in dem Berichte von dem Leichen-Begängnisse
Kaysers Septimius Severus, wo er anzeiget, daß auch bey dem Bilde von
Wachse, welches dessen Körper vorgestellet, die Weiber in weisser Kleidung
gesessen, und ihn betrauret, zur Linken aber der ganze Römische Rath in
schwarzer Trauer g). Die Männer bey den Römern giengen beständig in
schwarzer Trauer, wie wir unter andern vom Trajanus wissen, welcher über
seine verstorbene Gemahlinn Plotina neun Tage schwarze Trauer anle-
gete h).
 Was zuletzt die Waffen betrifft, so waren die Römischen Statuen, wie F) Waffen.
Cicero bemerket, mehrentheils in Rüstung vorgestellet, ihren grossen Ruhm, a) Degen an
den sie im Kriege suchten, dadurch anzuzeigen i), und gerüstet hat man sich Statuen.
also eine Statue des Marius, Sylla u. s. f. vorzustellen. Die Kayserlichen
Statuen sind mit einem Degen unter der Achsel vorgestellet, auch wenn dieselben völlig nackend sind, und alsdenn die Kayser gleichsam in vergötterter
Gestalt zeigen sollen. Ausser dem Kriege aber trugen die Kayser so wenig
als andere einen Degen, und Galba, welcher mitten in Rom einen Degen
über die Achsel hängete, erweckete mit Murren wider sich k). Die gewöhnliche Länge eines Degens, welcher unter der linken Achsel hieng, war
nicht viel über drey Palme, wie man am deutlichsten an einem Degen siehet, welcher in der Villa Mattei an einer übrig gebliebenen schön gearbeiteten Stütze von einer Statue hänget, worauf ein Paludamentum geworfen
ist: die Scheide desselben ist zween Palme und drey Zolle lang. Das untere
Ende der Scheide der mehresten alten Degens ist ein halb runder platter
Knopf, und hieß Μύκης, der Pilz, von dessen Form. Wie ein Pilz pfleget auch insgemein der Knopf des Grifs an dem Degen gestaltet zu seyn, welchen
K 3

a) Suet. Aug. c. 25.   b) Braun de vest. sacr. Hebr. L. 1. c. 6.   c) Dionys.
Hal. Ant. R. L. 8. c. 39. p. 492. Ovid. Met. L. 6. v. 289.   d) Hom. Il. ω. v. 94.
e) Conf. Noris Cenot. Pis. p. 357.   f) μιφ. ιστοιχ. Παμ. p. 482. l. 20.   g) Hist.
L. 4. c. 3. p. 128.   h) Xiphil. Hadr. p. 247. L 27.   i) Offic. L. 1. c. 18.
k) Xiphil. Galb. p. 187. L alt.

chen ich an zween Degens verschieden geformet bemerket habe. Der eine Degen, welchen Agamemnon auf der irrig so genannten Begräbnis-Urne des Alexander Severus im Campidoglio hält, hat an statt des gewöhnlichen Knopfs einen Widder-Kopf; ein anderer Degen auf dem angeführten erhobenen Werke des Telephus im Pallaste Ruspoli hat den Knopf in Gestalt eines Adler-Kopfs.

b) Inwendig gefütterter Schild der Pallas.

Besonders wäre zu merken der Schild der Pallas auf einer Münze, die in Lucanien geprüget ist, und auf einer anderen Münze der Stadt Philadelphia a), wenn dieselbe so wie in der Zeichnung dieser Münzen, an Linien, die sich an der inneren Seite des Schildes kreuzweis durchschneiden, inwendig gefüttert ist. Ich weiß nicht ob der Bildhauer Adam zu Paris, welcher die Statue einer Pallas unter den übrig gebliebenen Trümmern der Sammlung des Cardinals Polignac ergänzet, und derselben einen solchen nach Art eines Polsters gefütterten Schild gegeben, Nachricht von diesen Münzen gehabt habe. Gewiß ist, daß die Bildhauer von vier oben angeführten großen erhobenen Werken in einer Gallerie des Königlichen Schlosses zu Turin der Pallas aus eigenem Dünkel dergleichen Schild gegeben haben, ohne andere Gründe anzuführen, als weil es besser stehe.

c) Römische Fasces.

Es können auch die Römischen Fasces als Waffen betrachtet und angemerket werden, daß das Beil an denselben mit einem Ueberzuge bekleidet gewesen seyn müsse, so wie es die Feld-Beile sind, welche die Preußischen Grenadiers tragen, deren Stiel so wie das Eisen mit einem Futter von Leder bezogen ist. An jenen Beilen siehet man dieses an verschiedenen von solchen Fasces im Campidoglio, in den Pallästen Rospigliosi und Massimi. Mit der Zeit wurde das Eisen dieser Beile von Silber gemacht b), und man wird also desto mehr auf einen Ueberzug gedacht haben. Daß dasjenige, was mir ein Ueberzug der Beile scheinet, dieses in der That seyn könne, machet zugleich der Ueberzug anderer Waffen wahrscheinlicher: denn die Alten trugen so wohl Schilder als Helme bedeckt, und mit Leder überzogen, und entblößeten dieselben nur wenn sie zur Schlacht giengen, oder in Musterungen eines Heers c). Sie trugen den Helm in seinem Futter an dem Gürtel, so wie man die Helme hängen siehet auf der Trajanischen Säule, und hierinn kamen die alten Krieger ebenfalls mit unseren Grenadiers überein, die ihre Mütze weil sie schwer ist, auf ihren Zügen angehänget tragen und mit dem Hute gehen.

Einl-

a) Med. du Cab. de Pellerin, T. 1. pl. 8. n. 30. T. 2. pl. 64. n. 65.   b) Authol. L. 4. c. 42. p. 378. l. 21.   c) Conf. Casaub. ad Suet. Iul. Caes. c. 67.

Von der Kunst der Griechen.

Einige Anmerkungen welche ich nach denen über die Zeichnung von dem Mechanischen Theile der Griechischen Bildhauerey, oder von der Ausarbeitung ihrer Werke zu geben erachtet habe, betreffen die Modelle in Thon, die Anlage und die Endigung der Figuren in Marmor, ferner insbesondere die eingesetzten Augen und die erhobenen Werke.

V. Fünfter Abschnitt. Mechanischer Theil der Griechischen Kunst.

Die Modelle in Thon wurden, wie itzo, mit einem Modellier-Stecken gearbeitet, wie man siehet an der Figur des Bildhauers Alcamenes auf einem kleinen erhobenen Werke in der Villa Albani, welches zu Anfange des zweyten Theils der Geschichte der Kunst in Kupfer gestochen ist. Die Künstler aber nehmen auch die Finger mit zu Hülfe, und sonderlich die Nägel, einige feine Theile anzugeben und mit mehr Gefühle nachzuhelfen. Auf diese feinen und empfindlichen Drucke beziehet sich was der berühmte Polycletus zu sagen pflegete, daß sich alsdenn die größte Schwierigkeit im arbeiten äusert, wenn der Thon sich unter den Nägeln setze. Ὅταν ἐν ὄνυχι ὁ πηλός γένηται a), oder οἷς ἂν εἰς ὄνυχα ὁ πηλὸς ἀφίκηται b). Dieses scheinet mir bishero von niemanden verstanden zu seyn, und wenn es Franz Junius übersetzet, Cum ad unguem exigitur lutum, machet er den Ausspruch des alten Bildhauers dadurch nicht deutlicher. Das Wort ὀνυχίζειν, ἐξονυχίζειν scheinet besagte letzteren Drucke der Bildhauer mit den Nägeln in ihren Modellen anzudeuten. Das Modell der Bildhauer hieß κυρτὸς c). Auf eben dieses Endigen der Modelle gehet die Redensart des Horatius ad unguem factus homo, und was eben derselbe an einem andern Orte saget, Perfectum decies non castigavit ad unguem d), und von dem einen so wohl als von dem anderen scheinet man so wenig als von der vorigen Redensart einen deutlichen Begrif gehabt zu haben. Denn man erkläret den Horatius von dem Fassen der Fugen der Steine oder des Marmors, welches die Steinmetzen thun, und diese Meinung wird von Erasmus und von Bentley angenommen; ja dieser will in der zweyten Stelle praefectum an statt perfectum lesen. Wenn ich es besser getroffen habe, bleibet die alte Lesart ohne Aenderung, und der Sinn ist weit edler und füglicher.

A) Modelle in Thon, wo Plutarchus und Horatius erkläret werden.

An der beynahe Colossalischen weiblichen Figur eines Flusses in der Villa Albani, welche ehemals in der Villa des Herzoglichen Hauses Este zu Tivoli war, siehet man, daß die alten Bildhauer ihre Statuen wie die unsrigen angeleget haben: denn das untere Theil dieser Statue ist nur aus dem gröbsten entworfen. Auf den vornehmsten Knochen die das Gewand bede-

B) Anlage der Statuen.

---

a) Plutarch. Symp. L. 2. probl. 3. p. 1130. l. 6.   b) τῶς ἴν τις αἰσθ. ἰ. ηγ. σω.
ἀγετ. p. 148. l. 22.   c) Suid. v. Ἀν᾽ ἀκροθινίων.   d) Art. poët. v. 294.

Das vierte Capitel.

bedecket, sind erhabene Puncte gelassen, welches die Maaße sind, die nachher in völliger Ausarbeitung weggehauen wurden, wie noch itzo geschiehet.

C) Hältniß freystehender Glieder an alten Figuren, Ital. Tassello genannt.

Abgesonderte oder freystehende Glieder einer Figur wurden, wie es sich an einigen Werken zeiget, der heutigen Art gemäß, durch eine Hältniß (Tassello) mit der Figur selbst verbunden, und dieses bemerket man sogar, wo es nicht nöthig noch üblich scheinen konnte, an einem Hercules in dem Garten innerhalb des Pallastes Borghese. An dieser Statue ruhet die Spitze seiner Schaam auf dergleichen Hältnis, welche ein sauber umher gearbeitetes Stäbgen Marmor von der Dicke eines dünnen Federkiels ist, und zwischen dem Gliede selbst und den Hoden stehen blieben ist. Diesen Hercules kann man in Absicht seiner Erhaltung unter die seltensten Figuren in Rom zählen; denn es ist derselbe dermaßen unverletzet, daß nur die Spitzen von ein paar Zehen fehlen, welche auch nicht würden gelitten haben, wenn dieselben nicht über den Sockel hinaus ständen.

D) Statuen, die aus zwey Stücken zusammen gesetzet sind.

Von Statuen aus zwey Stücken gearbeitet hatte ich in der Geschichte der Kunst zwo angegeben; ich habe aber nach genauer Untersuchung gefunden, daß ich mich geirret, und andere vor mir, und daß diese Statuen beschädiget gewesen, daher man dieselben bis auf die Hälfte und bis an den Panzer abgemeisselt, wie in dem Zweyten Theile dieser Anmerkungen angezeiget ist.

E) Völlige Ausarbeitung und letzte Hand, die den Statuen mit dem Eisen gegeben worden.

Es ist bereits in der Geschichte der Kunst über die Art die Statuen mit dem Eisen völlig auszuarbeiten, das ist, denselben die letzte Hand zu geben, geredet; es könnte aber diese Anzeige vielleicht einigen Mißverstand verursachen, welcher durch folgende Erklärung gehoben wird. Man bemerket wohl, daß alle Statuen, die auf besagte Weise geendiget worden, dennoch den Bimmstein bekommen haben; es ist aber mehr als wahrscheinlich, daß dieselben, nachdem sie mit dem Eisen geendiget gewesen, und weiter nichts als die Glätte fehlete, mit Bimmstein übergangen worden, welches, mit unseren Künstlern zu reden, die letzte Hand geben heißt, und daß alsdenn das ganze Werk von neuen mit dem Eisen sanft überarbeitet sey. Wenn aber Figuren von Marmor die völlige Glätte haben sollen, ist der Bimmstein nicht genug, sondern es werden dieselben zuletzt mit Tripel und Bley gerieben, um ihnen den völligen Glanz zu geben. Dieser Glanz wirft auf diejenigen Theile welche beleuchtet sind, einen so grellen Schein, daß dadurch vielmals der mühsamste Fleiß unsichtbar wird, und nicht bemerket werden kann, weil das starke zurückprellende Licht unser Auge verworren machet. Aus dieser Ursache haben einige alte Künstler, welche Muße und Geduld gehabt, ihre Werke von neuen zu übergehen, dieselben über der ersten Glätte von dem

Bimm-

Von der Kunst der Griechen.

Bimmsteine, sanft mit dem Eisen nachgearbeitet, theils um ihnen selbst die letzte Hand zu geben, welches insgemein von demjenigen muß gesaget werden, der sie glättet, theils dadurch die Oberfläche des Nackenden sanft zu machen, und die Kunst in ihr völliges Licht zu setzen. Unterdessen sind die mehresten Statuen völlig geglättet, und unter denen von ersten Range im Belvedere ist Laocoon allein mit dem Eisen völlig geendiget.

Eingesetzte Augen waren, wie bey Aegyptischen Künstlern, also auch in der Griechischen Kunst bereits zu des Phidias Zeiten im Gebrauche: denn Pausanias beschreibet die Augen der berühmten Pallas dieses Künstlers von Meer-Farbe a); daher dieselben von einem Steine, welchen wir Acqua marina, Meer-Wasser nennen, gewesen zu seyn scheinen. Ja es ist aus den Muthmaßungen die über die Statue einer Muse mit eingesetzten Augen, im Pallaste Barberini, zu Anfange des zweyten Theils dieser Anmerkungen vorgebracht worden, zu schließen, daß dergleichen Augen schon vor dem Phidias gearbeitet worden: denn es ist wahrscheinlich, daß diese Statue von der Hand des Ageladas, des Meisters des Polycletus sey, von welchen dieser noch älter an Jahren als Phidias war. Es wurden solche Augen nicht allein göttlichen Statuen gegeben, sondern auch Bildnissen berühmter Männer und anderer Personen, und Plutarch berichtet b), daß aus der Statue eines Hiero von Sparta die Augen herausgefallen, vor der Schlacht bey Leuctra, worinn derselbe blieb, welches auf dessen Tod deutete. Es findet sich bey dem Bildhauer Herrn Cavaceppi ein schöner weiblicher Kopf, welcher Idealisch ist, mit hohlen Augen, und in der Höhlung sowohl im Grunde als unterwerts siehet man gebohrte Löcher, vermuthlich um die eingesetzten Augen desto besser zu befestigen.

Eine besondere Art von eingesetzten Augen zeiget sich an dem über allen Begrif schönen Colossalischen Kopfe des Antinous, zu Mondragone bey Frascati, und an gedachter Muse im Pallaste Barberini. An jenem Kopfe ist der Augapfel aus einem weissen Marmor gedrehet, welcher insgemein Palombino heißt, und weiß wie Milch, aber verschieden von der Weisse des Kopfs selbst aus Parischen Marmor ist, dessen Farbe an alten Statuen einer weissen Haut näher kommt. An dem Rande dieses eingesetzten Augapfels und an den Augenliedern umher ist eine Spur von sehr dünnen Silber-Bleche geblieben, womit vermuthlich der Augapfel, ehe man denselben eingesetzet, völlig bekleidet worden, und die Absicht ist etwa gewesen, durch

den

---

a) L. I. p. 26. l. 56.   b) Περὶ τοῦ μὴ χρᾶν ἔμμετρ. τοῦ Πυθ. p. 707. l. 24.

F

Das vierte Capitel.

den Glanz des Silbers die wahre Farbe der glänzenden weissen Hornhaut des Auges nachzuahmen. Dieses Silber=Blädgen muß vorne an dem Augapfel so weit als der Cirkel der Iris gehet, ausgeschnitten gewesen seyn: denn es ist dieser Cirkel in dem Auge vertiefet, und in dem Mittelpuncte desselben ist ein noch tieferes rundes Loch ausgehölet, um den Stern des Auges zu bezeichnen, welches mit Edelgesteinen geschehen seyn wird, die die wahren Farben sowohl der Iris als des Sterns nachgeahmet. Von eben diesem schneeweissen Marmor, und auf eben die Art sind die Augen der Muse eingesetzet, wie der Rand von einem dünnen Silber=Bleche an dem Augenliedern umher schliessen lässet.

G) Vertheidigung der alten Künstler über die Abweichung in ihren erhobenen Werken.

In diesen mechanischen Anmerkungen habe ich nöthig eine Vertheidigung der alten Künstler zu führen über eine gewöhnliche Beschuldigung ihrer erhobenen Arbeiten, welche darinn bestehet, daß sie in denselben keine Abweichung beobachtet, und allen Figuren gleiche Erhobenheit gegeben haben. Eben dieses hat oben gedachter Pascoli in der Vorrede zu seinen Lebensbeschreibungen der Mahler von neuen wiederhohlet. Ich kann mich über die Blindheit dieser Tadler nicht genug verwundern, da das Gegentheil vor Augen lieget, und man möchte mich tadeln, daß ich wider Blinde einen Beweis zu führen gedenke. Ich will mich nicht einlassen, erhobene Arbeiten die an öffentlichen Orten in Rom, und vor jedermanns Augen stehen, hier anzuführen; ich will nur einige andere bemerken, die verschiedene Stuffen von Abweichung in ihren Figuren haben. Von dieser Art ist eins der schönsten Werke in Rom, im Pallaste Ruspoli, welches ich in diesem Capitel zwey mahl anzuführen Gelegenheit gehabt habe. Die Haupt=Figur auf demselben, der junge Telephus, ist dermassen erhoben gearbeitet, daß man zwischen dem Kopfe und zwischen der Tafel, aus welcher diese Figur herausgemeisselt ist, mit ein paar Fingern hinfahren kann. Neben und unter der Figur stehet ein Pferd, welches nothwendig flacher erhoben seyn muß, da dasselbe weiter hinein gehet, und vor dem Pferde stehet ein betagter Waffenträger des jungen Helden, welcher noch flacher ist. Gegen den Held über sitzet dessen Mutter Auge, welcher jener die Hand giebt, und diese ist erhobener als der Waffenträger und als das Pferd, aber etwas niedriger als ihr Sohn gehalten, wenigstens in Absicht des Kopfs. Ueber derselben hänget ein Degen und ein Schild, welche am flachesten angedeutet sind. Eben solche Abweichung hat in der Villa Albani ein Faun beynahe in Lebensgrösse, welcher mit einem Hunde spielet, und ein kleines Opfer, ingleichen ein Opfer welches Titus verrichtet auf einem Werke, welches vor kurzen zum Vorschein gekommen ist.

Das

Von der Kunst der Griechen. 83

Das fünfte Capitel der Historie der Kunst, von der Kunst der Römer übergehe ich in diesen Anmerkungen, weil ich mich dort über jene als über eine Meynung, mit welcher man keinen deutlichen Begrif verbinden kann, erkläret habe. Ich höre noch täglich von einer lateinischen Bildhauerey reden, wenn man etwas mittelmässiges bedeuten will, und ich achte nicht mehr auf diese Art zu reden, als auf andere Ausdrücke, die der Irrthum allgemein üblich gemachet hat; wir wissen daß es Römische Bildhauer und Mahler gegeben hat, sowohl aus Schriften als aus übrig gebliebenen Werken, und es ist nicht unglaublich, daß es einige hoch in der Kunst gebracht haben können, und vielen Griechischen Künstlern zu vergleichen gewesen, aber aus solchen Nachrichten und Arbeiten kan kein Systema der Römischen Kunst, zum Unterschiede von der Griechischen gezogen werden. Unter den Griechischen Künstlern hingegen wird es auch mittelmäßige Helden, wie unter ihren Scribenten gegeben haben. Wer wird den Nicander für einen grossen Dichter halten, als derjenige der nur schön findet, was dunkel ist? Die Kunst wird ihre Nicander und ihre Aratus gehabt haben. Es verhält sich mit dem gemeinen Urtheile über die Römische Kunst wie mit denjenigen die das uralte mit Werken der späteren Zeit verwechselen, so wie es Gelehrte gegeben hat, und noch giebt, die das älteste Hetrurische Werk, nemlich das irrig so genannte Grabmal der Horatier und Curiatier in spätere Römische Zeiten setzen. Wenn diese die Form dieses Grabmals mit dem Grabmale des Königs Porsena zu Clusium, verglichen hätten, dem jenes vollkommen ähnlich ist, und wenn sie beobachtet hätten, daß die Appische Strasse sich um das Grabmal herum bäuget, würden sie überzeuget seyn, daß dasselbe von einem Hetrurischen Baumeister aufgeführet worden, und daß es älter, als besagte sehr alte Strasse ist, als welche gerade gezogen wäre, wenn dieses Werk nicht im Wege gestanden hätte. Ich habe bereits an einem anderen Orte gemeldet, daß ein berühmter Antiquarius einen runden Altar mit erhobener Arbeit in der Villa Pamfili als das älteste Stück aus der Griechischen Kunst angesehen, da es vielmehr einem mittelmässigen Römischen Bildhauer hätte zugeschrieben werden sollen, zumal eine Römische Gottheit, nemlich Juno Sispita, mit einem Rehfelle bedecket, deren ich oben gedacht habe, auf demselben vorgestellet worden. Die Römischen Künstler sind als Nachahmer der Griechen anzusehen, und haben also keine besondere Schule und keinen eigenen Stil bilden können.

Ich kann nicht umhin zum Beschlusse dieses Capitels ein Verlangen zu eröfnen, welches die Erweiterung unserer Kenntnisse in der Griechischen Kunst sowohl als in der Gelehrsamkeit und in der Geschichte dieser Nation betrift.

Beschluß: Erklärung über den irrigen Begrif eines Römischen Stils in der Kunst, und von dem Nutzen einer Reise nach Elis.

betrift. Dieses ist eine Reise nach Griechenland, nicht an Orte, die von vielen besuchet sind, sondern nach Elis, wohin noch kein Gelehrter noch Kunstverständiger hindurch gedrungen ist. Dem gelehrten Fourmont selbst ist es nicht gelungen in diese Gegenden zu gehen, wo die Statuen aller Helden und berühmten Personen der Griechen aufgestellet waren; denn da er sich den Grenzen des alten Elis genähert hatte, wurde er von seinem Hofe zurück berufen. Diese Reise müste mit eben der Vollmacht, die gedachter Gelehrte von der Pforte erhielt, unternommen werden, nemlich an allen Orten graben zu lassen, wie er denn die Trümmer der alten Stadt Amyclä im Lacedämonischen Gebiete mit funfzig Leuten, welche gruben, durchsuchen ließ, wo unter anderen die seltenen und die ältesten Griechischen Inschriften, die uns bekannt sind, entdecket wurden. Was war aber in Absicht der Werke der Kunst das ganze Lacedämonische gegen die einzige Stadt Pisa in Elis, wo die Olympischen Spiele gefeyert wurden? Ich bin versichert, daß hier die Ausbeute über alle Vorstellung ergiebig seyn, und daß durch genaue Untersuchung dieses Bodens der Kunst ein grosses Licht aufgehen würde.

Anmerkungen über die Geschichte der Kunst des Alterthums.

Zweyter Theil.

Dresden, 1767.
In der Waltherischen Hof-Buchhandlung.

Anmerkungen
über die
Geschichte der Kunst des Alterthums.

Zweyter Theil.

Der zweyte Theil dieser Anmerkungen handelt wie eben dieser Theil der Geschichte der Kunst, von dem verschiedenen Schicksale, und von den Werken derselben, unter den Griechen, nach Ordnung der Zeit; einige Werke aber sind angeführet und beurtheilet unter die Zeiten, in welchen dieselben gearbeitet zu seyn, irrig vorgegeben werden. Es sind jedoch hier eben so wenig, als es in der Geschichte der Kunst geschehen ist, alle und jede Werke von denen die Zeit bestimmet werden kan, berühret, sondern ich habe auf das Nützliche gedacht, und Irrthümer zu widerlegen gesuchet, sonderlich aber Vergehungen der Scribenten, die in das Systema der Kunst einen Einfluß haben, und die bisher verworrene oder falsche Begriffe gegeben haben. *Absicht des zweyten Theils.*

In der Geschichte der Kunst habe ich angefangen mit einem Verzeichnisse der ältesten Griechischen Künstler, sonderlich ihrer Bildhauer, die vor dem *Bathycles einer der ältesten Künstler.*

dem Phidias geblühet haben, und unter die Zeit des ältesten Stils gehören. Unter diesen hätte auch Bathycles von Magnesia angeführet werden sollen, welcher erhobene Werke an dem Throne der Statue des Apollo zu Amyclä gearbeitet hätte *a*). Es war derselbe der Erfinder von besonderen Trink-Schalen, und diejenige, welche die sieben Weisen dem Apollo zu Delphos weiheten, soll von ihm gemacht seyn; folglich hat er zu Solons Zeiten gelebet *b*).

Verbesserung über den Jphion von Aegina. Ueber einen vermeinten Jphion von Aegina aber hat mich eine Unrichtigkeit im Texte der älteren Scholien des Pindarus zu einen Irrthum verleitet. Es wird daselbst vorgegeben, es habe Jphion des Mercurius Tochter Angelica gebildet; dieses aber muß nicht von Jphion dem Vorfahren dessen den Pindarus besinget, sondern von dem Dichter, selbst verstanden werden, als welcher die Bothschaft (Αγγέλια) als eine Tochter des Mercurius, des Bothschafters der Götter, persönlich einführet, und wie eine Tochter dieses Gottes vorstellet *c*). Die neueren Scholien eben dieses Dichters erklären sich hierüber richtiger, und nach diesen müssen jene verbessert werden: die Unrichtigkeit stecket in dem Worte Οὗτος.

Aelteste Münzen. Die älteste Münze würde nach Begers und Schotts Meinung die so berühmte mit dem Namen ΦΙΔΟ seyn, weil sie demjenigen Phidon zugeschrieben wird, welcher auf der Insel Aegina die ersten Münzen prägen lassen, und also neunhundert Jahre vor Christi Geburt gelebet hat. Herr Barthelemy aber beweiset aus dem Boeotischen Schilde auf dieser Münze, und auch aus dem schönen Gepräge, daß dieselbe von Theben sey, und in den besten Zeiten geschlagen worden *d*). Eben so ungründlich ist die Meinung des P. Harduin über eine vorgegebene Münze des Demonax, Regenten von Cyrene, in Africa, zur Zeit des Pisistratus, Tyrannen zu Athen: denn das Gegentheil ist von zween Münzverständigen klärlich erwiesen worden *e*).

Die ältesten Münzen sind ohnezweifel die von verschiedenen Städten in Groß-Griechenland geprägt sind, als von Croton, und Sybaris, (diese Stadt wurde bereits in der sieben und sechzigsten Olympias zerstöret) Ingleichen von Theben und Athen, und die Münzen einiger Städte in Sicilien, unter welchen ich die von der Stadt Naxus, wegen eines unförmlichen Hercules,

---

a) Pausan. L. 3. p. 255. l. 12. *b*) Freret Rech. sur l'equitat. des anc. dans les Mem. de l'Acad. des Inscr. T. 7. p. 296. *c*) Pind. Ol. 8. v. 106. *d*) Rech. sur quelq. Med. dans les Mem. de la même Acad. T. 26. p. 542. *e*) de la Bastie dans la Science de la Numismat. du P. Jobert, T. 1. p. 455. Barthelemy l. c. p. 534.

eules, mit dem Blitze zur Seiten, angeführet habe. Diese Stadt wurde etwa 330 Jahre nach dem Trojanischen Kriege, und eher als Syracus erbauet a). Die nächsten nach diesen Münzen, und von bestimmter Zeit, sind die Münzen Königs Gelo zu Syracus; es muß jedoch zwischen diesen und jenen Münzen ein beträchtlicher Zwischenraum der Zeit gesetzet werden, da die vom Gelo wie in der Blüthe der Kunst gepräget scheinen.

Der Verfasser besitzet eine schöne silberne Münze, auf deren rechter Seite ein alter bärtiger Kopf gepräget ist, mit der Umschrift: ΔΕΜΙΣΤΟ-ΚΛΗΣ ΑΘΗΝΑΙΟΣ, „Themistocles der Athenienser;„ auf der Rückseite stehet eine Victoria auf dem Vordertheile eines Schiffes mit der Umschrift: ΚΑΤΑ ΠΕΡΣΩΝ, „wider die Perser.„ Diese Münze aber ist offenbar falsch, und in neueren Zeiten gemacht, und der Betrug wird verrathen theils durch die Zeichnung des Kopfs, theils durch die Form des Vordertheils des Schifs, weil sich auf keinem alten Werke ein jenem ähnliches findet, wie nicht weniger durch den Zug der Buchstaben, die ein weit älteres Ansehen haben müssen. Bey Gelegenheit dieser Münze merke ich einen viereckigten Marmor in der Villa Negroni an, welcher sich unterwerts verjünget, und ehemals den Kopf des Themistocles getragen haben muß, wie der Name desselben ΘΕΜΙΣΤΟΚΛΗΣ Ο ΝΑΥΜΑΧΟΣ, „der Seeheld,„ welcher an diesem Steine eingehauen ist, zeiget.

Falsche Münze des Themistocles.

Eine der ältesten Statuen Griechischer Kunst in Rom, aus dieser Zeit des älteren Stils könnte eine Muse mit einer grossen Leyer scheinen, die im Pallaste Barberini stehet, und zweymal so groß als die Natur ist; es hat dieselbe alle Kennzeichen eines so hohen Alterthums. Vermöge dieser Eigenschaften könnte dieselbe eine von drey Musen seyn, welche drey grosse Künstler vor der Zeit des Phidias macheten. Die eine hielt Flöten, und war von der Hand des Canachus, aus Sicyon, die zweyte mit einer Leyer, Χέλυς genannt, war vom Aristocles, des Canachus Bruder, und die dritte mit einer anderen Art Leyer, welche Βάρβιτος hieß, war ein Werk des Agelabas, des Polycletus Meister. Diese Nachricht giebt uns Antipater in einer Sinnschrift b). Der Unterschied der verschiedenen musicalischen Instrumente, die wir im deutschen unter dem Wort „Leyer,„ begreifen, ist nicht deutlich anzugeben, und die alten Scribenten selbst verwechseln λύρα mit χέλυς, so daß die Erfindung bald der einen bald der anderen, theils dem Mercurius, theils dem Apollo beygeleget wird. Unterdessen wird dadurch wahrscheinlich, das λύρα und χέλυς wo nicht einerley Instrument,

Aelteste Statue in Rom.

wenig-

---

a) Scalig. Animadv. in Euseb. Chron. N. MCCLXXXI. p. 75.   b) Anthol. L. 4. c. 12. p. 334.

88 Anmerkungen über die Geschichte

wenigstens sehr ähnlich eins dem anderen, gewesen; λύρα aber in der Hand einer Muse unter den Herculanischen Gemählden mit der Unterschrift: ΤΕΡΨΙΧΟΡΗ ΛΥΡΑΝ a), war eine Art kleiner Leyer, und vermuthlich ist es diejenige, deren Klang-Boden anfänglich aus der Schale einer Schildkröte gemacht war, so wie dieselbe in dieser Gestalt zu den Füssen eines Mercurius in der Villa Negroni stehet. Die Leyer der Muse aber, von welcher wir reden, ist von der grossen Art, so wie dieselbe Apollo auf einem anderen Herculanischen Gemählde hält b), und es scheinet, daß dieses Instrument dasjenige sey, welches βάρβιτος heißt, und nach dem Pollux c), βαρύμιτος genennet wurde, das ist, mit groben Saiten, welche daher eine Art von Psalter wird gewesen seyn. Dieser Muthmaßung zufolge hätte die Muse des Aristocles eine kleine Leyer, χέλυσ, gehalten, und die vom Ageladas gearbeitet, eine grosse Leyer βάρβιτος, und folglich wäre die Barberinische Muse auf die letztere zu deuten. Von den eingesetzten Augen dieser Statue ist in dem vierten Capitel des ersten Theils dieser Anmerkungen geredet. Suidas nennet den Bildhauer gedachter Muse irrig Gelabas, anstatt Ageladas, welchen Fehler Küster in der neuesten Ausgabe nicht bemerket hat.

Statuen des Castor und des Pollux auf dem Campidoglio. Ich will nicht entscheiden, ob die Statuen des Castor und des Pollux vom Hegesias gearbeitet, die ehemals vor dem Tempel des Jupiter Tonans standen d), eben dieselben sind, die in Colossalischer Grösse auf dem Campidoglio stehen; gewiß aber ist, daß dieselben an diesem Hügel gefunden sind. Es könnte eine gewisse Härte, die man an dem was alt an diesen Figuren ist, bemerket, die der Arbeit des Hegesias eigen war, zu einiger Muthmaßung führen, und es wären folglich diese Statuen zu der Zeit des älteren Stils zu rechnen, weil besagter Künstler vor dem Phidias gelebet zu haben scheinet.

Brustbild der des Herodotus u. des Euripides. Hier ist auch zweyer Brustbilder des Herodotus, in der Farnesina, in Absicht der Zeitfolge der Person, zu gedenken: Beyde haben ihren Namen in wahrer alter Griechischer Schrift eingehauen, aber sie sind von späterer Zeit, und es ist besonders, daß der eine Kopf dem anderen nur etwa in dem Barte, sonst wenig gleichet. Eben dieses ist bey den Köpfen des Euripides zu erinnern: denn derjenige welcher aus Bellori Bildnissen berühmter Personen, den Trauerspielen dieses Dichters, vom Barnes, vorgesetzet ist, und sich nicht mehr in Rom befindet, hat nichts zu schaffen mit einem

a) Pitt. Erc. T. 2. tav. 5.   b) Ibid. tav. 1.   c) Onom. L. 4. segm. 59.
d) Plin. L. 34. c. 19. §. 16.

einem Brustbilde in der Farnesina, worauf der alte Name des Euripides stehet a). Diesem Kopfe sind zween andere an eben dem Orte vollkommen ähnlich.

Die Zeit in welcher die Künste ihren größten Wachsthum in Griechen- *Künstler* land erreicheten, sind, nach dem Diodorus von Sicilien, die nächsten funf- *des hohen* zig Jahre nach dem Persischen Kriege: es blüheten damals die größten Red- *Stils.* ner, Philosophen und Künstler. Unter diesen waren die berühmtesten Phi= dias nebst dessen Schülern, dem Alcamenes und Agoracritus, inglei= chen Polycletus, Scopas, Myron und dessen Schüler Pythagoras und Ctesilaus.

Phidias blühete, wie Plinius berichtet, in der drey und achzigsten *Phidias.* Olympias, welche Bestimmung der Zeit ihren Grund haben muß, wie ich in ähnlichen Fällen sowohl in der Geschichte der Kunst, als in der Folge dieser Anmerkungen angezeiget habe. Die Blüthe eines Künstlers kann nicht anders als nach der Zeit der vollkommensten Werke, die derselbe hervorge= bracht hat, oder nach den glücklichen Umständen der Zeit in welche die so ge= nannte Blüthe fällt, bestimmet werden, und ich habe bemerket, daß hier mehr der letzte als der erste Fall eintrift. Ich glaubete in der Geschichte der Kunst, daß Plinius die Blüthe des Phidias in besagte Olympias gesetzet habe, weil dieser vielleicht damals die Statue des Olympischen Jupiters geendiget; allein es ist dieses eine bloße Muthmaßung die keinen Grund hat. Wahrscheinlicher ist, daß in dieser Olympias die glücklichen Umstände der Zeit den höchsten Flor dieses Künstlers bestimmen. Denn in dem zweyten Jahre der drey und achzigsten Olympias war, wie Diodorus sagt b), in der ganzen Welt Friede; es war derselbe sowohl zwischen Griechenland und den Persern, als auch unter den Griechen selbst hergestellet in dem dreyßigjähri= gen Bündnisse, welches die Athenienser mit den Lacedämoniern schlossen. Auch in Sicilien waren alle Feindseeligkeiten durch den Vertrag der Cartha= ginenser mit dem Könige Gelo von Syracus beygeleget, welchem alle Grie= chischen Städte beygetreten waren, und gedachter Scribent sagt, daß da= mals in Griechenland nichts als Feste und Lustbarkeiten gesehen worden. Eine so allgemeine Ruhe und Frölichkeit unter den Griechen muß nothwen= dig in die Kunst einen grossen Einfluß gehabt haben, zu welcher also Phidias mehr ermuntert werden müssen, zu Vollendung seiner angefangenen Werke und zu Unternehmung anderer.

a) Fulv. Urs. Imag. n. 60.   *b)* L. 12. p. 87. 88.

Anmerkungen über die Geschichte

Ein Scribent der späteren Zeiten a), gedenket eines Hercules von der Hand des Phidias, in einer kleinen Stadt Meleti, im Attischen Gebiete, welcher Statue sonst von keinem anderen Scribenten Meldung geschiehet. Eben derselbe sagt, daß von einem Apollo des Phidias, welcher wie die Sonne glänzete, in dem Kayserlichen Pallaste zu Constantinopel der Kopf übrig gewesen sey.

Agoracritus und dessen Nemesis. Die berühmtesten unter den Schülern des Phidias sind Alcamenes, aus Athen, und Agoracritus von Paros, die um die Wette stritten über eine Venus, und jener erhielt den Preis vor diesem, weil man in Athen zum Vortheile des Atheniensers entschied. Agoracritus den dieses Urtheil schmerzete, verkaufte seine Statue, damit sie nicht in Athen bleiben sollte, nach Rhamnus, einem kleinen Orte im Attischen Gebiete, wo dieselbe von einigen für ein Werk des Phidias gehalten wurde b), weil dieser an verschiedene Arbeiten des Agoracritus, den er liebete, selbst Hand geleget hatte. Dieser Künstler wollte aus Verdrusse auch so gar den Namen der Statue geändert wissen, und überließ sie mit dem Bedinge, daß dieselbe als eine Nemesis aufgestellet werden sollte c). Hier entstehet natürlich die Frage: wie konnte Venus eine Nemesis vorstellen? Und gleichwohl ist dieses Bedenken niemanden eingefallen. Diese Frage fliesset aus dem Zweifel, ob die Venus des Agoracritus nackend oder bekleidet gewesen, und was für ein Kennzeichen beyden Göttinnen gemein seyn können. In Absicht des ersteren antworte ich, daß dieselbe bekleidet seyn müssen, wie es Venus sowohl als die Gratien in den ältesten Zeiten der Griechen waren; ja des Praxiteles Venus in der Insel Cos war bekleidet. Was das Kennzeichen betrifft, wiederhole ich, was ich an einem anderen Orte ausgeführet habe d), nemlich daß Nemesis mit einem gebogenen Arme vorgestellet worden, so daß sie mit demselben ihr Gewand vor der Brust in die Höhe hielt, und dieser gebogene Arm gab das gewöhnliche Maaß der Griechen πυγών, Cubitus, welches von dem Ellenbogen bis an das mittlere Glied der Finger gieng. Diese Stellung sollte bedeuten, daß Nemesis, als die Göttin der Vergeltung guter und tadelhafter Handlungen, mit einem richtigen Maaße dieselben messe und belohne. Man muß also annehmen und glauben, daß die Venus des Agoracritus in eben dieser Stellung gewesen sey, aber in verschiedener Bedeutung. Denn das bis vor die Brust in die Höhe gehobene Gewand konnte in derselben die Züchtigkeit und die Schaam anzeigen, welche nachher Praxiteles in seiner unbekleideten Venus zu Gnidus andeuten

wollen

a) Tzetz. Chil. L. 8. c. 192. b) Pausan. L. 1. p. 81. l. 7. Hesych. v. Ῥαμνους.
c) Plin. L. 36. c. 4 §. 3. d) Descr. des Pier. gr. du Cab. de Stosch, p. 294. 295.

wollen durch die eine Hand womit dieselbe die Brüste zu bedecken suchet, und mit der anderen Hand, welche sie vor ihre Schaam hält. Dieses als wahrscheinlich vorausgesetzet könnte Agoracritus, ohne an seiner Venus etwas zu ändern, ihr den Namen und die Bedeutung der Nemesis beylegen.

Polycletus welcher nebst dem Phidias unter gedachten Künstlern den größten Ruf erlanget, hat, wie dessen Meister Agelabas, vornemlich in Erzte gearbeitet, und man kann sich von zwo Canephoren desselben in Erzte, von mäßiger Größe, die Verres aus Messina mit weg nahm *a*), aus zwo ähnlichen erhobenen Figuren in gebrannter Erde, bey dem Bildhauer Herrn Cavaceppi, die in meinen Denckmalen erscheinen, einen Begrif machen. Es ist bekannt, daß Canephorä Jungfrauen hießen, die an Festen der Ceres gewisse Heiligthümer in geflochtenen Körben auf dem Haupte trugen. Da nun jene des Polycletus Figuren sehr berühmt waren, so ist zu glauben, daß dieselben öfters gezeichnet und modelliret worden, und in der That offenbaret sich in besagten erhobenen Werke der Stil dieser Zeit, welcher annoch eine gewisse Härte, sonderlich in dem Wurfe der Kleidung und in den Falten zeiget. *Polycletus und dessen Canephorä.*

Es könnte auch eine Figur eines Knabens im Pallaste Barberini der in einen Arm von einer anderen Figur, welche sich verlohren hat, beißet, eine Copie von einem Werke des Polycletus scheinen. Es stellete dasselbe zween nackte Knaben vor, die mit Knochen spieleten, und unter dem Namen „Astragalizontes,„ „die mit Knochen spielen,„ bekannt waren. Wollte man dieses Werk auf etwas bestimmtes deuten, könnte es Patroclus der Freund des Achilles seyn, welcher als Knabe im Streit über das Spiel mit Knochen, den Clysonymus, seinen Spiel-Gesellen, wider Willen tödtete *b*). Ich habe gedachte Figur mit einem fremden Arme in beyden Händen, geraume Zeit für ein schwer zu erklärendes Stück gehalten, und es ist dasselbe als ein solches in der Vorrede zu der Beschreibung der Stoßischen geschnittenen Steine angegeben, bis mich der Zufall einen Spiel-Knochen in der Hand von der mangelnden Figur bemerken ließ. Man siehet also, es waren zween Knaben von denen der eine den andern in den Arm beißet, damit derselbe den Knochen aus der geschlossenen Hand fallen lasse. Von einer Statue eben dieses Künstlers, welche Plinius Alexerera, arma sumentem, nennet *c*), würde der sogenannte Borghesische Fechter also zu benennen seyn: denn ἀλεξητήρ heißt ein Vertheidiger vor Gewalt, welches die wahre Deutung des Standes und der Handlung dieser Figur ist. *Andere Werke desselben.*

M 2 Dem

a) Cic. in Ver. L. 4. c. 3. C. 19. §. 2. p. 112.   *b*) Apollod. Bibl. L. 3. p. 126. b.   *c*) L. 34.

92 Anmerkungen über die Geschichte

Scopas u. die Niobe. Dem Scopas welcher mit dem Phidias um den Preis in seiner Kunst stritt, habe ich mit Wahrscheinlichkeit die Statuen der Niobe zuzuschreiben geglaubet. Wenn ich gesagt habe, daß unter denselben ein paar Figuren nicht von der Hand eines und eben desselben Meisters seyn können, würde dieses auf die alte männliche Figur gehen können, die nach Art Barbarischer Völker gekleidet ist. Diese stellet einen Hofmeister der Kinder der Niobe vor, wie man aus einer erhobenen Arbeit eben dieser Fabel, in der Villa Borghese, erkennet, wo zwo ähnliche Figuren erscheinen, die, was man nennet, Phrygisch gekleidet sind, welche Tracht von den Künstlern allen Völkern, die bey Griechen und Römern Barbaren hiessen, gegeben wurde; und dieses darum, weil die Pädagogi bey den Griechen mehrentheils erkaufte Leibeigene waren, wie wir es von demjenigen wissen, welchen Pericles dem Alcibiades zugegeben hatte.

Es sollten in diesem Gruppo sieben Söhne und eben so viel Töchter seyn; es fehlen aber auf der einen sowohl als auf der anderen Seite Statuen. Zween von den Söhnen sind aller Vermuthung nach die beyden berühmten sogenannten Ringer in der Gallerie zu Florenz, und es wurden diese zwo Figuren für Söhne der Niobe gehalten, da man dieselben entdecket hatte, und da annoch die Köpfe fehleten, welche sich nachher im nachgraben fanden. Unter der Benennung der Söhne der Niobe sind dieselben angegeben in einer seltenen Kupfer-Platte vom Jahre 1557. weil diese Figuren zu gleicher Zeit mit den übrigen Statuen der Niobe an eben dem Orte ausgegraben sind, wie Flaminio Vacca in den Nachrichten von Entdeckungen, die zu dessen Zeiten gemacht worden, bezeuget a). Es ist auch dieses aus der Fabel selbst wahrscheinlich; denn die älteren Söhne der Niobe wurden von dem Apollo getödtet, da sie auf dem Felde sich im reiten übeten, und die jüngeren, da sie mit einander rungen. Die Arbeit an diesen beyden Ringern bestätiget dieses zugleich, da klärlich erscheinet, daß dieselben mit den übrigen Statuen der Niobe von einem und eben dem Meister seyn müssen. Dieses äussert sich sonderlich in den Köpfen, welche auch in den Haaren, der Arbeit in diesem Theile an den anderen Söhnen der Niobe, ähnlich sind.

Man kann diese ringenden Söhne ein Symplegma nennen, das ist ein Paar welches sich im ringen umschlungen hat, und es kommt diese Benennnng zwo neben einander stehenden Figuren nicht zu, wie Gori dieselbe verstanden hat, wenn er eine kleine männliche und weibliche Figur, von Erzte,

a) Montfauc. Diar. Ital. p. 139.

der Kunst des Alterthums.

Erzte, die eine jede vor sich hinter einem Pfluge stehen, in dem Museo des Collegii Romani, ein Symplegma nennet. Das eine von den erhobenen Werken, welches die Fabel der Niobe vorstellet, und in der Geschichte der Kunst angeführet ist, ist das vorher angezeigte in der Villa Borghese, und wird in meinen alten Denkmalen in Kupfer erscheinen.

Myron welcher so wie Scopas als ein Zeitgenosse des Phidias angegeben wird, hat vornemlich in Erzt gearbeitet, und da wir von dessen berühmten Kuh nichts als die vielen Sinnschriften haben, die auf dieselbe gemacht sind, so kann man sich dieselbe einigermaßen vorstellen in einer schönen Kuh von Marmor in Lebensgrösse, die in der Villa Aldrovandini stehet. Der von Joseph Scaliger erregte Zweifel über die Sinnschriften der Dichterin Erinna, die dieselbe über gedachte Kuh gemacht hatte a), könnte diesen Künstler weit älter machen, als ihn Plinius angiebt; es setzet ihn derselbe in die sieben und achzigste Olympias, folglich nach dem Phidias. Wenn aber Erinna, die mit der Sapho und mit dem Anacreon zu gleicher Zeit geblühet, das ist, in der sechzigsten Olympias, besagte Gedichte auf Myrons Kuh gemacht hat, wie Plinius selbst meldet b), so würde folgen, daß Myron geraume Zeit vor dem Phidias gelebet habe. Es könnte dieses in der That gemuthmaßet werden, erstlich aus der sehr alten Schreibart in den Inschriften, die nach dem Pausanias, unter den Statuen von der Hand dieses Künstlers zu Elis standen c), welche Anmerkung dieser Scribent von keiner Inschrift an Statuen des Phidias, des Polycletus und ihrer Zeitgenossen machet. Ferner könnte auf ein höheres Alter im Myron geschlossen werden aus dessen mit silbernen Buchstaben eingelegten Namen, welchen dieser Künstler auf dem Schenkel eines Apollo von Erzte, der zu Agrigentum war, gesetzet hatte: denn dieser Gebrauch, Schrift auf der Figur selbst anzuzeichnen war, so viel wir wissen, bey dem Phidias nicht mehr üblich, und es muß derselbe in frühere Zeiten zurück gesetzet werden. Nun wissen wir, daß dieses der Künstler Gebrauch war zur Zeit des Anacreons, dessen Zeitgenosse Myron aus obigen Muthmaßungen scheinen könnte: denn eine Sinnschrift dieses Dichters gedenket einer Statue des Mercurius, die auf dem Arme in einer Inschrift den Namen desjenigen anzeigete, der diese Statue hatte setzen lassen d). Myron aber zeichnete seinen Namen nicht wider Verboth auf gedachten Apollo, wie jemand ohne Grund vorgiebt e): denn Cicero, von welchem diese Nachricht kommt, sagt kein Wort von einem

Myron, und Untersuchung über dessen Alter.

M 3 Ver-

a) Animadv. in Euseb. Chron. N. MDCLXIV. p. 124. b) L. 34. c. 19. §. 3. p. 114. c) L. 5. p. 435. l. 19. d) Suid. Ἀγορᾶ. Ibid. Not. Kust. e) Fraguier de la Gall. de Verres, p. 568.

Verbothe. Es ist wahr, daß Phidias nicht die Erlaubniß hatte, seinen Namen auf der Statue des Olympischens Jupiters zu setzen; es ist aber hieraus nicht auf alle andere Statuen zu schließen.

Erklärung des Plinius über die Kunst des Myron.

Mich deucht, man habe den Plinius nicht verstanden a), wenn er von dem Myron sagt, multicalasse varietatem videtur, numerosior in arte. Harduin glaubt b) es wolle derselbe sagen, unser Bildhauer habe sich mehr beflissen auf dasjenige was seine Kunst vervielfältigen können, oder vielmehr, welches er vorziehet, daß er der Meister von vielen Statuen gewesen. Ich glaube, das Wort Numerosior zeiget an, daß Myron mehr Harmonie in die Kunst gebracht habe. Im vierten Capitel des ersten Theils dieser Anmerkungen ist erkläret worden, was Plinius in Absicht der Arbeit an Haaren von diesem Künstler sagt.

Lycius des Myrons Schüler.

Unter Myrons Schülern führet Plinius den Lycius an, und besonders einen Knaben welcher Feuer anblies c). Eben so ist ein Knabe auf einem gebäugten Knie sitzend vorgestellet in einem kleinen Gruppo, in der Farnesina, wo ein alter Mann ein ganzes Schwein über einen Kessel geleget hat, unter welchem gedachter Knabe das Feuer anbläset.

Pythagoras, ein Verbesserer der Kunst in den Haaren.

Pythagoras einer der berühmtesten Künstler dieser Zeit, von Reggio in dem heutigen Calabrien, war, nach dem Plinius d), der erste, welcher die Haare mit mehrerem Fleiße ausarbeitete. Diese Anzeige kann zu einiger Bestimmung der Zeit verschiedener Statuen dienen. Denn wir bemerken an einigen, an welchen sich eine grosse Wissenschaft und Kunst zeiget, die Haare sowohl des Haupts, als der Schaam in ganz kleine kreppigte Locken reihenweis geleget, in eben der Form wie die Haare an wahren Hetrurischen Figuren gearbeitet sind. Von jenem sind zwey oder drey Statuen in dem Saale des Pallastes Farnese, die von dem schönsten in Rom sind, und haben annoch die gezwungen gearbeitete Haare, die ein Beweis sind von einem Systema, welches sich von der Natur entfernet hatte. Ferner bemerket man an anderen Figuren welche Zeichen von der besten Zeit der Kunst haben, wenig ausgearbeitete Haupt-Haare, und hier können als Beyspiele die Niobe mit ihren Kindern angeführet werden. Da also Pythagoras als der erste die Haare mit mehrerem Fleisse und vermuthlich mit gefälligerer Freyheit geendiget hat, so kann man schließen, daß jene Statuen von beyden Arten, sowohl mit sogenannten Hetrurischen, als mit wenig angedeuteten Haaren, nicht nach Pythagoras Zeiten können gemacht seyn, folglich müssen dieselben entweder von gleicher Zeit oder für älter geachtet werden, und hier-

a) L. 34. c. 19. §. 3. p. 115.   b) Not. ad l. præced.   c) l. c. §. 17.   d) L c. §. 4.

hieraus ist zugleich eine Wahrscheinlichkeit zu ziehen, das Werk der Niobe dem Scopas vielmehr als dem Praxiteles zuzueignen.

Unter den Künstlern dieser Zeit ist Ctesilaus insgemein wenig bekannt, und er war gleichwohl einer von den drey Bildhauern, welcher mit dem Polycletus und dem Phidias über Statuen von Amazonen, die zu dem Tempel der Diana zu Ephesus bestimmt waren, den Preis erhielt. Die Critici haben nicht bemerket, daß beym Plinius dessen Name bald Ctesilaus bald Ctesilas geschrieben ist; es muß aber eine und eben dieselbe Person seyn, weil da wo er ihn Ctesilas nennet, eine Statue des Pericles von dessen Hand gerühmet wird a). *Ctesilaus.*

Von diesem Ctesilaus war besonders die Statue eines verwundeten, vermuthlich Helden, bekannt, an welcher man empfinden konnte, wie viel annoch von seiner Seele in ihm übrig sey (in quo possit intelligi quantum restet animae: (Ich deute diese Figur auf einen Held, weil ich glaube, daß sich dieser Künstler auf nichts niedriges herunter gelassen habe, da sein grosses Verdienst, nach dem Plinius, war, edle Menschen noch edler erscheinen zu lassen. Auch in dieser Betrachtung scheinet die Statue des sogenannten sterbenden Fechters im Campidoglio, die dem Ctesilaus von vielen beygeleget wird, nicht von dessen Hand zu seyn, weil dieselbe eine Person von gemeinen Stande vorstellet, wie das Gesicht, die eine alte Hand, seine Füsse, und die Fußsohlen anzeigen. Es hat diese Statue einen Strick um den Hals, welcher unter dem Kinne einen Knoten hat, und es lieget dieselbe auf einem länglich runden Schilde, über welchem ein zerbrochenes Blase-Horn geworfen ist. Ein Fechter kann hier nicht abgebildet seyn, theils weil sich nicht findet, daß Klopffechtern in guten Zeiten der Kunst Statuen errichtet worden, und kein Griechischer Künstler, dem diese Figur würdig ist, wird Fechter gemacht haben, da den Griechen keine Fechter-Spiele bekannt waren. Es kann auch kein Fechter seyn, weil derselbe ein krummes Horn, wie der Römer ihre Litui waren, trug. Hier aber belehret uns eine Griechische Inschrift, daß die Ausrufer oder Herolde, (κήρυκες) in den Olympischen Spielen zu Elis, einen Strick um den Hals trugen, und mit einem Horne bliesen b). Diese Inschrift welche an der Statue eines Olympischen Siegers stand, kann die Capitolinische Statue in mehreres Licht setzen. Dieser Sieger war zugleich Herold, und es wird von ihm gesaget, er habe dieses sein Amt verrichtet *Statue eines verwundeten Helden desselben.*

Οὐδ' ὑποσαλπίγγων, ὅτ' ἀναδείγματ' ἔχων.

„weder

---

a) L. 34. c. 19. §. 14.   b) ap. Polluc. Onom. L. 4. Segm. 92.

„weder auf dem Horne zu blasen, noch mit dem Stricke:„ denn das Wort ἀναδείγματα wird vom Hesychius erkläret mit ἡνίας περὶ τραχήλοις. „Zügel oder Stricke um den Hals.„ Diesen Strick legten die Herolde vielleicht um, wie Salmasius vermuthet, aus Behutsamkeit im Blasen, damit sie nicht etwa eine Ader zersprengen möchten. Das Lob des Herolds in der Inschrift ist also, daß derselbe kein Horn noch Strick nöthig gehabt, sondern daß er mit seiner Stimme die ganze Versammlung der Griechen in den Olympischen Spielen überrufen und sich deutlich vernehmen lassen können. Daß die Herolde die bey andern Gelegenheiten verschicket wurden, ein Horn getragen, findet sich nicht; es trugen dieselben insgemein einen Caduceus, und ich bin der Meinung, daß auf einem alten vielfarbig gemahlten Gefäße von gebrannter Erde, in dem Museo des Collegii Romani, ein solcher Herold abgebildet sey. Es ist eine unbekleidete Heroische Figur mit Lorbeern bekränzet, die einen weißen Hut auf der Schulter herab geworfen hat, in der rechten Hand einen Caduceus und in der linken Hand einen langen Spieß hält, gleichsam Krieg und Frieden vorzulegen. Eben so nahm Jason, da er zu Colchos mit den Söhnen des Phryxus und mit dem Telamon an das Land stieg, einen Caduceus, als ein Zeichen der friedlichen Gesinnung a). Aus dem Schilde unserer Statue kann man schließen, daß es kein Herold der Olympischen Spiele ist, wo nicht auf Leben und Tod gestritten, folglich kein Schild geführet wurde. Man könnte also glauben, daß auch Herolde die von einer Stadt an die andere, und von einem Heere an das andere abgeschicket worden, und überhaupt Personen, die Κήρυκες, Praecones hießen, mit Stricke und Hörner gegangen, wie die Olympischen Herolde, und daß dieselben überdieses noch mit einem Schilde bewafnet gewesen, da der Gebrauch, Trompeter als Herolde abzuschicken, aus dem Alterthume bis auf unsere Zeit sich scheinet erhalten zu haben. Folglich könnte die Statue im Campidoglio, von welcher wir reden, auf einen Herold (Κῆρυξ) gedeutet werden, wie Polyphontes beym Laius Könige zu Theben war, der mit diesem vom Oedipus ermordet wurde b). Da aber das Gesicht eine bestimmte Person abbildet, könnte gemuthmaßet werden, daß es etwa der Herold Anthemocritus sey, welcher von den Megarensern ermordet wurde, und, wie Pausanias saget c), Ursach war, daß die Stadt Megara den Zorn der Götter empfand, und ohnerachtet Kayser Hadrianus derselben wohl wollte, sich nicht erholen konnte.

Das

a) Apollon. Argon. L. 3. v. 197.   *b)* Apollod. Bibl. L. 3. p. 99. a.   *c)* L. 1. p. 88.

der Kunst des Alterthums.

Daß die Vergötterung des Homerus, im Pallaste Colonna, nicht aus dieser Zeit des hohen Stils der Kunst der Griechen seyn könne, wie ein gelehrter Britte behauptet, habe ich an seinem Orte zu widerlegen gesuchet. Ueber dieses Werk ist noch zu bemerken, daß in allen in Kupfer gestochenen Zeichnungen desselben, der Cothurnus unter den Füßen der Figur des Tragödie nicht angezeiget ist, und die Zeichner haben derselben eine ganz niedrige Sohle gegeben. Ferner ist dieselbe als eine alte Frau gezeichnet, da uns der Marmor eine schöne junge Muse vorstellet. Man hat nicht gewußt, was dasjenige ist, woran die zwo Mäuse unter dem Stuhle des Homerus nagen; es ist eine gerollete Schrift, und es wird dadurch das Symbolische Bild der Batrachomyomachie noch deutlicher.

Der zweyte und der schöne Stil der Griechischen Kunst hebet sich an in und mit dem Praxiteles, wie in der Geschichte der Kunst angezeiget worden, und dieser Künstler hat in der hundert und vierten Olympias geblühet. Diese Bestimmung der Blüthe in diesem Künstler muß, so wie ich bey dem Phidias erwiesen habe, nicht im Praxiteles selbst, sondern ausser ihm, in den Umständen der Zeit gesuchet werden. Der Grund davon ist vermuthlich die durch den Thrasybulus in besagter Olympias wiederhergestellete Freyheit der Athenienser, nachdem die dreyßig Tyrannen theils verjaget theils ermordet waren a). Auf diese Zeit der allgemeinen Freude in Athen kann, glaube ich gedeutet werden, was Plutarchus saget, daß die Athenienser auf einige Trauerspiele des Euripides, als die Bacchanten, die Phoenicierinnen, der Oedipus, die Antigone, Medea und Electra mehr Kosten als auf den ganzen Peloponnesischen Krieg verwendet haben b).

Ich habe in der Geschichte der Kunst des Praxiteles Apollo, mit dem Beynamen Sauroctonon, oder, der eine Eyder tödtet, angeführet; es würde es auch eine andere Statue dieses Künstlers verdienen, wenn dieselbe sich in Rom, und im Hause Norcia, itzo Picchini, befände, wie Franz Schott in seinem Reisebuche von Italien versichert c). Es soll der glückliche Ausgang (Bonus Eventus) seyn, mit einem Spiegel in der rechten Hand und mit einem Kranze von Aehren in der Linken.

Lysippus welcher einige Zeit nach dem Praxiteles sich berühmt machte, hat den Ruhm, die Natur mehr als seine Vorgänger nachgeahmet zu haben. Er verfuhr wie zu unseren Zeiten in der Philosophie und Medicin geschehen ist; er fieng da an, wo die Kunst angefangen hatte: in der Philo-

a) Diod. Sic. L. 15. p. 365. l. ult. p. 366.   *b)* Plut. Ahr. κατὰ πολ. ἡ κ. τοφ. ὠφελ. p. 621. l. 21.
c) Itin. p. 431.

losophie gehet man itzo auf Erfahrungen, und man schließet nicht weiter als das Auge gehet und der Zirkel reichet; da fiengen die ersten Menschen an. Plinius setzet die Blüthe dieses Künstlers in der hundert und vierzehenden Olympias, und vermuthlich hat dieser Scribent in Angebung der Zeit, so wie beym Phidias und Praxiteles geschehen, seine Absicht auf die friedlichen Umstände gehabt. Denn in dem ersten Jahre gedachter Olympias war, nachdem Alexander in Babylon zurück kam, gleichsam in der ganzen Welt Friede. Es langeten damals in Babylon die Gesandten von unzähligen Völkern bey dem Bezwinger von Asien an, theils demselben Glück zu wünschen, theils Geschenke zu bringen, und andere, die geschlossenen Verträge und Bündnisse zu bestätigen a). Es ist also der allgemeine Friede auch beym Lysippus der Grund des Plinius gewesen, dessen Blüthe in der hundert und vierzehenden Olympias zu bestimmen.

Von Werken des Lysippus ist nichts erhalten, auch nichts künftig zu hoffen, da dieselben von Erzte gewesen sind. Es ist auch nicht mit Zuverläßigkeit zu sagen, ob der schöne Kopf Alexanders des Grossen, zu Florenz, oder der in dem Museo Capitolino, von dessen Zeit sind, so wenig als es von der einzigen wahren Statue dieses Königs, in dem Museo des Marchese Rondinini, zu sagen ist. Ich sage, die einzige wahre Statue, weil sich zwar Statuen finden, auf welche ein Kopf des Alexanders gesetzet ist; aber keine einzige hat den Kopf, wie jene Statue, eigen: denn es ist derselbe niemals von dem Körper abgetrennet gewesen, und er ist überdem ganz und gar unverletzt geblieben. Diese Figur in Lebensgrösse stehet gekrümmet, und hat den rechten Ellenbogen auf den rechten Schenkel gestützet. Bey den Köpfen des Alexanders ist noch anzumerken, daß dieselben alle in die Höhe sehen, welche Eigenschaft derselben auch in einer Griechischen Sinnschrift auf dessen Statue vom Lysippus gearbeitet, angezeiget ist (ἐς Δία λεύσσων) b): Eine Statue des Pyrrhus oder Neoptolemus, des Achilles Sohn, war ebenfalls mit den Augen gegen Himmel gerichtet vorgestellet.

Statue und Köpfe des Pyrrhus. Ich habe mich in der Geschichte der Kunst erkläret über die Statue des vermeinten Pyrrhus, Königs in Epirus, welcher einer von Alexanders Nachfolgern war; es sind mir aber drey ähnliche Köpfe nicht eingefallen. Von diesen sind zween in Marmor von gleicher Grösse und Schönheit; der eine im Pallaste Farnese, der zweyte in erhobener Arbeit und im Profile gestellet, in der Villa Ludovisi, der dritte ist derjenige, welchen Fulvius Ursinus als ein Bild dieses Königs bekannt gemacht hat c). Man kann diese Köpfe

a) Diod. Sic. L. 17. p. 579.   *b)* Anthol. L. 4 p. 312. L 11.   *c)* Imag. n. 123.

Köpfe nach jener Statue beurtheilen; Pyrrhus wie alle drey in gewöhnlichen Büchern genennet werden, kann es nicht seyn, so wenig als der bärtige Kopf auf einer Münze Königs Demetrius, genannt Nicator, für das Bildnis dieses Königs zu achten ist a), und eben dieses gilt in ähnlichen Fällen von allen Nachfolgern Alexanders in dessen Reichen, weil wir wissen, daß die Bärte nicht mehr im Gebrauche waren.

Das Bild des berühmten Comicus Menanders, welches gedachter Fulvius Ursinus giebt b), ist nicht mehr in Rom, und Scaliger irret, wenn er saget c), daß auf einer Inschrift die das Geburts- und Sterbe-Jahr des Menanders angiebt, der Kopf desselben gestanden: dieser kann vermuthlich niemals da gewesen seyn. Die Inschrift stehet itzo in der Bibliothec der Camaldulenser Mönche zu St. Gregorio auf dem Berge Celio, in Rom.   *Menanders, des Comicus, Bildnis.*

Eine der schönsten Münzen dieser Zeit in Silber, und eine der größten Griechischen Münzen in diesem Metalle, die mir bekannt ist, (denn es hält dieselbe zween Zolle eines Römischen Palms im Durchmesser,) ist vom Könige Antigonus oder Antiochus, vermuthlich dem ersten Könige in Asien, mit dem Beynamen Soter. Auf der rechten Seite ist ein alter bärtiger Kopf sehr erhoben gepräget, dessen Haare nicht in krause Locken, sondern in geraden Strippen hangen, und über der Stirne fällt ein Schopf Haare herunter, wie an einigen Comischen Larven aufwerts stehet, und der obere Augenknochen machet eine gekrümmete Caricatur, welche diesen Larven auch gewöhnlich ist. Ein Kranz von Epheu umgiebet diesen Kopf, welcher vermuthlich den Gott Pan vorstellet, und auch auf einer Münze des Gallienus gepräget ist d). Diese Gottheit wurde besonders von den Griechen verehret, weil derselben der Sieg über die Perser bey Marathon zugeschrieben wurde. Und da auf der Rückseite das Vordertheil eines Schiffes gepräget ist, so scheinet glaublich, daß diese eine Gedächtniß-Münze sey eines Sieges, welchen gedachter Antiochus, Soter genannt, zur See erhalten, und denselben, nach dem Exempel der Athenienser, dem Gotte Pan zugeschrieben habe. Dieser Kopf kann keinen Silenus vorstellen, weil dieser allezeit eine heitere und stille Mine im Gesichte zeiget, und entweder einen krausen Bart, wie dessen Statue in der Villa Borghese, oder einen sanft geschlängelten Bart hat, nach Art der sogenannten Köpfe des Plato, und ausserdem mit spitzen Ohren gebildet ist. Der Kopf der Münze hingegen zeiget ein ernsthaftes strenges Wesen, mit einem zottigen strippigten Barte, welches   *Münze Königs Antiochus des Ersten.*

dem

---

a) Golz. Græc. tab. 36.   b) Imag. n. 90.   c) Animadv. in Euseb. Chron. N. MDCCXXIX.   d) Tristan. Com. T. 3. p. 83.

100 Anmerkungen über die Geschichte

dem Arcadischen Gotte zukommt, und ist mit Epheu bekränzet, vermuthlich wegen der gefallenen Verhältnis desselben mit dem Bacchus *a*). Es hat derselbe die gewöhnlichen Widderhörner nicht, die den Pan bezeichnen; wir sehen aber aus einer Griechischen Sinnschrift des Philodemus, daß die Künstler denselben nicht nach einerley Modelle bildeten: denn die Figur des Pans die daselbst beschrieben wird, glich in der Brust und am Unterleibe einem Hercules, und an Beinen und Füßen einem Mercurius *b*). Auf der Rückseite sitzet Apollo mit einem gespanneten Bogen in der Hand, auf dem Vordertheile eines Schiffes, und auf zween Balken desselben lieset man ΒΑΣΙΛΕΩΣ ΑΝΤΙΓΟΝΟΥ. Hinter dem Apollo stehet ein Dreyzack oder Fuscina, und unter dem Schiffe ist ein Delphin, welcher vermuthlich ein Bild seyn soll des Beynamens Δελφίνιος *c*), der dem Apollo gegeben wurde, weil er in der Gestalt eines Delphins *d*), ein Schif mit der ersten Colonie nach Dalos gebracht, um diese Insel zu bevölkern *e*). Eine ähnliche Münze wird vom P. Frölich schlecht gezeichnet und irrig erkläret beygebracht *f*). Diese Münze in dem Museo des Verfassers befindet sich auf dem Tittel-Blatte dieser Anmerkungen in Kupfer gestochen.

Aussöhnung des Hercules in der Villa Albani.
Nicht lange nach dieser Münze müßte, nach des gelehrten P. Corsini Meinung ein berühmtes kleines erhobenes Werk gemachet seyn, welches die Aussöhnung des Hercules und den vergötterten Stand desselben abbildet, und iço in der Villa des Herrn Cardinals Alex. Albani stehet. Es vermeinet dieses besagter Scribent sonderlich aus der vorzüglichen Zeichnung und Arbeit desselben zu schließen, und er ziehet es zu derjenigen Zeit, ehe Griechenland durch den Quintus Flaminius den Römern unterworfen wurde *g*). Dieses Urtheil würde nicht gänzlich so vortheilhaft gewesen seyn, wenn derselbe dieses Werk selbst gesehen, und nicht bloß allein nach dem Kupfer entschieden hätte, welches Bianchini hatte stehen lassen. Denn dieses ist erträglich genug gezeichnet; der Marmor selbst aber giebt nicht den Begrif von so schönen Zeiten der Kunst. Wenn mein Vorhaben gestattete, mich in gelehrte Untersuchungen, die ausser den Grenzen der Kunst gehen, einzulaßen, würden über gedachtes Werk und über dessen gründliche Erklärung verschiedene Anmerkungen zu machen seyn. Ich berühre hier nur allein, daß die Figur des vergötterten Hercules mit einem Arme auf das Haupt gelegt abgebildet ist, um die Ruhe zu welcher er gelanget war, anzudeuten, und diese Stellung ist die Auslegung der zu dieser Figur gesetzten Beyschrift

HPA-

a) Aristid. Orat. in Bacch. Opp. T. 1. p. 53. A.   *b*) Anthol. L. 4. c. 12. p. 337.
c) Hom. Hymn. Apoll. v. 495.   *d*) Ibid. v. 400. 494.   *e*) Ibid. v. 521.
f) Annal. Reg. Syr. Tab. 1. n. 2.   *g*) Expiat. Herc. p. 33. 43.

ΗΡΑΚΛΗΣ ΑΝΑΠΑΟΜΕΝΟΣ (sollte geschrieben seyn – ΑΝΑΠΑΥΟΜΕ-ΝΟΣ) „der ruhende Hercules." Denn also haben die alten Künstler in stehenden und sitzenden Figuren die Ruhe, theils ein schlaffes weichliches Wesen anzudeuten gesuchet, welche Bedeutung nach Maasgebung dieser Stand hat in verschiedenen Statuen des Apollo, des Bacchus und in einem stehenden Hermaphroditen der Villa des Herrn Cardinals Alex. Albani. Man siehet auch an dem berühmten Sturze eines Hercules, des Apollonius im Belvedere, daß derselbe den linken Arm auf das Haupt geleget gehabt, welche Stellung den Begrif bestätiget, den ich von diesem Werke gegeben habe. Die übrigen Anmerkungen über jenes Werk gebe ich in meinen Denkmalen des Alterthums.

Bey der Statue des Laocoons, die aus dieser Zeit seyn muß, merke ich noch an, daß der älteste von dessen beyden Söhnen nicht aus eben demselben Stücke Marmor gearbeitet worden, aus welchem der Vater und der jüngste Sohn gehauen sind. Die zwo Stuffen unten an dem Würfel, auf welchem die Haupt-Figur sitzet, scheinen die Stuffen zu dem Altare anzudeuten, wo dasjenige was hier vorgestellet ist, geschahe. Den rechten Arm des Laocoons welcher fehlet, hat bereits Michael Angelo zu ergänzen gedacht, und hat denselben in Marmor aus dem gröbsten gehauen entworfen, aber nicht geendiget; es lieget dieses Stück unten an der Statue. Dieser mit den Schlangen umwundene Arm würde sich über den Kopf herüber bäugen, und es kann dieses Künstlers Absicht gewesen seyn, den Begrif des Leidens im Laocoon, da dessen übrige Figur frey ist, durch die Annäherung dieses Arms zu dem Kopfe, als in zween verbundenen Begriffen, stärker zu machen, um durch die wiederhohlte Windungen der Schlangen hierher den grössten Schmerzen zu legen, welchen der alte Künstler mit dem Wohlstande und mit der Schönheit der Figur, da beydes hier herrschen sollte, abgewogen hat. Es scheinet aber, es würde der über den Kopf gebogene Arm die vornehmste Aufmerksamkeit, die der Kopf verlanget, zertheilen, da der Blick zu gleicher Zeit auf die vielen Schlangen um den Arm würde gerichtet gewesen seyn. Es hat Bernini daher den von ihm in gebrannter Erde ergänzten Arm ausgestrecket, um das Haupt der Figur frey zu lassen, und um kein anderes Theil demselben oberwerts zu nähern.

Statue des Laocoon.

Unter Alexanders des Grossen Nachfolgern in Aegypten, den Ptolomäern, müssen diejenigen Werke Griechischer Kunst, die von Basalt in Stücken übrig sind gearbeitet seyn. Denn die Griechen werden vermuthlich aus Aegypten diesen Stein zu ihre Statuen nicht geholet haben, und von Griechischen Künstlern in Rom, nachdem Aegypten eine Römische Pro-

Statue und Köpfe von Basalt.

vinz geworden war, können dieselben nicht seyn, welches sonderlich aus zween Köpfen zu erweisen ist, die als das höchste Ziel der Kunst in so stahlharten Steine können angesehen werden. Den einen von denselben in schwärzlichen Basalte besitzet der Verfasser, der andere etwas grösser als die Natur von grünlichen Basalte, war im Hause Verospi, und befindet sich izo in dem Museo Herrn Ritter von Breteuil, gevollmächtigen Gesandtens des Maltheser Ordens zu Rom. Unter den Römischen Kaysern können diese Köpfe nicht gearbeitet seyn, weil Erstlich der Stil die höchste und schönste Zeit der Kunst zeiget, und Zweytens weil der grünliche Kopf Pancratiasten Ohren hat, über welche ich mich in dem vierten Capitel des ersten Theils dieser Anmerkungen erkläret habe. Folglich ist dieser Kopf, welcher ehemals, wie man siehet, in die Schultern einer Statue eingefuget gewesen, das Bild eines Ueberwinders in den grossen Griechischen Spielen. Es findet sich aber keine Nachricht daß diesen Ueberwindern annoch unter den Kayseru Statuen errichtet worden, welches gleichwohl nicht unglaublich ist, und es ist wahrscheinlicher, daß gedachte Statue etwa einem solchen Sieger aus Alexandrien in diesem seinem Vaterlande gesetzet worden. Einen Sieger von denjenigen, mit deren Namen die Olympias bezeichnet wurde, in welcher sie den Preis erhalten, kann dieselbe nicht vorgestellet haben, weil diese höchste Ehre in ihrem Volke nur denen ertheilet wurde, die zu Wagen andern den Rang abgewonnen hatten, das ist, die das Stadium erhalten hatten. Sieger von diesem höchsten Preise finden sich unter den ersten Ptolemäern vier aus Alexandrien, Perigenes in der hundert und sechs und zwanzigsten Olympias, Ammonius in der hundert und dreyßigsten, Demetrius in der hundert und sieben und dreyßigsten, und Crates in der hundert und ein und vierzigsten. Es muß also der Kopf von welchem die Rede ist, einen Alexandrinischen Ringer oder Pancratiasten vorstellen. In der hundert und fünf und dreyßigsten Olympias erhilet Kleoxenus als Ringer, den Sieg in den Olympischen Spielen, und in der hundert und fünf und vierzigsten Phädimus aus eben der Stadt, als Pancratiaste a); folglich kann der Kopf das Bild von einem von beyden seyn. Da nun die Stadt Alexandrien einer Statue ihres ersten Siegers im Ringen in den Olympischen Spielen besondere Ehre wird erwiesen haben, so wird auch dieselbe an diesem Orte merkwürdig gewesen seyn, und es ist zu glauben, daß da Claudius, wie ich in der Geschichte der Kunst angeführet habe, die ersten Statuen von Porphyr nach Rom gebracht, eben die Statue von welcher wir reden, werde mit genommen seyn. Aus theils angeführten Gründen glaubet der Verfasser, daß

a) Ὀλυμπ. συγγραφ. p. 332. b. 333. a.

daß der vorerwehnte Kopf von schwarzen Basalte in dessen Museo, woran das Kinn nebst den Kinnbacken und die Nase fehlet, und welcher in völlig ähnlichen Stile mit jenem, aber in den Haaren noch weit künstlicher ausgearbeitet ist, ebenfalls einen Alexandrinischen Ueberwinder in den Olympischen Spielen abbilde. Da aber die Ohren verschieden von jenen, und von gewöhnlicher Form sind, so würde die Statue, von welcher dieser Kopf ist, keinen Sieger als Ringer, sondern einen Ueberwinder in dem Wettlaufe zu Wagen und einen von den vier ersteren vorstellen.

Nachdem endlich durch die Eroberung von Syracus und von Sicilien und von Macedonien die Werke der Kunst den Römern bekannt zu werden anfiengen, und in diesen Veränderungen viel Künstler dahin gekommen seyn werden, liessen die edelsten Römer selbst für sich arbeiten.

Ich will nicht behaupten, daß der schöne Kopf in der Gallerie des Marchese Ronbinini, welcher für ein Bildnis des älteren Cato ausgegeben wird, zu dieser Zeit gemacht sey. Allein ob es gleich nur wahrscheinlich ist, daß besagter Kopf diesen Mann vorstelle, ist derselbe wegen der fast unnachahmlichen Kunst, und wegen der Erhaltung zu merken, und man kann versichern, daß ausser einem anderen Kopfe von eben dem Stile, und von einem und eben demselben Meister, wie deutlich erscheinet, und der eben so erhalten ist, nebst einem andern völligen Brustbilde, die sich bey eben dem Liebhaber der Alterthümer befinden, nicht leicht vollkommener sonderlich Köpfe von alten bestimmten Personen, gesehen werden. *Köpfe im Museo Ronbinini.*

Sylla ließ, wie Plinius versichert, in Italien das erste Musaico in dem Tempel des Glücks zu Präneste setzen, und es ist wahrscheinlich dasjenige welches sich noch bis itzo größtentheils erhalten hat; es findet sich auch gar kein Grund, dieses Werk, wider den ausdrücklichen Bericht jenes Scribenten, dem Kayser Hadrianus zuzuschreiben. Die Ursach dieser Meinung aber ist leicht einzusehen, und die Vorstellung des Musaics hat dieselbe veranlasset. Denn bisher war angenommen worden, daß Alexanders des Grossen Ankunft in Aegypten auf demselben abgebildet sey, und da man gewohnt ist, in allen alten Werken die wahre Geschichte zu suchen, so konnte man nicht einsehen, warum Sylla dieses vielmehr als etwas anders abbilden lassen, und es hätte nach dieser Meinung ein Zug aus dieses Dictators eigener Geschichte seyn sollen. Dieses vorausgesetzt, schien Hrn. Barthelemy, der leichteste Weg zu Erklärung dieses Werks, anzunehmen, daß es nicht dem Sylla sondern dem Hadrian zuzuschreiben sey, und daß dieser seine Reise in Aegypten in einem solchen dauerhaften Gemählde habe verewigen wollen. Wie wenn es aber eine Vorstellung aus der Fabel und aus dem Homerus *Musaico zu Palestrina.*

wäre,

Anmerkungen über die Geschichte

wäre, da zu beweisen ist, daß die Künstler selten über die Rückkunft des Ulysses nach Ithaca hinausgegangen, mit welcher sich der Mythologische Cirkel endigte? Man könnte die Begebenheiten des Menelaus und der Helena in Aegypten vorschlagen; wenigstens passet dieser Vorschlag auf mehr Stücke in diesem Gemählde. Menelaus könnte der Held seyn, welcher aus einem Horne trinket, und die weibliche Figur die hier etwas in das Horn eingegossen hat, wäre Polydamna, die ein Sympulum in der Hand hält, und dieses Gefäß ist von niemand bisher erkannt worden. Man könnte sagen, sie gebe ihm Nepenthes zu trinken, welches Helena von ihr bekommen hatte a). Helena in welche der König in Aegypten Theoclymenes verliebt war, um ihre Flucht mit dem Menelaus zu verbergen, ließ eine erdichtete Bothschaft von dem Tode dieses ihres Gemahls bringen, und gab vor, daß da derselbe auf dem Meere gestorben sey, sie demselben auf dem Meere selbst die letzte Ehre erweisen müsse b), welches ihrem Vorgeben nach, wie bey einem wirklichen Leichenbegängnisse gehalten werde, wo das lebige Bette des Verstorbenen getragen wird c), u. s. f. Dieses scheinet der längliche Kasten zu bedeuten, welcher von vier Personen wie ein Sarg auf der Bahre getragen wird, und Helena könnte die weibliche Figur seyn, die vor diesem Zuge auf der Erde sitzet. Der König gab ihr zu dem Ende ein ausgerüstetes Schif, welches auch hier am Ufer hält. Unterdessen stellete der König in Aegypten Befehl an seine Unterthanen daß die künftige Vermählung mit der Helena schon im voraus mit frölichen Braut-Liedern sollte besungen werden d), welches durch die frölich trinkenden und spielenden Figuren in der offenen Laube könnte vorgestellet seyn. Man hat auf diesem Musaico bisher nicht heraus bringen können, was das Wort bedeute, welches unter ΣΑΥΡΟΣ bey einer Eyder stehet e), weil sich einige Steinchen, die dieses Wort zusammensetzen, verrücket haben. Es heißt ΠΗΧΥΑΙΟΣ, und ist das Adjectivum von Πῆχυς, welches Wort auch eine Maaß von anderthalb Fuß anzeiget f). Man muß also lesen Σαυρος πηχυαῖος, „eine Eyder von anderthalb Fuß,„ und eben so lang ist dieses Thier vorgestellet. Eben da ich dieses schreibe nemlich im Hornunge dieses 1766. Jahrs kommt von Palestrina Nachricht nebst der Zeichnung von einem in Musaico gelegten Fußboden eines Zimmers, welcher an sieben und zwanzig Palme lang und fünf und zwanzig breit ist. Ich säumete nicht dahin zu reisen, und dieses Werk in Augenschein zu nehmen.

Der

---

a) Hom. Od. δ. v. 228. b) Eurip. Helen. v. 1263. c) Ibid. v. 1277.
d) Ibid. v. 1451. e) Barthelemy Explic. de la Mosaiq. de Palestr. p. 40.
f) Hesych. v. Πῆχυς.

der Kunst des Alterthums.

Der sogenannten Statue des Cajus Marius im Museo Capitolino Erwehnung zu thun, würde mir völlig überflüssig scheinen, wenn dieselbe nicht in der neuesten Beschreibung der Statuen gedachten Musei a), wiederum als ein Bildnis dieses berühmten Mannes angegeben wäre. Es hatte bereits Faber, welcher sich sonst nicht viel Bedenken zu taufen machet, angezeiget, daß diese Statue nicht den Marius vorstellen könne, weil dieselbe eine runde Capsel zu Schriften an den Füssen stehen hat, als ein Kennzeichen eines Senators; dem ohngeachtet hat man sich von neuen ohne allem Grunde, mit dem Namen Marius zuversichtlich gewaget, von dessen Bildung wir, ausserdem was Cicero und Plutarchus von dessen störrischen Mine sagen, aus keinem anderen Denkmale einen Begrif haben können: denn die bisher bekannt gewordenen Münzen, welche als die seinige von Scribenten angeführet werden, sind alle untergeschoben und falsch. Nach dem Begriffe eines solchen Gesichts ist einem Kopfe auf einem geschnittenen Steine beym Fulvio Orsini b) der Name des Marius gegeben, und eben so ungründlich sind die Benennungen der Köpfe im Pallaste Barberini und in der Villa Ludovisi, ingleichen einer Statue in der Villa Negroni, welche in den Erklärungen des Musei Capitolini angeführet werden, als Beweise des Namens Marius an gedachter Statue im Campidoglio. Von den vermeinten Sieges-Zeichen des Marius wird unter dem Kayser Domitianus geredet.

Vermeinte Statue des Cajus Marius im Campidoglio.

In was vor Achtung die Stadt Athen, nach dem betrübten Schicksale welches dieselbe unter dem Sylla betraf, annoch bey auswärtigen Königen stand, zeiget die Nachricht von einem Odeo, welches König Ariobarzanes Philopator zur Zeit des Pompejus, in dessen Gegenwart er seinen Sohn zum Mitregenten annahm, in gedachter Stadt auf seine Kosten bauen ließ. Er bedienete sich bey diesem Baue zween Römischer Baumeister, die beyde Stallius hiessen, einer mit dem Vornamen Cajus, der andere Marcus, und ihr Gehülfe war ein Grieche Menalippus: dieses lehret uns eine zu Athen 1743. entdeckte Inschrift c). Diese Stallii sind die ersten Römischen Baumeister, von denen sich Meldung findet, und sie sind ein Beweis von der Liebe zu den Künsten, die durch die Griechen war in Rom erwecket worden. Zu Beförderung derselben unter den Römern trug mit bey eine Gewohnheit bey ihren Leichenbegängnissen. Man hatte Larven die nach der Aehnlichkeit aller ihrer grossen Männer gemacht waren, und wenn die Körper der

Nachricht von Athen.

---

a) Muſ. Capit. T. 3. tav. 50. b) Imag. n. 88. c) Hiſt. de l'Acad. des Inſcr. T. 23. p. 189.

106 Anmerkungen über die Geschichte

der Kayser verbrannt wurden, sesten die Ritter diese Larven über ihr Gesicht, um ihre berühmten Vorfahren vorzustellen a).

Statuen zweer Thracischer Könige im Campidoglio. Aus dieser Zeit sind die beyden Statuen gefangener Könige in schwarzen Marmor, auf beyden Seiten der Roma im Campidoglio, von denen die eine mit abgehauenen Armen bis am Ellenbogen, die andere mit abgehauenen Händen gebildet ist. Diese Könige sind Thracier, von denen die Scordisci hießen, und nach dem Florus wurden dieselben von Marcus Licinius Lucullus, dem Bruder des berühmten und prächtigen Lucullus, überwunden, und er ließ den gefangenen Königen dieser Nation die Hände abhauen b).

Gefäß von Silber des Zopyrus. Unter den berühmten Künstlern zur Zeit des Pompejus, und zwar denjenigen die durch erhoben geschnittene Arbeit in Silber sich berühmt gemacht, gedenket Plinius auch eines Zopyrus. Dieser schnitzete auf zween Trink-Bechern von Silber das Urtheil des Areopagus über den Orestes, und unser Scribent giebt sogar an, wie hoch diese Gefäße am Gelde geschätzet worden c). Von denselben hat sich vermuthlich das eine erhalten, und befindet sich bey dem Herrn Cardinale Neri Corsini, welcher es bekam als Aufseher des Hafens zu Porto d'Anzo, in dessen Ausräumung dasselbe unter dem Pabste Benedictus XIV. gefunden wurde. Es ist an diesem Becher besagtes Urtheil ungemein zierlich rund umher in kleinen Figuren gearbeitet, und zwar so wie nach der Fabel Pallas die Stimmen der Richter gleich an der Zahl machte, um den Beklagten loszusprechen, weil die Gleichheit der Stimmen sowohl in diesem Gerichte, als in anderen, zum Besten des Beschuldigten entschied. Diese Göttin wirft etwas in ein Gefäß, welches auf einem Tische stehet, und eben so ist dieselbe auf dem Stücke eines erhobenen Werks im Pallaste Giustiniani vorgestellet. Dieser Becher hat einen anderen glatten und nicht geschnitzten Becher ganz genau, wie ein Futter, in sich gepasset, welcher heraus gezogen wird, und der eigentliche Becher war, dem der äussere und erhoben gearbeitete nur gleichsam als ein Futteral dienete. Ein solcher Becher scheinet derjenige gewesen zu seyn, welcher beym Homerus ἀμφίθετος φιάλη, auch ἀμφικύπελλον δέπας genennet wird, das ist, ein Becher der von einem anderen umgeben ist. Selbst die Alten haben sich über die Form dieser Homerischen Becher nicht vergleichen können, wie wir aus dem Athenäus sehen, und von den neueren Gelehrten hat dieses noch weniger können verstanden werden.

Anmerkung über den Bildhauer Evander. Ein Zeitgenosse jenes Zopyrus war Evander, ein Bildhauer, dessen modellirte Sachen von gebrannter Erde sehr geschätzet wurden. Es machete

derselbe

a) Herodian. L. 4. c. 3. p. 130.   b) Flor. L. 3. c. 4. p. 30.   c) L. 33. c. 55.
p. 75. L 11.

der Kunst des Alterthums. 107

derselbe einen Kopf für die Statue der Diana, die in dem Tempel des Apollo auf dem Palatino stand, und von der Hand eines bekannten und älteren Bildhauers Timotheus war, weil der alte Kopf vermuthlich gelitten hatte a). Horatius erwehnet der vom Evander modellirten Schalen in gebrannter Erde b), welches von vielen von Geschirren des alten Königs Evanders verstanden worden; Bentley aber zeiget den wahren Sinn dieser Stelle. Der Triumvir Marcus Antonius führete diesen Evander von Athen nach Alexandrien, und von da kam derselbe nach Rom.

Hier habe ich mich in der Geschichte der Kunst geirret bey dem Bildhauer Strongylion, den ich in die Zeit Julius Cäsars gesetzet habe, weil ich glaubte, wenn Plinius von einem Knaben dieses Künstlers redet, welchen Brutus geliebet, daß dieses eine Figur gewesen, die derselbe nach dem Leben und in der Aehnlichkeit des geliebten Knabens verfertiget habe. Ich ließ mich verleiten vom Farnabius und von anderen in ihren Anmerkungen über den Martialis, welcher der Figur dieses Knabens gedenket c). Es war aber nur eine Figur von Erzt die Brutus liebete, und welche daher den Zunamen von diesem berühmten Römer bekommen d), und muß, wie man aus besagten Martialis schließen kann, eine ganz kleine Figur gewesen seyn. *Angezeigte Irrung des Verfassers über den Bildhauer Strongylion.*

Es fiel jemanden, da er die schöne Amazone von Marmor in der Villa Mattei sahe, die berühmte Amazone gedachten Künstlers ein, welche den Beynamen Eucnemos, von den schönen Beinen bekommen hatte e), und man muthmaßete, ob jene etwa diese seyn könnte. Die Amazone des Strongylion aber war von Erzte, und nicht von Marmor, und es wird ebenfalls eine Figur von mässiger Grösse gewesen seyn. *Von der Amazone mit dem Beynamen Eucnemos.*

Der Statue des Pompejus im Pallaste Spada ist am gehörigen Orte in der Geschichte der Kunst Meldung geschehen; es befremdet mich aber beständig, diese Statue ganz unbekleidet, das ist, Heroisch oder in Gestalt vergötterter Kayser vorgestellet zu sehen, welches auch den Römern in einer Privat-Person, wie Pompejus war, ausserordentlich geschienen seyn wird. Ich glaube auch nicht, daß sich in alten Zeiten die Statue irgend eines anderen Römers nackend gebildet gefunden, zumahl da wir aus dem Cicero wissen, daß die Statuen berühmter Römer mit einem Harnische bewafnet zu seyn pflegten. Ich erinnere mich daß jemanden der Zweifel einfiel, (da man glaubet, daß besagte Statue eben dieselbe sey, neben welcher Julius Cäsar in dem Rathe ermordet worden) wie es geschehen, daß neben dem Theater *Statue des Pompejus im Pallaste Spada.*

O 2 des

a) Plin. L. 36. c. 5.   b) L. I. Serm. 3. v. 91.   c) L. 14. Ep. 171.   d) Plin.
L. 34. c. 19. §. 21. p. 127.   e) L. c. §. 21.

des Pompejus der Rath zu öffentlichen Berathschlagungen versammlet gewesen. Dieses erkläret Casaubonus aus dem Appianus a), welcher sagt, daß wenn Spiele in diesem Theater aufgeführet worden, der Gebrauch gewesen, den Rath in einem der Pompejanischen Gebäude neben dem Theater zu versammlen: nun war der Tag, da Cäsar ermordet worden, ein Fest der Anna Perenna, folglich u. s. f.

Brustbild des Cicero im Pallaste Mattei. Vielleicht ist der wahre Kopf des Cicero mit dessen alten Namen an dem Fusse des Brustbildes, welches im Pallaste Mattei ist, nicht lange nach dieser Zeit gemachet. Denn obgleich die Buchstaben für diese Zeiten nicht zierlich genug scheinen könnten, so muß man dennoch die öffentlichen Inschriften, und welche von besonderen Arbeitern in dieser Art eingehauen worden, unterscheiden von einem Namen, den der Bildhauer selbst an seine Arbeit gesetzet, von welchen man nicht verlangen kann, daß er besonders zierliche Buchstaben mahlen sollen. Ich muß erinnern, daß an diesem Kopfe, die Nase, die obere und die untere Lippe, nebst dem Kinne neue Ergänzungen sind. Der schönste Kopf des jüngeren Brutus, welcher sich in Rom befindet, ist vermuthlich derjenige den der Marchese Rondinini besitzet.

Vermeinte Statue des Publius Clodius. Man würde auch nach Ordnung der Zeit von einer schönen Statue über Lebensgrösse in der Villa Pamfili sprechen müssen, wenn dieselbe den berühmten Publius Clodius, den grossen Feind des Cicero, vorstellete, wie in einigen Büchern vorgegeben wird. Es ist eine weibliche bekleidete Figur deren Brüste wenig erhoben sind, und diese Bemerkung, nebst den kurzen Locken der Haare, welche bey Weibern nicht gewöhnlich sind, sind der Grund von jener Benennung. Es soll der verkleidete Clodius seyn, da er in weiblichen Kleidern sich bey dem geheimen Gottesdienste der Bona Dea einschlich, bey welchem keine männliche Person erscheinen durfte, um zu der Frau des Julius Cäsars, der Pompeja zu kommen. Man muß gleichwohl gestehen, daß dieser Taufname gedachter Statuen gelehrt und wohl erdacht sey, ob derselbe gleich keinen Grund hat. Haare in kurzen Locken hat die schöne Phädra mit dem Hippolitus in der Villa Ludovisi, in eben dieser Art.

Jul. Cäsars Liebe zu den Künsten. Julius Cäsar war ein grosser Liebhaber der Künste, und machete grosse Sammlungen von geschnittenen Steinen, von Elfenbeinern Figuren, von anderen von Erzte, und von Gemählden alter Meister b). Er beschäftigte der Künstler Hände durch die grossen Werke, die er in seinem zweyten Consulate errichtete. Er ließ sein prächtiges Forum in Rom bauen, und zierete

---

a) ad Suet. Caes. c. 81.   b) Suet. Caes. c. 47.

rete schon damals Städte nicht allein in Italien, Gallien und Spanien, sondern auch in Griechenland mit öffentlichen Gebäuden, die er auf eigene Kosten aufführete a).

Augustus, sagt Julianus in seiner Satyre wider die Kayser, hat den Römern viel Statuen gegeben durch die von ihm eingeführte Vergötterung der Kayser, und da dieselben als wohlthätige Wesen verehret wurden, hatte die Schmeicheley einen scheinbaren Vorwand, die Statuen und die Bildnisse der Kayser zu vervielfältigen. Tiberius erlaubte seine Bildnisse als eine Verzierung des Hauses aufzustellen b). Eine von den wahren Statuen des Augustus ist die im Campidoglio über Lebensgrösse mit dem Vordertheile eines Schifs zu dessen Füssen, die denselben in demjenigen jugendlichen Alter vorstellet welches sich mit dem Siege über den Sextus Pompejus reimet: denn auf die Schlacht bey Actium, fünf Jahre vor jenem Siege, kann dieselbe nicht füglich gedeutet werden, weil Augustus jünger war, als ihn diese Statue zeiget. Vermuthlich ist diese diejenige Statue, die ihm auf Befehl des Senats nach gedachten Siege zur See über den jüngeren Pompejus errichtet worden, mit der Inschrift: OB. PACEM. DIV. TVRBATAM. TERRA. MARIQVE. PARTAM. welche sich nebst der Base, worauf dieselbe stand verlohren hat. Eine andere wahre Statue des Augustus besitzet der Marchese Ronbinini in Rom; denn von den übrigen Statuen mit Köpfen dieses Kaysers ist nicht mit Gewißheit anzugeben, ob der Kopf denselben eigen sey; die schönste von diesen stehet in der Villa des Herrn Cardinals Albani.

Statuen des Augustus.

Eine von den Statuen Römischer Helden die Augustus auf seinem Foro setzete, könnte der gemeinen Meinung zufolge, der sogenannte Quintus Cincinnatus seyn, welcher ehemals in der Villa Montalto, nachher Negroni war, und itzo zu Versailles stehet. Es ist dieses eine völlig unbekleidete männliche Figur, die über den rechten Fuß den Schuh zubindet, indem der linke Fuß bloß ist, neben welchem der andere Schuh stehet. Hinter der Statue zu ihren Füssen lieget ein grosses Pflug-Eisen, und dieses scheinet vornemlich der Grund zur Benennung derselben geworden zu seyn: Denn Quintus Cincinnatus wurde, wie bekannt ist, von dem Pfluge geholet, und zum Dictator gemachet. Dieses Eisen aber ist in dem Kupfer unter den Statuen des de Rossi c) nicht angemerket, und Maffei welcher dieselben nach diesen Kupfern erkläret und das Eisen nicht gezeichnet gefunden, hat sich dem ohnerachtet an den bekannten Namen dieser Statue gehalten

Vermeinte Statue des Quintus Cincinnatus.

und

a) Ibid. c. 28. b) Suet. Tib. c. 26. c) tav. 70.

Anmerkungen über die Geschichte

und erzählet die Geschichte gedachten Dictators; aber da er das Eisen nicht berühret, führet er keinen Beweis an, den angenommenen Namen der Statue zu unterstützen. Eben so wenig ist ein geschnittener Stein, welchen gedachter Maffei an einem anderen Orte bringet a), auf den Cincinnatus zu deuten; ja es scheinet dieser Stein von einer neuern Hand zu seyn. Es ist hingegen zu beweisen, daß ohneracht dem Pflug-Eisen der Name Cincinnatus dieser Statue im geringsten nicht zukommen könne, weil dieselbe als eine unbekleidete Statue keinen Römischen Consul vorstellen kann, da die Römer die Bildnisse ihrer berühmten Männer alle bekleideten (die Statue des Pompejus ausgenommen) und hierinn von den Griechen verschieden waren, welches ich in der Erfahrung bestätiget gefunden habe. Folglich ist die Statue, von welcher wir reden, eine Heroische Statue, und wenn ich nicht irre, bildet dieselbe den Jason, da er unerkannt wer er war, nebst anderen von dem Pelias, seines Vaters Bruder, zu einem feyerlichen Opfer am Neptunus, eingeladen wurde. Er wurde gerufen, da er pflügte b), welches durch das Pflug-Eisen neben der Statue angedeutet wird, und da er durch den Fluß Anaurus zu gehen hatte, vergaß er in der Eile, den Schuh an dem linken Fuße zu legen, und hatte denselben nur an dem rechten Fuße angeschnüret. Da Jason in dieser Gestalt vor dem Pelias erschien, lösete sich diesem das ihm gegebene räthselhafte Orakel auf, sich vor dem zu hüten, welcher mit einem einzigen Schuhe zu ihm kommen würde. Dieses ist, glaube ich die wahre Erklärung gedachter Statue. Es war auch eine Figur des Anacreon nur mit einem Schuhe vorgestellet, weil er den andern in der Betrunkenheit verlohren hatte c).

Vermeinte Bildnisse der Cleopatra.
Ueber die vermeinten Statuen der Cleopatra habe ich bereits mein Urtheil eröfnet, von den geschnittenen Steinen aber, die diese Königin mit einer Schlange an der Brust vorstellen, sind alle diejenigen neue Arbeiten die mir bisher vorgekommen sind, und der erhoben geschnittene Stein Herrn Assemanni, Custode der Vaticanischen Bibliothec, aus welchem ein Wunder gemachet wird, ist vielleicht der neueste unter allen, und von einem Künstler gemachet, der weit entfernt von der Kenntnis des Schönen war. Ich muthmaße also, daß auch der Stein welchen Maffei beybringet d), neu sey.

Kopf des Marcus Agrippa im Campidoglio.
Der fast Colossalische Kopf des Marcus Agrippa, des Augustus Schwieger-Sohns, welcher im Museo Capitolino stehet, verdienet hier nicht mit Stillschweigen übergangen zu werden, weil er an sich schön ist, und

---

a) Gem. ant. T. 4. n. 8.   b) Apollod. Bibl. L. 1. p. 27. b. Schol. Pind. Pyth. 4. v. 133.   c) Anthol. L. 4 c. 37. p. 367. l. 21. 31. p. 368. l. 6.   d) Gem. ant. T. 1. N. 77.

der Kunst des Alterthums.

und das deutlichste Bild des größten Mannes seiner Zeit giebt. Im Hause Grimani zu Venedig stehet dessen schlecht ergänzte Statue; es kann aber dieselbe nicht oben auf dem Gipfel des Pantheon gestellet gewesen seyn, wie man insgemein vorgiebt, weil dieselbe nicht über Lebensgrösse ist.

Unter den Werken der Baukunst von der Zeit des Augustus hat sich ein grosses rundes Grabmal des Hauses Plautia erhalten, welches von dem Consul Marcus Plautius, von Travertino gebauet ist, und ohnweit Tivoli lieget, vor demselben stehen zwischen Halbsäulen die Grabschriften. Die in der Mitten, und mit grösserer Schrift ist des gedachten M. Plautius Silvanus, welcher mit dem Augustus Consul war, und es enthält dieselbe eine Anzeige seiner verwalteten Bedienungen, seiner Feldzüge, und das Andenken des Triumphs, welchen er nach dem Siege über die Illyrier hielt: es endiget sich dieselbe mit den Worten: VIXIT. ANN. IX. Wright sagt in seinem Reisen a), daß er nicht begreifen könne, wie ein Mann nach so grossen Verrichtungen, und sonderlich ein Consul sagen könne, daß er nur neun Jahre gelebet habe; er glaubet, es müsse vor der Zahl IX. das L. fehlen, so daß er neun und funfzig Jahre gelebet habe. Er irret sich aber; es fehlet nichts an der Zahl, und die Buchstaben und die Zahlen, die einen guten Spann lang sind, haben sich sehr wohl erhalten. Marcus Plautius rechnete nur diejenigen Jahre, welche er in Ruhe auf seinem vermuthlich nahe gelegenen Landhause zugebracht hatte, und schätzete das übrige vorhergehende Leben wie für nichts. Eben so lange lebete Kayser Diocletianus auf seinem Landhause bey Salona, nachdem er sich der Regierung gänzlich begeben hatte. Similis einer der edelsten Römer zu der Zeit des Hadrianus ließ eben so auf seinem Grabe setzen, daß er so und so alt geworden, und sieben Jahre gelebet habe, das ist, so lange derselbe auf dem Lande die Ruhe genossen hatte b).

Grabmal der Familie Plautia.

Bey dieser Gelegenheit merke ich an, daß von dem Grabmale der Nasonum, zu welchem Geschlechte Ovidius gehörete, von verschiedenen daselbst gefundenen Gemählden, die Santes Bartoli gestochen hat, noch eins übrig ist, in der Villa Altieri, nemlich Oedipus mit dem Sphinze. Insgemein glaubet man, es seyen dieselben alle zernichtet, und dieses hat sich auch Wright berichten lassen. In dem oberen Theile dieses Gemähldes siehet man einen Menschen mit einem Esel, welche Bartoli als etwas nicht zur Sache gehöriges weggelassen hat; und dieser Esel ist hier das gelehrteste. Denn Oedipus lud den Sphinx, nachdem derselbe sich von dem Felsen gestür-

Gemählde des Grabmals der Nasonum.

a) Trav. p. 369.   b) Xiphil. Hadr. p. 253. l. 22.

Anmerkungen über die Geschichte

gestürzet, auf einem Esel, und brachte also nach Theben den Beweis von der Auflösung des Räthsels a).

Umstände der Mahlerey unter den Römern.
Wenn man über dieses und über ähnliche Stücke Mahlereyen richtig urtheilen will, muß man zugleich überlegen, daß die Grossen in Rom nicht allein Grabmale sondern auch andere Gebäude durch ihre eigene Mahler, die ihre Freygelassenen und in ihrem Dienste waren, auszieren lassen. Ein solcher Freygelassener Mahler findet sich unter den Kayserlichen Bedienten angemerket in dem Verzeichnisse auf einer Marmor-Tafel, die in den Trümmern des alten Antium von dem Hrn. Card. Alex. Albani entdecket worden ist, und itzo in dem Museo Capitolino stehet b). Die Kunst in der Freygelassenen Hände kann als eine von den Ursachen des Verfalls derselben in Rom angesehen werden, über welche Petronius Klagen führet, sogar daß er vorgiebt, es habe die Mahlerey, wie dieselbe unter den Griechen geblühet, zu dessen Zeiten nicht die geringste Spur von sich nachgelassen.

Der sogenannte Farnesische Ochse.
Einer der größten Liebhaber der Kunst zur Zeit des Augustus war Asinius Pollio, welcher die besten Statuen aus vielen Gegenden in Griechenland zusammen bringen ließ, und dieselben öffentlich aufstellete. Unter diesen Werken war auch Amphion, Zethus, Antiope, Dirce, der Ochse und der Strick, aus einem einzigen Blocke Marmor gehauen, welches aus Rhodus geholet wurde c), und man glaubet, es sey dasjenige welches im Pallaste Farnese stehet, und unter dem Namen des Farnesischen Ochsen bekannt ist. Die Künstler waren zween Brüder Apollonius und Tauriscus genannt, nicht aus Rhodus, sondern aus Tralles, einer Stadt in Lydien, und in der Inschrift hatten sie als Vater ihren Lehrmeister und zugleich den welcher sie gezeuget, angegeben, so daß es, wie Plinius meldet, zweifelhaft schien, welcher von beyden ihr rechter Vater sey. Diese Inschrift findet sich nicht auf gedachten Werke, es ist auch nicht anzugeben, wo dieselbe könne gestanden seyn: denn es fehlen nur Beine, Arme und Köpfe, und an keinem dieser Theile kann die Inschrift gesetzet gewesen seyn, so daß ein Zweifel erwachsen könnte, ob der Farnesische Ochse das Werk sey wovon Plinius redet. Alle neuere Scribenten, die von diesem Werke Meldung thun, von welchen ich einige in der Geschichte der Kunst angeführet habe, behaupten daß es ohne alle Verstümmelung gefunden worden, und vielleicht ist dieser handgreifliche Irrthum zuerst durch den Vasari erwachsen, welcher in dem Leben des Michael Angelo Buonarroti saget d), daß dieses Werk aus einem einzigen Steine gearbeitet worden, und ohne Stücke sey. Ich habe die ergänz-

---

a) Tzetz. Schol. Lycophr. v. 7. L. 36. c. 4. §. 10. p. 283. b) Vulpii Tab. Ant. illustr. p. 17. c) Plin.
d) Vite de'Pitt. Part. 3. Vol. 2. p. 753.

der Kunst des Alterthums.   113

ergänzten Theile angegeben, habe aber geirret, in dem Kopfe des Ochsen, als
welcher alt ist; der Kopf der stehenden Antiope ist neu. Unter der Figur
des Zethus lieget ein Thyrsus, womit die Künstler auf das Landleben deuten wollen, welches derselbe erwählete: denn der Thyrsus ist ein Spieß,
dessen Spitze mit Epheu-Blättern umwunden ist, und man siehet hier die
Spitze hervorragen; daher wird derselbe von den Dichtern ein friedfertiger
Spieß genennet.

 Daß Tiberius, wie ich in der Geschichte der Kunst angemerket habe, *Von der*
in Rom kein neues Gebäude, als allein den Tempel des Augustus aufführ- *Kunst unter*
ren lassen, welchen er gleichwohl nicht völlig geendiget a), sagen die Scri- *dem Tibe-*
benten seiner Geschichte b). Die Statue des Apollo zu diesem Tempel ließ *rius.*
er von Syracus holen, und es war dieselbe bekannt unter dem Beynamen
Temenites c); von der Quelle Temenitis, die dem vierten Theile der Stadt
Syracus die Benennung gegeben hatte d). An diesem Orte würde der
Statue des sogenannten Germanicus müssen gedacht werden, welche
ehemals in der Villa Montalto, nachher Negroni genannt, war, und itzo
zu Versailles stehet, wenn der Kopf dem Germanicus völlig ähnlich wäre,
oder wenn man auf dem Orte selbst untersuchen könnte, ob der Kopf der
Statue eigen sey. Auf dem Sockel stehet der Name des Künstlers Cleomenes. Eine Schildkröte auf dem Sockel, auf die ein Gewand herunter
fällt, welches dieser unbekleideten Figur an dem linken Arme hänget, muß
hier von besonderer Bedeutung seyn; es findet sich aber nicht einmal Anlaß
zu einer Muthmaßung: denn die Schildkröte auf welche die Venus des
Phidias den einen Fuß setzete, und was sonst von Symbolischen Schildkröten bekannt ist, bleibet hier ohne Deutung.

 Caligula schickete den Memmius Regulus, welcher jenem seine Frau *Statuen*
die Lollia Paulina abtreten mußte e), nach Griechenland, mit Befehle, die *von Caligula*
besten Statuen aus allen Städten nach Rom zu führen; es ließ auch der- *aus Grie-*
selbe eine grosse Menge dahin abgehen, die der Kayser in seine Lusthäuser *chenland ge-*
vertheilete. Dieser Befehl gieng auch auf den Olympischen Jupiter des *holet.*
Phidias, aber die Bauverständigen zu Athen gaben zu verstehen, daß dieses Werk, welches aus Golde und Elfenbeine zusammengesetzet war, Schaden leiden würde, wenn man es bewegen und von seinem Orte rücken wollte;
es unterblieb also diese Unternehmung f). Der Schade den diese Statue
                                        gelit-

---

a) Suet. Calig. c. 21. *b)* Xiphil. Tib. p. 101. l. 12. Suet. Tib. c. 47. *c)* Ibid. c. 74.
 d) Plin. L. 3. c. 14. §. 4. p. 344. *e)* Scalig. Animadv. in Euseb. Chron. N.
MMLV. p. 188. *f)* Ioseph. Antiq. Iud. L. 19. c. 1. §. 1. p. 916.

114　Anmerkungen über die Geschichte

gelitten, da dieselbe zu Julius Cäsars Zeiten vom Blitze gerühret wurde a), muß folglich nicht beträchtlich gewesen seyn.

Kopf des Caligula in Cameo.　Der schönste von den Köpfen dieses Kaysers ist unstreitig ein erhoben geschnittener Stein, welchen der Herr General von Walmoden, aus Hannover, in diesem Jahre 1766. zu Rom erstanden hat; ja man kann dieses Bildnis unter die allervollkommensten Arbeiten in dieser Art zählen.

Vermeinte Statuen des Paetus und der Arria.　Ein sehr wichtiges Werk von der Zeit des Claudius würde das sogenannte Gruppo von Paetus und Arria, in der Villa Ludovisi seyn, wenn die Vorstellung und der Stil der Arbeit sich mit dessen Benennung reimen liessen. Es ist bekannt, daß Caecina Paetus, ein edler Römer, in der Verschwörung des Scribonianus wider den Claudius entdecket und zum Tode verurtheilet wurde, und daß ihm seine Frau Arria Muth zu seinem Ende machte, da sie sich selbst den Dolch in die Brust stieß, und denselben aus der Wunde gezogen ihrem Manne mit den Worten: Es schmerzet nicht, überreichete. Die Liebhaber der Kunst kennen dieses Werk, und wissen daß dasselbe bestehet aus einer männlichen unbekleideten Figur, mit einem Barte auf der Ober-Lippe, die sich mit der rechten Hand einen kurzen Degen in die Brust stößt, und mit der linken eine weibliche bekleidete Figur unter dem rechten Arme gefasset hält, die in die Knie gesunken, und an der rechten Achsel verwundet ist, wie ein paar Bluts-Tropfen am oberen Arme unter dem Gewande anzeigen. Unter diesen Figuren lieget ein grosser länglich runder Schild, und auf demselben eine Degen-Scheide. Daß dieses Gruppo keine Römische Geschichte vorstellen könne, ist klar zum Ersten aus dem bereits eben angeführten Grundsatze, welchen ich aus der Erfahrung gezogen und in dem Versuche der Allegorie bewiesen habe; nemlich, daß sich keine Vorstellungen in ganzen Figuren, sowohl in Statuen als auf erhobenen Werken aus der wahren Geschichte finden, und daß die alten Künstler nicht über die Grenzen der Mythologie gegangen sind. Zum Zweyten kann hier keine Römische Begebenheit gesuchet werden, weil es wider den bereits angeführten Unterricht, den uns Plinius giebt, seyn würde, daß alle Römische Figuren bekleidet worden, da hingegen diese, weil sie wie ein Held unbekleidet ist, auf etwas in der Heroischen Zeit deuten muß. Es kann auch kein Römischer Senator hier abgebildet seyn, weil ihm der Schild und der Degen nicht zukommt, und die Knebel-Bärte waren damals nicht Mode. Ferner da sich nicht findet, daß man dem Thraseas und dem Helvius Priscus, als Mitverschwornen wider den Nero, die von einigen als

Heilige

---

a) Euseb. Præpar. Evang. L. 4 p. 81. L 11.

der Kunst des Alterthums.   115

Heilige verehret worden a), ist nicht zu glauben, daß diese dem Paetus geschehen oder geschehen können.

Nero plünderte Griechenland noch mehr als Caligula aus, aber der Olympische Jupiter, und die Juno zu Samus von der Hand des Polycletus, die ebenfalls von Golde und Elfenbeine war, als die größten Werke in Griechenland auch in Absicht der Maaße, blieben ungestöret; denn es war kein gemeines Unterfangen, eine Statue von sechzig Fuß hoch, wie der Jupiter war, von seinem Orte wegzunehmen, und über das Meer zu führen. Erweget man so viele tausend Statuen, die von je an und bereits unter der Römischen Republic aus Griechenland weggeführet worden, (Marcus Scaurus allein ließ sein Theater zu besetzen, drey tausend Griechische Statuen kommen) so muß man erstaunen über den unerschöpflichen Reichthum von Werken der Kunst, welcher sich noch unter dem Kayser Hadrianus an allen Orten in Griechenland befand, zumahl da uns Pausanias nur das merkwürdigste aufgezeichnet hat. Der Tempel des Apollo zu Delphos war, ehe Nero fünfhundert Statuen von Erzte aus demselben wegnehmen ließ, zehenmahl vorher geplündert worden b). *Statuen aus Griechenland durch Nero weggeführt. rc.*

Die Seltenheit der Köpfe des Nero habe ich bereits angezeiget; ein neuer schlechter Kopf von Erzte in der Villa Mattei, welcher diesen Kayser vorstellen soll, hätte nicht verdienet, angeführet zu werden, wenn nicht Keyßler denselben, nach Anzeige nichtswürdiger Bücher, die er abgeschrieben hat, den Fremden anpreisete. Es ist auch selbst im Compidoglio ein neuer Kopf des Nero in erhobener Arbeit, nach Art eines Medaglione, gesetzet. Hier merke der Leser, daß alle solche erhoben gearbeitete Kayser-Köpfe aus neueren Zeiten sind, welches ich bey allen ähnlichen Stücken wahr gefunden habe. Ein wahrer aber mittelmäßig ausgearbeiteter Kopf dieses Kaysers, grösser als die Natur, befindet sich in dem Pallaste Ruspoli. *Köpfe des Nero.*

Der beste Kopf des Seneca in Marmor, war zu Florenz im Hause Doni, und gehöret itzo dem Brittanischen Consul zu Livorno, Hrn. John Dyck, welcher ihn für hundert und dreyßig Zecchini erstanden hat. Es ist hier nicht der Ort für moralische Klagen, ich kann mich aber nicht enthalten, wenn ich so viel Köpfe dieses verlarveten Philosophen sehe, den Verlust der Bildnisse von Männern, die der Menschheit Ehre gemacht haben, eines Epaminondas, eines Leonidas, eines Xenophon, eines Myronides u. s. f. zu bedauren. Jenem aber dem die Klügsten die Larve der Tugend abgezogen, und der in seinen Schriften als ein niedriger Pedant erscheinet, *Köpfe des Seneca.*

P 2   ist

---

a) Xiphil. Domit. p. 223. l. 4. Suet. Domit. c. 10.   b) Valois des Richesses du Temple de Delph. dans l'Hist. de l'Acad. des Inscr. T. 3. p. 73.

116 Anmerkungen über die Geschichte

ist es gelungen, in seinen Bildern zugleich mit der Kunst verehret zu werden. Es hätten sich die Künstler an ihn rächen sollen, da er die Mahler sowohl als die Bildhauer von den freyen Künsten ausschließet a).

Kopf des irrig vorgegebenen Dichters Persius.

Weit schöner noch als alle Köpfe des Seneca ist ein erhoben gearbeiteter Kopf, von der Seite gesehen, welchen ehemals der berühmte Cardinal Sadoletus besaß, und in demselben das Bild des Dichters Persius, finden wollte b). Es starb derselbe unter dem Nero im neun und zwanzigsten oder dreyßigsten Jahre seines Alters. Dieser Kopf in einem Marmor gearbeitet, den man Palombino nennet, ist mit der Tafel, auf welcher derselbe erhoben geschnitzet ist, etwas mehr von allen Seiten als eine gute Spann breit, und befindet sich itzo in der Villa des Herrn Cardinals Alex. Albani. Sadoletus hielt dieses Bild für einen Persius aus dem Epheu-Kranze, und weil er in dem Gesichte eine gewisse Bescheidenheit zu entdecken geglaubet, die Cornutus in dessen Leben von ihm rühmet. Daß hier ein Dichter vorgestellet sey, wird wahrscheinlich aus dem Epheu; aber Persius kann es nicht seyn, weil der Marmor einen Mann von etlichen vierzig bis funfzig Jahren zeiget (denn in dem Kupfer erscheinet derselbe weit jünger) und weil der Bart sonderlich an einem Menschen von dreyßig Jahren sich mit den Zeiten des Nero nicht reimet. Dieses Werk kann unter anderen zeigen, wie ungründlich die Taufnamen vieler Köpfe sind, die als Bildnisse berühmter Männer allgemein angenommen worden; denn dieser vermeinte Persius ist nachher vor dessen Satyren in Kupfer gestochen erschienen.

Bildnisse des Galba und des Vitellius.

Der Rumpf einer Statue des Galba von grosser Kunst und zweymal so groß als die Natur, befindet sich bey dem Bildhauer Hrn. Bartholom. Cavaceppi.

Der vorgegebene alte Kopf des Vitellius in der Gallerie des Pallastes Giustiniani ist ein schäußliches neues Gemächte. Ueberaus selten ist die Münze dieses Kaysers mit dem Bilde seines Vaters L. VITELLII. COS. III. CENSOR. Auf der anderen Seite vor der Brust des Vitellius raget ein Zepter hervor, auf dessen Knopfe ein Adler sitzet. Diese silberne Münze wird mit dreyßig Scudi bezahlet.

Von den Sallustischen Gärten und den daselbst gemachten Entdeckungen.

Unter dem Vespasianus wurden die Sallustischen Gärten der volkreicheste Ort in Rom: denn dieser Kayser hielt sich mehrentheils daselbst auf, und gab an diesem Orte aller Welt Gehör c); daher ist zu glauben, daß er diese Gärten mit Werken der Kunste verschönert habe. Auf dem Grunde dieser Gärten ist zu allen Zeiten, im Nachgraben eine grosse Anzahl von Statuen

---

a) Senec. Ep. 88. p. 300. p. 205. l. penult.   b) Fulv. Vrs. Imag. N. 163.   c) Xiphil. Vesp.

Statuen und Brustbildern gefunden worden, und da man im Herbste des vorigen Jahrs 1765. eine neue Gruft daselbst eröfnete, fanden sich zwo wohl erhaltene Figuren, die Köpfe ausgenommen, welche mangelten, und nicht gefunden sind. Es stellen dieselbe, eine jede auf ihren eigenen lang rundlichen Sockel, zwo junge Mädgens vor, in einem leichten Unterkleide, welches von der rechten Schulter abgelöset bis auf das Mittel des Ober=Arms herunter fällt. Beyde liegen halb gestreckt und mit dem Ober=Leibe erhaben, und stützen sich auf dem einen Arme; unter ihnen lieget ein ungespannter Bogen. Es sind dieselben vollkommen ähnlich einem Mädgen von Marmor, welches mit Knochen spielet, und in der Sammlung des Cardinals Polignac war, es ist auch die rechte und freye Hand, wie an jener, zum würfeln eröfnet, und unterwerts ausgestrecket, aber von den Knochen findet sich keine Spur. Es brachte diese Figuren der Herr General von Walmoden aus Hannover an sich. Ferner wurde zu gleicher Zeit ein grosser Leuchter von Marmor daselbst entdecket, dessen Schaft, der mit künstlich gearbeiteten Blättern bedecket ist, auf zwo runden Gliedern oder Knäufen viele kleine Flammen, als einen Allegorischen Zierrath zeiget. Von der dreyeckichten Base dieses Leuchters fanden sich nur zwey Stücke die den Verlust des übrigen zu bedauren veranlassen. Auf dem einem Stücke zeiget sich ein Jupiter mit einem spitzigen Barte, wie derselbe auf alten Hetrurischen Werken erscheinet; das Gewand aber, und die Zierrathen der Glieder dieser Base deuten auf eine Zeit blühender Griechischer Kunst, und zugleich in dieser Figur auf die Nachahmung des älteren Stils in Gottheiten, um dieselbe dadurch desto ehrwürdiger zu machen. Auf dem zweyten gebrochenen Stücke ist die obere Helfte eines jungen Hercules, in eben der Stellung, in welcher man ihn dem Apollo den Dreyfuß nehmen siehet, und dieses auf mehr als auf einem Marmor und auf geschnittenen Steinen. Dieses verstümmelte Werk hat Herr Zelada, ein Römischer Prälat, gekauft.

Titus des Vespasianus Sohn und Nachfolger hat in zwey Jahren mehr für die Künste gearbeitet, als Tiberius in einer langen Regierung. Suetonius merket an, daß Titus dem Britannicus des Nero Bruder, mit welchem er erzogen worden, eine Statue zu Pferde vom Elfenbeine machen lassen, welche alle Jahre in dem feyerlichen Gepränge im Circo umhergeführet worden. Ich führe dieses an, weil es vielleicht die letzte Statue von Elfenbeine ist, die unter den Kaysern verfertiget worden, wenigstens deren Meldung geschiehet. *Des Titus Verdienst um die Kunst.*

Die Statuen des Domitianus, des Bruders und Nachfolgers des Titus, wurden in Rom vernichtet, die von Erzte geschmolzen und also verkauft, *Statuen des Domitianus.*

und

und die von Marmor wurden zerschlagen, so daß sich nur drey derselben erhalten haben, eine in der Villa des Herrn Cardinals Alex. Albani, die zweyte im Pallaste Rospigliosi, und die dritte stehet unerkannt in der Villa Aldrovandini, und ist unbekleidet, über Lebensgrösse, mit einem Paludamento über die linke Achsel geworfen, wie die erstere.

Irrig genannte Sieges-Zeichen des Marius. Die berühmten sogenannten Sieges-Zeichen des Marius scheinen besage einer Inschrift, die ehemals unter dieselbe stand, ehe sie von ihrem alten Orte weggenommen worden, dem Domitianus zu Ehren aufgerichtet zu seyn: ein Freygelassener, dessen Name verstümmelt daselbst gelesen wurde, ließ diese beyde Werke setzen *a*). Diese müßten als Sieges-Zeichen des Kriegs mit den Daciern angesehen werden. Denn nachdem Domitianus durch seine Feldherren sich mit wenigen Vortheilen aus diesem Kriege mit dem Dacischen Könige Decebalus herausgezogen, wurden dem ohngeachtet, wie Xiphilinus meldet *b*), ihm so viel Ehrenbezeugungen ausgemachet, daß die ganze Welt mit goldenen und silbernen Statuen und anderen Bildern angefüllet wurde. Die vortrefliche Arbeit dieser Sieges-Zeichen und die ausnehmenden Zierrathen an denselben sind dem Begriffe der Kunst zu dieser Zeit gemäß, und könnten mit der erhobenen Arbeit an der Frise des Tempels der Minerva auf des Domitianus Foro Palladis, wie von einem Meister gearbeitet gehalten werden. Fabretti will zwar behaupten, daß dieses die Tropheen des Marius seyn, und weiset diejenigen als Unwissende ab, denen es Arbeiten von Trajanus Zeiten geschienen, weil er die Arbeit an denselben so grob und unausgearbeitet findet, daß er dieses Werk mit den Figuren an des Constantinus Bogen, die in diesen Barbarischen Zeiten gemachet sind, vergleichet *c*). Man hat zu dessen Widerlegung nur ein Auge nöthig, um gerade das Gegentheil zu finden, und er zeiget bey aller Gelehrsamkeit so wenig Einsicht in der Kunst, daß er den Kopf der sogenannten traurenden Provinz Dacia, unter der Roma im Campidoglio, für alt hält *d*), so wie die neue Frise in dem inneren Hofe des Pallastes Santa Croce *e*). Dasjenige was dieser Gelehrte über die Waffen dieser Sieges-Zeichen vorbringet, ist eben so wenig wider diejenigen, die dieselben dem Trajanus zuschreiben, als wider mich, in Absicht des Domitianus. Denn es sind in allen Sieges-Zeichen und anderen Denkmalen überwundener Völker Römische und Barbarische Waffen mit einander vermischet und unter einander geworfen, wie man sonderlich an dem Basamente der Säule des Trajanus siehet, wo des Künstlers Absicht gewesen zu seyn scheinet, seine Composition

zu

---

a) Gruter. Inscr. p. 1022. n. 1. Fabret. Column. Traj. p. 108. *b*) Domit. p. 217.
c) Fabret. l. c. p. 105. *d*) Ibid. p. 106. *e*) Ibid. p. 155.

zu vervielfältigen, und dadurch schöner zu machen. Unter den Waffen der Sieges-Zeichen von welchen die Rede ist, hat sich der Bildhauer begnüget, den Schildern eine ausländische Form zu geben, in übrigen aber dieselben gezieret, wie immer ein Schild hätte seyn können, welcher in Tempeln aufgehänget zu werden bestimmet worden. Es führen dieselben auf jeder Seite unten und oben einen Wolf, welches Thier zugleich mit dem Adler eins von den Römischen Feldzeichen war a). Die Helme sind ebenfalls, von Griechischer oder Römischer Form; auf zween sitzet oben ein Sphinx, welcher auf dem einen Helme einen Pferde-Schweif träget, auf dem anderen aber einen Federbusch. Auch die Degen haben die alte Griechische Form, und die Scheide endiget sich unten in dem sogenannten Pilze. In dieser Betrachtung sehe ich keinen Grund diese Werke dem Trajanus abzusprechen; ich finde aber auch eben so wenig Bedenken, dieselben dem Domitianus zuzueignen, sonderlich da man die erwehnte Inschrift anführen kann.

Von der Zeit des Nerva scheinet die sitzende Figur eines Griechischen Sprachlehrers zu seyn, welcher in der Inschrift auf dem Sockel M. Mettius Epaphroditus heißt; dessen Bruder hat ihm dieselbe setzen lassen. Fulvius Ursinus welcher dieselbe bekannt gemachet b), glaubet, es könne dieselbe einen Epaphroditus aus Cheronda vorstellen, welcher nach dem Suidas, unter dem Nero und unter dem Nerva geblühet hat. Diese Figur welche nicht völlig halb so groß als die Natur ist, stehet in dem Hofe des Pallastes Altieri in Campitelli zu Rom. *Statue des Epaphroditus.*

Die grosse Sorgfalt welche Trajanus trug, die Werke der Kunst, die gelitten hatten, auszubessern, ist bekannt. Ein thörigter Gedanke ist es, wenn Maffei einen bewafneten Krieger zu Pferde auf einem erhoben geschnittenen Steine, welcher eine nackte Figur, die zur Erden lieget, durchstoßen will, auf den Trajanus deutet c): so unwürdig hat weder Trajanus von sich selbst, noch irgend ein Römer von ihm gedacht. Ein merkwürdiges Denkmal der Kunst von dessen Zeit ist eine schöne nackte Venus, deren Gewand auf ein langes stehendes Gefäß neben ihr geworfen lieget. Der Kopf dieser Statue, welcher ihr eigen und niemals abgelöset gewesen ist, hat die Aehnlichkeit der Marciana, des Trajanus Schwester: es stehet dieselbe in dem Garten hinter dem Pallaste Farnese. An eben dem Orte stehet eine jener ähnliche Venus, an welcher nur das Gefäß zu ihren Füßen, worauf das Gewand lieget, verschieden ist. Diese Venus hat ihr gewöhnliches und schönes *Werke des Trajanus.*

a) Plin. L. 10. c. 5.   b) Imag. N. 91.   c) Gem. ant. T. 4 n. 14.

schönes Gesicht; der Kopf-Putz aber ist dem an jenem Kopfe vollkommen ähnlich; das ist, es ist oben auf dem Kopfe ein Knauf von einer gewundenen Flechte, wie an den Köpfen der Marciana auf Münzen. Die Seiten-Haare sind in besondere Wendungen geleget, und durch ein dünnes Band, welches durch jeder Locke gezogen ist, gehalten. Auf der Stirne stecket wie eine Blume aus kostbaren Steinen, die man insgemein Agraffe nennet. Eine herrlich schöne bekleidete Marciana stehet in der Villa Negroni.

Von öffentlichen Werken der Kunst unter dem Trajanus sind übrig ausser den schönen Stücken seines Bogens, woraus Constantin den seinigen zusammen setzen ließ, Trümmer von grossen erhobenen Werken, die in der Villa Borghese liegen, und entweder von einem zweyten Triumph-Bogen dieses Kaysers, oder von einem anderen öffentlichen Gebäude seines Forum zu seyn scheinen, wie die Basilica Ulpia war, welches Gebäude auf einer seltenen goldenen Münze angedeutet ist. Diese erhobene Werke stellen Krieger mit ihren Feldzeichen vor in Figuren von eilf Palmen in der Höhe, unter welchen man den Feldherrn unterscheidet, aber nicht erkennet, weil der Kopf abgeschellert ist. Des Trajanus Brustbild aber ist deutlich auf einem von den runden Schildern an den Feldzeichen zu sehen, und auf einem andern dieser Stücke siehet man an den Feldzeichen, welches zwey Schilder hat, auf dem unteren Schilde das Bild des Nerva und auf dem oberen Schilde scheinet wiederum das, vom Trajanus zu seyn. Zwey Schilder hatten die Römischen Feldzeichen unter dem Caligula, nemlich dieses Kaysers und des Augustus, vor welchen sich der Parthische König Artabanus niederwarf a). Ja unter dem Tiberius trugen die Feldzeichen nebst dem Bildnisse dieses Kaysers, zugleich das Schild des Sejanus, welches die Legionen in Syrien allein nicht anhängen wollten b).

Von eben diesen Gebäuden scheinen die zween gefangene Könige in Marmor zu seyn, die im Pallaste Farnese stehen; denn es sind dieselben auf dem Foro des Trajanus gefunden, und diese Figuren sind es, welche der grosse Zeichner Poliboro da Caravaggio, der Schüler des Raphaels, häufig in seinen Werken angebracht hat.

Von den Gebäuden auf diesem Foro kann man sich einen Begrif machen aus einer daselbst im August 1765. entdeckten Säule von dem schönsten weißen Aegyptischen Granite, welche acht und einen halben Palm im Durchmesser hielt. Es wurde dieselbe gefunden, da man eine Gruft machete zur Grundlage einer Auffurt zu dem Pallaste Imperiali. Es wurde zugleich

a) Dio, L. 59. p. 661. c. Suet. Calig. c. 14.   b) Suet. Tib. c. 48.

der Kunst des Alterthums.

zugleich mit dieser Säule der obere Gesims der Architrave dieser Säule gefunden, welcher mehr als sechs Palmen hoch war, und es zeigeten sich auch noch andere fünf Säulen von eben der Größe, welche sowohl als die erstere Säule in der Tiefe liegen geblieben sind, weil niemand die Kosten tragen wollte, dieselben herauszuheben, und man hat auf dieselben die Grundlage zu gedachter Auffuhrt gesetzet.

Apollodorus welchen Trajanus von Athen kommen ließ, den Bau dieses Forum zu führen, zeiget daß in dem was die Kunst betrift, die Griechen allezeit den Vorzug hatten, ja es war ihre Sprache in Rom belebter als selbst die Römische, welches die in Griechischer Sprache von Römern verfasseten Geschichte unter anderen beweisen. Daher geschahe es, daß sich Römer Griechische Grabsteine sehen liessen, und auf dem Sockel einer Römischen Statue, die sich zu unserer Väter Zeiten in Rom befand, standen die Worte: ΚΑΛΩΣ ΤΕΛΟΝΗΣΑΝΤΙ, „dem der den Zoll ehrlich verwaltet, a),, welches ein Römer gewesen seyn muß. Vor weniger Zeit fand sich folgende Römische Inschrift in Griechischen Buchstaben, die zwar, nach der Form derselben zu urtheilen, nicht von sehr später Zeit der Römischen Kayser, welche izo in der Villa des Herrn Cardinals Alex. Albani stehet:

Kunst von den Griechen in Rom geübet.

   Δ Μ.
  TITIAI ΕΛΠΙΔΙ. ΜΑΡ
  ΚΟΥC. TITIOYC. ΖΗΝΟ
  ΒΙΟΥC. ΚΟΙΟΥΓΙ. ΒΕΝΕ
  ΜΕΡΕΝΤΙ ΦΗΚΙΤ.

das ist: D.   M.
  TITIAE. HELPIDI. MAR
  CVS. TITIVS. ZENO
  BIVS. CONIVGI. BENE
  MERENTI FECIT.

Kayser Hadrianus ließ allen seinen Freunden nicht allein nach ihrem Tode, sondern auch bey Lebenszeit Statuen und zwar auf dem Foro zu Rom setzen b). Ein geharnischter Sturz einer Statue mit dem Kopfe dieses Kaysers

Werke des Hadrianus.

---
a) Scalig. Animadv. in Euseb. Chron. N. MDCCCLXXIII. p. 359.   b) Xiphil.
 Hadr. p. 246. L 3.

sers, und ein anderer ähnlicher Sturz mit dem Kopfe des Antonius Plus stehen in dem Pallaste Ruspoli, und weil beyde Stücke unter dem Rande des Harnisches glatt gearbeitet sind, behauptet man insgemein, daß dieses Statuen gewesen, die aus zwey Stücken bestanden, von welchen das eine in das andere eingefuget gewesen. Ficoroni bringet dieses als eine seltene Bemerkung an a), und es würde dieselbe von Erheblichkeit seyn, wenn sie Grund hätte. Man wird aber leicht gewahr, daß diese Rümpfe von neuerer Hand bis an den Harnisch abgearbeitet worden, um die Kosten der Ergänzung dessen was an diesen Statuen mangelte, zu ersparen.

Die Athenienser hatten sich von allen Griechischen Städten der Freygebigkeit des Hadrianus zu rühmen: denn er bauete nicht allein den Tempel des Jupiters und des Bacchus, sondern er gab dieser Stadt die ganze Insel Cephalenia b).

Centauren im Campidoglio.

Die berühmten Statuen zweer Centauren, die in der Villa dieses Kaysers unter Tivoli entdecket worden, sind nach dem Tode des Cardinals Furietti, nebst dem schönen Musaico der Tauben von der Päbstl. Cammer für 13000. Scudi erstanden, und mit diesen drey Stücken hat der jetzige Pabst Clemens XIII. das Museum Capitolinum vermehret. Diese Centauren sind nicht wie man insgemein vorgiebt, aus Aegyptischen Steine gearbeitet, welches den Preis derselben erhöhen würde, sondern aus einem harten schwärzlichen Marmor, welcher Bigio heißt. Es müssen auf denselben, wie auf dem Centaur in der Villa Borghese Kinder geritten haben, wie man schließen kann aus einem grossen viereckigten Loche auf dem Rücken derselben, in welchem die reutende Figur fest gemachet war, und vermuthlich werden diese Kinder, da sie nicht aus einem Stücke mit den Centauren gearbeitet waren, von Erzte gewesen seyn. Aus dem krummen Stabe λαγωβολος genannt, das ist, womit man nach Haasen wirst, sollte man schließen, daß wenigstens der ältere Centaur den Chiron vorstelle, als einen berühmten Jäger, welcher den Jason, den Theseus und den Achilles erzogen und zur Jagd angeführet hat.

Musaico der Tauben im Campidoglio.

Ueber gedachtes Musaico der Tauben habe ich mich richtiger erkläret in der Nachricht von den neuesten Herculanischen Entdeckungen, wo ich dem gemeinen Vorurtheile, daß dieses Stück eben dasselbe sey, dessen Plinius gedenket, widersprochen habe. Die zween Gründe für diese angenommene Meinung, daß nemlich dieses Stück jenem Musaico, welches in Pergamus war, ähnlich ist, und daß es besonders in dem Fußboden, wo man es fand, eingesetzet gewesen, sind leicht zu widerlegen. Denn es finden sich unzählige alte

a) Rom. mod. p. 52.   b) Xiphil. l. c. p. 252. l. 7.

alte Werke wiederhohlet, von welchen viele einander völlkommen ähnlich sind, und was das einsetzen betrifft, so bin ich ein Augenzeuge, daß die zwey schönen Musaici, mit dem Namen des Künstlers Dioscorides bezeichnet, die zu Pompeji ausgegraben worden, nicht in dem grob gelegten Estriche, sondern besonders gearbeitet worden, und nachher eingesetzet sind. Ueberdem ist thöricht vorzugeben, daß Hadrianus welcher fast alle Griechische Städte, auch in Asien, mit Tempeln, Gebäuden und mit Statuen ausgezieret, ein kleines Stück Musaico aus dem Fußboden eines Tempels zu Pergamus ausheben lassen, zum Gebrauche eines Fußbodens in dessen Villa.

Unter den Bildern des Antinous, deren ich in der Geschichte der Kunst gedacht habe, hätte ich den Colossalischen Kopf desselben zu Mondragone über Frascati, zu erst nennen sollen: denn es ist derselbe dermaßen unversehrt, daß er ganz neu aus den Händen des Künstlers gekommen zu seyn scheinet, und von so grosser und hoher Kunst, daß es keine Ketzerey scheinen sollte, zu sagen, es sey dieses Werk nach dem Apollo und nach dem Laocoon das schönste was uns übrig ist. Die Haare und die Ausarbeitung derselben haben ihres gleichen im ganzen Alterthume nicht, ja man kann sagen, daß dieser Kopf einer der schönsten Dinge in der Welt ist. Da derselbe vor Alters eingefugt gewesen, so gebe ich nem der ihn siehet, oder dieses lieset, zu überlegen, was vor ein Werk die ganze Figur gewesen seyn muste. Die Augen sind eingesetzet und mit einem silbernen Blätgen beleget gewesen, wie ich im vierten Capitel des ersten Theils angezeiget habe, und um die Haare gehet ein Kranz von einem Stiele der Pflanze Lotus, deren Blumen von anderer Materie und eingelöthet waren, wie die Löcher auf beyden Seiten des Stengels anzeigen. Diese Kränze wurden in Aegypten Antinoia, vom Antinous genennet. Oben auf dem Kopfe ist ein Loch von drey Finger breit, in welchem vermuthlich eine grosse Blume von Lotus gestanden. Eine ganze und schöne Statue dieses jungen Menschen, in welcher derselbe als Bacchus mit Epheu bekränzet vorgestellet ist, befindet sich in der Villa Casali. Daß das wunderbar schön erhoben gearbeitete Brustbild des Antinous in der Villa des Herrn Cardinals Alex. Albani, ehemals eine ganze Figur gewesen, wie in der Geschichte der Kunst angezeiget worden, schließet man aus der ausgehöhlten inneren Seite dieses Werks, welches geschehen, um dasselbe dadurch leichter zu machen.

Statuen und Bildnisse des Antinous.

Marcus Aurelius beförderte ebenfalls die Künste, wie ich angemerket habe, auch dadurch daß er verdienten Männern Statuen setzen ließ; er ehrete das Andenken des Vinder, welcher wider die Marcomannen geblieben war,

Marcus Aurelius.

mit drey Statuen a). Ein Kopf welcher dem der jüngeren Faustina seiner Gemahlin, in dem Museo Capitolino, vollkommen ähnlich ist, befindet sich in dem Pallaste Ruspoli. Einer der seltensten Köpfe des Lucius Verus ist dessen Bildnis in seiner Jugend mit den ersten Bart=Haaren auf dem Kinne, in eben dem Pallaste.

Irrig ver=meinte Sta=tue des Com=modus. Das Bildnis Kaysers Commodus hat man in der Figur eines Her=cules im Belvedere zu finden geglaubet, weil derselbe auf der Löwenhaut ein Kind träget, und dieses Kind ist auf dasjenige gedeutet worden, welches die=sem Kayser zu seinem Zeitvertreibe dienete, und da dasselbe ein Verzeichnis der Verschwornen wider den Commodus ergriffen hatte, und diese Liste aus dem Fenster fallen ließ, Ursach an dessen Ermordung war b). Zu der irri=gen Benennung hat auch die Löwenhaut Gelegenheit gegeben, mit welcher Commodus, wie Hercules bedecket, auf seinen Münzen erscheinet. Das Kind welches diese Statue träget ist der junge Ajax, ein Sohn des Tela=mons; Hercules nahm dieses neugebohrne Kind auf seine Arme, und legte es auf die Löwenhaut, mit dem Wunsche, daß es künftig noch grösser als dessen Vater werden möchte c). In der Gips=Form von dieser Statue ist das vielbedeutende Kind weggelassen, und man hat dem Hercules, anstatt das Kind zu tragen, die drey Hesperischen Aepfel in die Hand gegeben. Wright welcher hier seinem blinden Führer nachgesprochen, sagt, dieser Com=modus sey gut, aber es zeige derselbe einen deutlichen Unterscheid zwischen dem Griechischen und dem Römischen Geschmacke in der Bildhauerey d). Dieses einfältige Urtheil gründet sich bloß auf dem Namen, und man hätte die Aegyptische Kunst in dieser Statue bemerken können, wenn derselben der Name Ptolemäus hätte können gegeben werden. Man kann versichert seyn, daß dieser Hercules ein Werk eines grossen Griechischen Meisters sey, wel=ches unter die schönsten in Rom stehen kann; der Kopf ist unwidersprechlich der schönste Hercules, welcher bekannt ist, und die Haare sind in der höch=sten Manier ausgeführet, und wie die am Apollo gearbeitet.

Eben so ungegründet ist die Benennung des Commodus, die einer Heroischen Statue mit einem ermordeten Knaben auf dem Rücken gegeben worden, weil der neue Kopf, welcher vor alt gehalten worden, diesen Kayser vorstellet, und es soll derselbe hier als Fechter gebildet seyn. Derjenige welcher diese Statue auf einem sehr schlechten Kupfer in einer Sammlung von Statuen, die zu Rom im Jahre 1623. in Folio erschienen, einen Atreus genen=

a) Xiphil. M. Aur. p. 259. l. 28. b) Herodian. L. 1. c. 53. c) Pind. Olh. 6. v. 60.
d) Trav. p. 267.

der Kunst des Alterthums. 125

genennet, ist der Wahrheit näher gekommen; das ist, Atreus welcher seines Bruders Thyestes Sohn ermordet. Es ist also Jacob Gronov nicht der erste, der diese Benennung gegeben, wie er will angesehen seyn.

Es waren nach dieser Zeit die Künstler noch beständig beschäftiget, und dem Plautianus, Kaysers Septimius Severus Liebilnge und ersten Minister wurden nicht allein zu Rom, sondern auch in anderen Städten des Römischen Reichs, sowohl von einzelnen Personen, als von dem Senate Statuen aufgerichtet, so daß dieselben grösser und zahlreicher waren, als diejenigen die dem Kayser selbst gesetzet waren a).

Septimius Severus.

Unter diesem Kayser geschahe in der harten Belagerung der Stadt Byzantium, welche die Parthey des Pescennius Niger wider jenen Kayser ergriffen hatte, was die von den Gothen belagerten Römer thaten, die auf die Feinde Statuen warfen: die Byzantiner stürzeten ganze Statuen von Erzte sowohl stehender als reutender Figuren von der Mauer herunter auf die Belagerer b).

Caracalla befahl in allen Städten Statuen Alexanders des Grossen zu setzen, und in Rom waren einige mit einem doppelten Kopfe, des Alexanders und zugleich des Caracalla c). Er lobete unter den alten Feldherren sonderlich den Sylla und den Hannibal, und verehrete ebenfalls ihr Gedächtniß mit Statuen und Brustbildern. Zween von dessen Köpfen in der Kindheit befinden sich in dem Pallaste Ruspoli.

Caracalla.

Aus der sogenannten Begräbnis-Urne Kaysers Alexander Severus im Campidoglio ist kein Schluß auf die Kunst seiner Zeit zu machen. Denn die auf dem Deckel derselben liegende zwo Figuren stellen niemand weniger vor als gedachten Kayser und dessen Gemahlin. Die männliche Figur zeiget ein betagtes Alter; Alexander Severus aber starb etliche dreyßig Jahr alt. Auf der Urne selbst siehet man in hoch erhobener Arbeit sowohl vorne als auf beyden Seiten, den Anfang der Ilias, oder die Unmuth des Achilles über die ihm genommene Briseis, und hinten das Ende der Ilias, nemlich den Priamus welcher zu dem Achilles kommt, den Körper des Hectors auszulösen. An der vorderen Seite haben diejenigen, die alles zur Römischen Geschichte ziehen wollen, den Vertrag des Romulus mit Titus Tatius dem Könige der Sabiner zu finden vermeinet d), und ein anderer hat sich in einem Knaul Garn, welchen die zwo Mädgens des Achilles halten, eine Handmühle vorgestellet e), welches nicht einmal einer Pfeffer-Mühle ähnlich ist.

Irrig vorgegebene Begräbnis-Urne des Alexander Severus.

Q 3 Es

a) Xiphil. Sever. p. 312. l. 18. b) Ibid. p. 301. l. 24. c) Herodian. L. 4.
c. 13. p. 141. d) Piranesi Antich. di Roma. e) Venuti Oss. sop.
l'Urna di Aless. Sever. p. 23.

Irrige Meinung über die Kunst im dritten Jahrhunderte.

Es hat sich unterdessen von der Kunst dieser Zeiten ein nachtheiliges Vorurtheil gleichsam zur Wahrheit gemachet, welches sich sonderlich auf die schlechte Arbeit an dem Bogen des Septimius Severus gründet. Man ist aber gezwungen, wenn man ungezweifelte bessere Werke von späteren Zeiten siehet, zuzugeben, daß vielleicht zu jenem Bogen und zu dem vornehmsten Denkmale gedachten Kaysers nicht der beste, wo nicht der schlechteste Künstler, wie noch zuweilen geschiehet, vorgeschlagen und gebrauchet worden. Man würde eben so unrichtig urtheilen aus ein paar der letzten Gemählde die in der St. Peters Kirche zu Rom in Musako gesetzet sind, wenn man gläubete, es sey zu eben der Zeit kein besserer Mahler in Rom bekannt gewesen, wie man gleichwohl Recht zu gedenken hätte. Oder wenn man aus ein paar Kirchen die in Rom unter Benedictus XIV. eckelhaft gebauet und gezieret sind, auf den allgemeinen Geschmack in der Baukunst unter gedachtem Pabste schließen wollte. Noch ausserordentlicher ist die Marmorne Statue Pabsts Leo X. des Vaters der Künste, im Campidoglio, von einem Giacomo del Duca, aus Sicilien, und Schüler des Michael Angelo, gearbeitet, welche eine wahrhafte Misgeburt kann genennet werden. Es kann nicht leicht ein schlechterer Bildhauer weder zu derselben Zeit noch nachher gewesen seyn, und dennoch ist derselbe ausersehen worden, diese Statue für den ehrwürdigsten Ort in Rom zu arbeiten. Eine in der Geschichte der Kunst angeführte Statue Kaysers Pupienus in der Villa des Herrn Cardinals Aler. Albani, stellet ungezweifelt diesen Kayser vor, und kann neben alle Kayserliche Figuren, auch die schönsten, den Platz behaupten.

Kunst unter dem Gallienus.

Die Zeiten des Gallienus werden insgemein als der Zeitpunct des gänzlichen Verfalls der Kunst angegeben, und dennoch finden sich Werke, die das Gegentheil darthun, und einen vortheilhaften Begrif geben. Das eine von denselben stellet in erhobener Arbeit und in Figuren, die sich nahe halb so groß als das Leben sind, eine Jagd besagten Kaysers vor: dieses Werk stehet im Pallaste Mattei, und ist auch wegen einer irrigen Bemerkung anzuführen, die Fabretti aus dem einem beschlagenen Hufe des Pferdes machen wollen, aus welchem er darzuthun glaubet, daß die Hufeisen unter dem Gallienus bereits im Gebrauche gewesen; und es hat dieser Gelehrte nicht beobachtet, daß das ganze Bein des Pferdes neu ist. Das andere Denkmal von der Zeit des Gallienus, welches zum Vortheile der damaligen Kunst redet, ist dessen eigenes Brustbild von Marmor mit dem wahren alten Namen auf dem Fuße desselben. Dieses Stück war nach Engeland gegangen, und es ist dem Herrn Cardinale Alex. Albani, in dessen Villa dasselbe itzo stehet, gelungen, es wiederum zurück nach Rom zu bringen.

In

In dem gewöhnlichen Vorurtheile von dem gänzlichen Verfalle damahliger Kunst bekennet gedachter Herr Cardinal gewesen zu seyn, da er ein schönes Brustbild Kaysers Trajanus Decius, welches kurz vor Herr Gastinus regierete, aus den Händen und nach Engeland gehen lassen, weil er sich nicht überreden konnte, daß es diesen Kayser vorstelle, da es den Begrif von selben Zeit überstieg.

Daß die Kunst sich in späteren Zeiten länger unter den Griechen als in Italien und in Rom erhalten, kann man unter andern beweisen aus den gemahlten Figuren in einer alten Handschrift des Cosmas, auf Pergamen, in der Vaticanischen Bibliothec, No. 699. welchen Montfaucon in der von ihm gemachten Sammlung Griechischer Scribenten drucken lassen. 4); die Figuren aber hat er nicht gegeben. Die Form dieses Buchs ist ein länglches Folio, und die Schrift ist in grossen Buchstaben, die man pfleget vierekigte zu nennen. Dieser Cosmas war ein Kaufmann, zur Zeit Kaysers Justinus, wie er selbst saget auf dem funfzehenden Blatte gedachter Handschrift, und eben dieses bezeuget Photius b). Auf einem der Gemählde dieser Handschrift sind unter dem Throne Königs Davids zwo Tänzerinnen mit aufgeschürzter Kleidung vorgestellet, die mit beyden Händen ein fliegendes Gewand über dem Kopfe halten, und diese Figuren sind so schön, daß man glauben muß, sie seyn von einem alten Gemählde nachgemachet. Zwischen beyden stehet das Wort ΟΡΧΗCΙC, „der Tanz.„

Von den mehresten Werken der Kunst in späteren Zeiten kann man sagen, was Longinus von der Odyssea saget, daß man in derselben den Homerus wie die untergehende Sonne sehe, von welcher ausser ihrer Wirkung die Grösse übrig bleibet.

Kunst unter den Griechen in späteren Zeiten

a) Collect. Scr. Gr. T. 2. p. 113.   b) Biblioth. p. 9.

I. Verzeichniß
der erklärten und verbesserten Scribenten.

Aristoteles, in der Dichtkunst erkläret, wo er über den Zeuxis urtheilet, daß dessen Gemählden etwas gemangelt, 58

Bentley, dessen Verbesserung einer Stelle des Horatius gemißbilliget, 79

Bianchini, dessen Meinung über die Seibe einiger Aegyptischen Figuren dem Diodorus von Sicilien zufolge, wird widerleget, 14

Castelvetro, getadelt, wo er den Aristoteles erklären will, 58

Catullus, erläutert in dem Gedichte über die Vermählung des Peleus und der Thetis, 40

Caylus, Beurtheilung desselben über dessen Anmerkung von den grossen Köpfen alter Figuren, 39

Diodorus von Sicilien, dessen vermuthetes Versehen in Absicht des Pfluges, welchen er den Aegyptischen Königen beyleget, 14

Erklärung, eines bisher unerkannten Worts auf dem Musako zu Palestrina, 104

Fabretti, dessen unerfahrnes Urtheil über die sogenannten Sieges=Zeichen des Marius widerleget, 118. widerleget über das Alter der Hufeisen, 126

Gori, widerleget über die Bedeutung des Worts Symplegma, 92

Gronov, (Jacob) dessen irrige Erklärung einiger Münzen von Maltha angezeiget, 13

Hesiodus, über das Wort ἀμφιθάλαμος erkläret, 53

Homerus, ἀμφιθέτου φιάλη in demselben erkläret, 106

Horatius, erkläret in der Dichtkunst, 79

Junius (Franz) dessen Misverstand einer Stelle des Horatius, wo derselbe von einer kurzen Stirne redet, 79

Maffei, widerleget über einen geschnittenen Stein mit der vermeinten Figur des Trajanus, 119

∗ ∗ ∗ dessen Irrung in Erklärung einer Statue, 109

Moris, (der Cardinal) widerleget in Absicht des Latus clavus, 68

Pascoli, irriges Urtheil desselben über die Bekleidung der Figuren des Alterthums, 65

∗ ∗ ∗ widerleget in Absicht der Abweichung in alten erhobenen Werken, 82

Petronius, (Arbiter) verbessert und erkläret, wo er von den Haaren der Circe redet, 56

∗ ∗ ∗ Irrung des Französischen Uebersetzers Desselben angemerket, 56

Pignorius, dessen Irthum über den Schnabel eines Vogel=Kopfs an einer Aegyptischen Figur angezeiget, 18

Plato, Erklärung einer Stelle desselben über das Wort ξυμόν, 47

Plinius, beurtheilet über dessen Anmerkung von den grossen Köpfen der Figuren des Zeuxis und des Euphranors, 39

Plutarchus, erkläret, wo er den Spruch des Polycletus vom Modelliren anführet, 79

Pococke, beurtheilet über dessen Bericht von Figuren an dem Tempel der Pallas zu Athen, 60

Pollux, erkläret über den Beynamen der Pallas Ἀλγορυστοδαίμων, 48

Rubens, (Albert) widerleget in Absicht der Zeit der breiten Binde über der Brust einiger Brust=Bilder und Statuen, 69

Scholien, über des Pindars achten Ode Olymp. v. 106. 86

Spon, beurtheilet über die von ihm vorgegebenen Figuren des Hadrianus und der Sabina an dem Tempel der Pallas zu Athen, 60

Suidas, und das Etymologicum erkläret über das Beywort der Juno πιῶπις, 72

∗ ∗ ∗ ebendars. von Geladas, wo Ageladas muß gelesen werden, 88

Wright, dessen irrige Muthmaßung widerleget, 111

Zweytes Verzeichniß der Sachen.

II. Verzeichniß
einiger Griechischen Worte die angeführet und erkläret sind.

Ἀγροτιώρη, von schwärzlicher Farbe seyn, 10
Ἀμφιθετος φιάλη im Homerus erkläret, 106
Γύη, ein Stück eines Pfluges, 14
Ἐλαιοβλεφάρος erkläret, 53
Ἔχετλη, ein Stück eines Pfluges, 14
Ἥδη beym Aristoteles erkläret, 58
Κόρυμβος, dessen Bedeutung, 44
Κρωβύλος, Haare oben auf dem Kopfe zusammen genommen, 44
Μύκης, was es bedeutet am Degen, 77
Νόμιος, Beywort des Apollo des Schäfers, 44
Ὀπυΐζω, ἰοπυΐζων, dessen Bedeutung, 79
Περιβόητος, Beynamen eines schönen Faun des Praxiteles, 46
Πηχυαῖος, was es bedeutet auf dem Musaico zu Palestrina, 104
Πυλεών, weiblicher Haupt-Schmuck, oder Mütze, 27
Παρθενόπτιμος, Beyname der Pallas, und Muthmaßung über dessen Bedeutung, 48
Σιμὸς erkläret in Absicht der Faune, 47
Ὑγρὸν, das schmachtende in den Augen der Venus, 53
Σωκράτης, Beywort des Mercurius beym Homerus erläutert, 45
Χειρόμακτρον, ein Schleyer von Leinwand, 73

III. Verzeichniß
der Sachen.

Absätze der Schuhe, hießen ἀρβύλατα, 74
Achilles, Farbe dessen Kleides, 76
Ægis der Pallas mit Schlangen um den Leib gebunden, 33
Ægypter, deren schwarzbraune Farbe und großes Gewächs, 10
Ægyptische Gottheiten, verschiedene Arten Thiere in einem Kopfe einer Statue vereinet, 11
– – – wurden auf Schiffen vorgestellet, 12
– – – Könige, deren Kennzeichen, 12
Æsculapius, Eigenschaften von dessen Bildung, 43
Ageladas, dessen Muse, 87
Agoracritus, dessen Venus in eine Nemesis verwandelt, 90
M. Agrippa, dessen Kopf im Campidoglio, 110
Ajax vom Hercules getragen, im Belvedere, 124

Albani, (der Cardinal Alexander) war der ehemalige Besitzer der berühmten Medusa im Hause Strozzi, 49
Albano, dessen Jupiter im Pallaste Verospi, 38
Alcamenes, des Phidias Schüler, 89
Alexanders des Großen Statue, 98
Algardi, dessen erhobenes Werk der H. Agnese, in der Kirche dieses Namens am Platze Navona, 63. 68
Allegorisches Bild der Bothschaft beym Pindarus, 86
Allegorischer Zierrath an einem alten Leuchter, 117
Amazonen, Bildung derselben, 50
– – – Statuen, 50. für den Tempel der Diana zu Ephesus gearbeitet, 95
– – – ihre Haare als ein Muster unseren Künstlern vorgeschlagen, 57
Amazone, Statue des Strongylion, mit dem Beynamen Eucnemos, 107

Ammen,

Drittes Verzeichniß der Sachen.

Ammen, wie sie bezeichnet sind, 73
Anacreon mit einem einzigen Schuhe vorgestellet, 110
= = = Zweifel über eine Ode desselben, 15
Andrea del Sarto, dessen Lob in Absicht der schönen Unschuld seiner Bilder, 64
= = = schöne Form der Brust an dessen Figuren, 57
= = = dessen Madonna del Sacco, zu Florenz, 64
Anhalt=Dessau, (Fürst Ludwig Friderich Franz von) dessen seltenes gemahltes Gefäß von gebrannter Erde, 28
Antinous, dessen Bilder und Statuen, 123
= = = Colossalischer Kopf zu Mondragone bey Frascati, 81
Antiochus, König in Syrien, dessen Münze, 99
Apollo, durch einen Sperber bezeichnet, 11
= = = der Schäfer in einer Statue der Villa Ludovisi, 44
= = = des Phidias zu Constantinopel, 90
= = = Sauroctonon des Praxiteles, 46. 97
Arbutnoth hat irrig aus dem Plinius geschlossen, daß die Römischen Frauen kein Leinenzeug getragen, 66
Argonauten, Zug derselben erwecket Eifersucht bey den Hetruriern, 20
Armbänder, Aegyptischer Statuen an den Knöcheln der Hand geleget, 15
= = = der Römischen Consuln, 75
Assemanni, dessen irrig vermeinte alte Cleopatra auf einem Cameo, 110
Astragalizontes des Polycletus, 91
Augen, deren Form, 53
= = = eingesetzte der Pallas des Phidias, einer Muse im Pallaste Barberini und des Antinous zu Mondragone, 81
Augenbrauen an alten Figuren, 54
Augenlieder, deren Schönheit, 53
Augustus, dessen Statue, 109
Auriga, dessen Statue in der Villa Negroni, 67
Athenienser, ihr grosser Aufwand in Vorstellung einiger Trauerspiele des Euripides 97
Atreus, dessen Statue im Pallaste Farnese, 124

Bacchanten, Stand derselben, 59
Baldinucci, ein schwathafter Scribent, 52

Bágatos, Gestalt dieses Instruments, 87
Barthelemy, dessen Widerlegung des Alterthums der Münzen mit dem Namen Phido, 86
= = = dessen Auslegung des Musaico zu Palestrina, 103
Basalt, Statuen und Köpfe aus diesem Steine, 101
= = = hellgrüner, einziges übrig gebliebenes Stück einer Statue aus demselben, 16
Bathycles, von Magnesia, durch seine Trink=Schalen berühmt, 85
Bathyllus, dessen Statue in dem Tempel der Juno zu Samos, 55
Batrachomyomachia Symbolisch gebildet auf der Vergötterung des Homerus im Pallaste Colonna, 97
Baumeister, die einzigen Römischen, deren sich Nachricht findet, 105
Beine, übereinauder geschlagene, an Helden unanständig gehalten, 61
Beinkleidung aus Binden um die Schenkel anstatt der Hosen, 67
Bernini, dessen H. Bibiana; 63 dessen Hergehung in der Kleidung derselben, 65
= = = streichet Ludwig XIV. die Haare von der Stirne, 52
Binden um die Schenkel anstatt der Hosen, 68
Bonus Eventus, dessen Statue, 97
Breccia aus Aegypten, deren Gestalt, Säulen aus derselben, nebst einer einzigen Statue in Rom, 17
Breteuil, (Ritter von) ein schöner Kopf von grünlichen Basalte in dessen Museo zu Rom, 102
Brust, jungfräuliche, deren Form, 57
Buonarroti, (Michael Angelo) niedrige Idea in dessen Köpfen von Christus, 63
= = = dessen erhobene Arbeit vom Marsyas und dem Apollo, 63
= = = dessen Modelle bey dem Bildhauer Barthol. Cavaceppi, 63
Byres (aus Schottland, ein Baukunstverständiger zu Rom) dessen erhobene Glas-Paste mit einem vergoldeten Kopfe des Tiberius, 7

Caduceus, das gewöhnliche Zeichen der Herolde, 96
Jul. Cäsar, dessen Liebe zu den Künsten, 108
Caligula

Caligula, grosse Menge von Statuen durch denselben aus Griechenland geholet, 113
– dessen schöner Kopf auf einem Cameo, 114
Canephora des Polycletus, 91
Caracci (Annibal) dessen erblaßter Christus in der Königl. Farnesischen Gallerie zu Neapel; und im Pallaste Pomfili, 64
Caraffa = Noja, (Duca zu Neapel) dessen Samml. von gemahlten irdenen Gefäßen, 28
Carrarischer Marmor ist in einigen Schichten dem Parischen ähnlich und gleich, 4
Cavaceppi, Barthol. Bildhauer zu Rom) dessen grosse Sammlung von Zeichnungen der Mahler, 31
Caylus (Graf) führet das Urtheil des Plinius über den Zeuxis an, ohne es deutlich zu erklären, 59
Centaur, als Jäger vorgestellet mit einem jungen Rehe in der Hand, 69
Centauren von schwarzen Marmor im Museo Capitolino, 122
Christus als ein junger Held ohne Bart von Annibal Caracci und von Guercino gemahlet, 64
Cicero, dessen Brustbild im Pallaste Matthei, 109
Q. Cincinnatus, dessen irrig vermeinte Statue zu Versailles, 109
Claudius Gothicus, Form dieser Tracht, 69
Publ. Clodius, dessen irrig vermeinte Statue, 108
Colobia, Kleider mit kurzen Ermeln, 66
Comische Figuren mit Hosen und Strümpfe, aus einem Stücke, 67
Collatro, s. Tarquinium.
Correggio, dessen zuweilen gezierte Gratie, 43
– – – Gratie in dessen Köpfen, 47
Corsini, dessen Erklärung der Vergötterung des Hercules, 100
Cosmas, dessen alte Handschrift in der Vaticanischen Bibliothec, 70. 127
Ctesilaus, dessen Statue des Pericles und eines verwundeten Helden, 95
Cybele als eine Phrygische Göttin mit langen engen Ermeln gebildet, 67
– – verschnittene Priester derselben, 37
Dares Phrygius giebt der Briseis zusammengewachsene Augenbrauen, 54
Degen, ihre Länge und Gestalt bey den Alten, 77

Delphine, sind erbleichete Thiere, 51
Desmarets, (Aufseher der Manufacturen in Frankreich) dessen Lob, 17. Porphyr von demselben in Frankreich entdecket, ebendas.
Diadema, der Himmlischen Venus, 55
Diana, verschnittene Priester derselben, 37
Dioscorides, Künstler in Musaico, 123
Diogippus, ein Pancratiast, dessen Statue vom Plinius angeführet, 56
Domenichino, getadelt über die grossen Warzen der Brust einer Johanesischen Figur derselben, 57
Domitianus, dessen Statuen, 117
Echetlus, der Held welcher bey Marathon wider die Perser fochte, auf Hetrurischen Begräbnis = Urnen vorgestellet, 74
Elba, (Insel) bringet keinen rothen Granit hervor, 19
Elfenbein, Arbeiten der Alten in denselben, 4
– – die letzte Statue welche in demselben gemachet worden, 117
Elis, Reise dahin und deren Nutzen, 84
Epaphroditus, ein Grammaticus, dessen Statue, 119
Erato und Terpsichore Statuen dieser Musen als Tänzerinnen gebildet, 60
Erinna, Sinnschriften derselben über die Kuh des Myron, 93
Ermel der Kleidung der Alten, 66
Evander, Bildhauer, Anmerkung über denselben, 106
Euphranor, Mahler, soll nach dem Plinius die Köpfe seiner Figuren groß gehabt haben, 39
Euripides, dessen Brustbilder in der Farnesina, 88

Hacke, eigene bey Opfern, 37
Galeria, silberne Münze dieser Hetrurischen Stadt mit Griechischer Schrift, 20
Falari, heutiger Name der alten Ring-Mauren dieser alten Stadt, ebend.
Farben der Kleidung der Alten, 75
– – blaue des Osiris, was sie bedeutet, 11
Farnesische Insel, Entdeckungen die in derselben sonderlich von Glas = Arbeit gemachet worden, 5
Fasces der Römer hatten einen Ueberzug über das Beil, 78

Faune,

Drittes Verzeichniß der Sachen.

Faune, deren Bildung, 46. Gestalt ihrer Haare, 56
Favorinus, der Philosoph soll ein Hermaphrodit gewesen seyn, 37
Fechter, der sogenannte sterbende, im Museo Capitolino, Untersuchung über diese Statue, 95
Federbusch, auf alten Helmen, 119
Feldzeichen, der Alten, mit ruuden Schildern, 120
Fiammingo, dessen H. Susanna, 63
Fontana Trevi zu Rom. Erhobene Arbeit an derselben, die den Marcus Agrippa mit dem Baumeister dieser Wasserleitung zu dessen Füssen vorstellet, 62
Freygelassene, Mahler unter denselben, 112
Fuß, der auf die Zehen ruhet, was es bedeutet, 62
Fußfällig erscheinen ist einem Römer unanständig, 61
Fußboden in Zimmern der Alten von Glas-Tafeln, 5
Galathea, des Raphaels in der Farnesina beurtheilet, 35
Gallienus, dessen Jagd im Pallaste Mattei, 126 dessen Brustbild in der Villa Albani, ebendas.
Gefäß von Silber mit erhobenen Figuren im Pallaste Corsini, 106
Gefäße von Glas mit erhobener Arbeit, 8
Gelo, König zu Syracus, dessen Münzen, 87
Gemählde, in dem Grabmale der Nasonum, 69. 111
- - - Hetrurische, in den Gräbern der alten Hetrurischen Stadt Tarquinium, 21
Genii, geflügelte, auf Hetrurischen Denkmalen, 24
Geographische Carten in den Zimmern der Alten gemahlet, 31
Germanicus, dessen vermeinte Statue zu Versailles, 113
Glas-Arbeit der Alten, 5
Glas-Pasten von alten geschnittenen Steinen genommen, 7
Glocke au dem Halse der Comischen Muse, 75
Gorgonen finden sich nicht auf alten Denkmalen vorgestellet, 49
Grabmal bey Albano, das älteste formliche Werk Hetrurischer Baukunst, 83
- - - der Familie Plautia bey Tivoli, 111
- - - der Nasonen, 111

Gräber, der alten Hetrurischen Stadt Tarquinium, 21
Granit, der rothe, ist nur Aegypten eigen, 15
Gratie, die hohe und gefällige, 42
Gratien, deren Statuen im Pallaste Ruspoli und in der Villa Borghese, 48
Griechenland, Cuma daselbst, 29
Griechische Sprache, beliebt unter den Römern, 121
Guercino, dessen erblaßter Christus im Pallaste Pamfili, auf dem Platze Navona, 64
Guido Reni, dessen Sendschreiben über seinen Erz-Engel Michael, 36
Haare, wer angefangen dieselbe besser auszuarbeiten, 94
- - - Ausarbeitung derselben an Köpfen neuer Bildhauer, 57
Haare des Jupiters, 42 des Aeskulapius 43 der Faune, 56 des Hercules, 46 der Pallas, wie sie gebunden sind, 48 der Amazonen, ihre Form, 50 des Pluto hängen von der Stirne herunter, und des Jupiters erheben sich hinauf, 43
Hände, schöne, angezeiget, 57
Hamilton, Großbrit. Minister zu Neapel, dessen Sammlung von gemahlten irdenen Gefäßen, 28
Harnisch, war gewöhnlich an Statuen vornehmer Römer, 107
Hecuba, wie dieselbe bezeichnet ist, 73
Hegesias, dessen Castor und Pollux, 88
Helden, übereinander geschlagene Beine an denselben geachtet, 61
Helme, die ältesten aus der Haut des Kopfs eines Hundes gemacht, 13
- - - oben mit einem Sphinx, 119
Hercules Kennzeichen dessen Köpfe an den Haaren, 46. 56
- - - der ruhende, wie derselbe vorgestellet ist, 101
- - - mit dem Blitze auf einer Münze von Naxus, 86
- - - zwischen der Tugend und der Wollust von einem heutigen Künstler gemahlet, 62
Hermaphroditen, als Bilder Idealischer Schönheit, 37
Herodotus, dessen Brustbilder in der Farnesina, 88 dessen Schreibart mit dem älteren Stil Griechischer Kunst verglichen, 32

Herolde

Drittes Verzeichniß der Sachen.

Herolde trugen insgemein einen Cabuceus, 96 in den Olymp. Spielen, deren Tracht, 95
Hetrurische Begräbniß-Urnen mit dem Bilde des Helds Echetlus, 14
Homerus einige Bilder desselben auf Hetrurischen Denkmalen, aber in etwas verändert gebildet, 21
Horatius von den neueren Auslegern nicht verstanden, über das was er Tenuem frontem nennet, 52
Horn der Herolde in den Olympischen Spielen, 95
Hosen an alten Figuren, 67
Hundsfell, alte Köpfe mit demselben bedecket, 13
Hut der Weiber, 74

Jason, wie er sich einen Schuh anbindet, 110
Ilias, deren Anfang und Ende auf einer Begräbniß-Urne vorgestellet, 125
Infula, Kennzeichen der Vestalen, 72
Inschrift auf dem Arme eines Mercurius, 93
Inschriften, Römische mit Griechischen Buchstaben, 121
Iphion, Bildhauer von Aegina, 86
Isis, mit Hörnern, 42 ihr besonderes Gewand, 71 hat wie Cybele lange und enge Ermel, 67
Jungferschaft, Probe derselben durch die Maaß des Halses, 40
Juno, deren Bildung, 48 Auge, 53 mit einer Löwenhaut bedecket im Pallaste Paganica, 72
Juno Sispita auf einem runden Altare, 72
Jupiter, Eigenschaft dessen Bildung, 42
– – mit bedecktem Haupte, 69
– – – der Jäger auf einem Centaur reutend, welcher ein junges Reh hält, 69
– – – dessen Statue von der Hand des Phidias, 113
– – – Ricinius, 69

Kankal, Mütze Persischer Könige und Priester, 12
Kinn, dessen Schönheit, 54
Köpfe alter Figuren, deren Proportion, 39
Krone, zackigte auf dem Haupte eines Königs auf Hetrurischen Gemählden in einem Grabe der alten Stadt Tarquinium, 26

Lares und Penates, deren Kopf mit einem Hunds-Felle bedecket, 13
Larven nach der Aehnlichkeit berühmter Römer gemacht, und von den Rittern bey Leichbegängnissen aufgesetzet, 105
Latus clavus, dessen Form, 68
Leichbegängnisse vornehmer Römer und besondere Gewohnheit dabey, 105
Leinenzeug in Gebrauch bey den Alten, 66
Leucothea auf einem uralten Hetrurischen erhobenen Werke in der Villa Albani, 23
– – – deren Kopf im Museo Capitolino, 41
Leyer, deren verschiedene Formen, 87
Limus, Schurz der Opfer-Priester, 68
Lionardo da Vinci, dessen Gemählde von Christus mit den Pharisäern im Pallaste Pamfilo, 64
Löwen in Stein sind in etwas verschieden von wirklichen Löwen, 51
Lotus, Stiel dieser Pflanze umgiebt den Colossalischen Kopf des Antinous zu Mondragone, 123
M. Lic. Lucullus, wie er zween Thracischen Königen begegnet, 106
Ludwig XIV. dessen Münzen gerühmet, 39
Lycus, des Myrons Schüler, 94
Lysippus, 97

Männliche Figur, weiblich gekleidet, 65
Mahler, waren unter den Römern Freygelassene, 112
Mahlerey, Ursach des Aufnehmens derselben, 31
Malvasia, (Graf) dessen irriges Urtheil über Raphaels Gemähldē, 59
Mantel, gegürtet an der H. Bibiana des Bernini, 65
Marciana, des Trajanus Schwester, Statue derselben, 120
L. Marius, dessen irrig vermeinte Statue im Museo Capitol. 105 dessen irrig sogenannte Sieges-Zeichen, 118
Marmor, der Parische und der Pentelische, 4
Medusa, ein Bild hoher Schönheit für Künstler, 49
– – – auf einem Cameo im Königl. Farnes. Museo zu Neapel, in einem Carniole und in einem Chalcedon, beyde im Museo Strozzi zu Rom, 49
Meleti, im Attischen Gebiethe, 90
Menanders, des Comicus, Bildniß, 99

Drittes Verzeichniß der Sachen.

Menelaus, dessen Begebenheiten mit der Helena in Aegypten, 104
Mercurius, bärtiger, welcher ein junges Mädgen umfasset in einer Statue, 45 mit sanften Haaren am Kinne, 45
Mond, als ein Zierrath an Haaren weibl. Köpfe und an Pferden, 74
Montagu-Wortley, (Eduard) dessen schriftliche Nachricht an dem Verfasser von dem Porphyr, 16
Moses mit halben Stiefeln in einer alten Handschrift der Vaticanischen Bibliothec gemahlet, 70
Münzen, die irrig für die ältesten gehalten werden, 86
Münzen von Sicilien und Groß-Griechenland, vorzügliche Schönheit derselben, 31
Münzen, seltene, des Vitellius, 116
Münze der Aegyptischen Könige, 12
Musaico, das erste in Italien, in dem Tempel des Glücks zu Präneste, 103
— — der Tauben, im Museo Capitol. 122
Muse, Statue im Pallaste Barberini, 33. 87
Musen, Statuen derselben im Tanze vorgestellet, 60
Myron, Untersuchung über dessen Alter, 93

Nanteuil, dessen in Kupfer gestochene Köpfe Ludwigs XIV. 39
Naxus in Sicilien, wenn diese Stadt erbauet worden, 86
Nemesis des Agoracritus, 90
Nero, Statuen von demselben aus Griechenland weggeführet, 115
Niobe, Erklärung über die Statuen derselben, 92 warum dieselbe dem Scopas vielmehr als dem Praxiteles zuzuschreiben, 95 Köpfe derselben haben die abgewandte Seite flacher, 39
Nollekens, (Joseph) Bildhauer in Rom, 74
Numerosior, was es in der Kunst bedeute, 94

Obelisk, Flaminischer, 14
Oedipus mit dem Sphinx, ein altes Gemählde aus dem Grabmale der Nasonen, 111
Ohren, deren Form, 55
Ohrgehenke, an einer Pallas, 74 an einer Aegypt. Statue, 15
Olympische Spiele, Herolde daselbst mit einem Stricke um den Hals, und mit einem Horne, 95

Orestes, dessen Urtheil im Areopagus auf einem alten silbernen Gefäße vorgestellet, 106
Osiris, einzige Statue desselben in dem Pallaste Barberini, 11 dessen gemahlte Figur unter den Herculanischen Gemählden, 11

Paetus und Arria, vermeinte Statuen derselben, 114
Paedagogi der Alten, ihre Kleidung, 92
Palestrina, s. Präneste.
PALAESTINA. Dieses Wort soll sich auf keiner Latein. Römischen Münze finden, 61
Pallas, mit einer Spindel in der Hand, und mit einer Kugel auf dem Kopfe, 3 Statue derselben von bemahlten Marmor, in dem Hercul. Museo, 133. Mit Ohrgehenken, 74
Pallas auf der Jagd, aber die Jägerin, auf der grossen Schale mit den Arbeiten des Hercules in der Villa Albani vorgestellet, 74 ihr inwendig gefütterter Schild, 78 Schwur bey ihren Haaren, 48 mit einem Fuße welcher auf die Zehen ruhet, 6
Palladium, dessen Gestalt, 3
Paludamentum, was davon zu merken, 70
Pan, dessen Bildnis auf Münzen, 99 mit Flügeln an den Füßen, 46
Pancratiasten Ohren, 102 an dem Rumpfe einer Figur die dem Hercules in etwas ähnlich ist, s. Walmoden.
Parcen vom Catullus beschrieben, 49
Paris, dessen Statuen in den Pallästen Altempo und Lancellotti, 67 aus einem Priester der Cybele gemachet, 37
Parther, in einer Ode des Anacreon genennet, machen Zweifel wider das Alterthum dieses Gedichts, 15
Patroclus, tödtet seinen Spiel-Gesellen, 91
Peitsche der Priester der Cybele, 37
Pelasger, deren Wanderungen nach Hetrurien, 19
Penaten, deren Köpfe mit einem Hunde-Felle bedecket, 13
Penni, dessen Zeichnungen wie sie sich unterscheiden von den Zeichnungen des Raphaels, 32
Persius, der Dichter, dessen irrig vorgegebener Kopf, 116
Peruzzi, (Balthasar) Gemählde an der Decke eines Saals der Farnesina, 76

Pesceni-

Drittes Verzeichniß der Sachen.

Pescennius Niger, dessen Statue aus schwarzen Basalte, 16
Pferde-Schweif, auf alten Helmen, 119
Pflug der Alten, dessen zwo Arten, 14
Pflug-Eisen an einer Heroischen Statue, dessen Bedeutung, 109
Phidias, dessen Pallas mit eingesetzten Augen, 81 dessen Apollo zu Constantinopel, 90
Philosophen, wie sie gekleidet sind, 67
Pietro von Cortona ist an dem krinlichen Kinne seiner Figuren kenntlich, 55
Pigalle, dessen Mercurius in Sans-souci bey Potsdam, 63
Pindarus, dessen Allegorisches Bild der Bothschaft, 86
Pittacus, dessen Zweykampf mit dem Phryno auf einer Glas-Paste vorgestellet, 7
Plasma di Smeraldo, was vor Art Stein? 18
Plautianus, Menge von Statuen demselben gesetzet, 125
Pluto, mit bedeckten Haupte, 69 träget einen Scheffel auf dem Kopfe, 43
Polycletus, dessen Spruch über das Modelliren erkläret, 79
Pompejus, dessen Statue im Pallaste Spada, 107
Porphyr, grüner in dem rothen, 17 einziges Stück einer Figur aus rothen Porphyr, 17
Porphyrius, dessen Erklärung von dem Schweben des Geistes Gottes auf dem Wasser, aus der Aegyptischen Theologie, 12
Porsena, König in Hetrurien, dessen Grabmal zu Clusium, 83
Guil. della Porta, dessen Figur der Klugheit an dem Grabmale Paul. III. in der St. Peters Kirche, 63
Poussin, (Nic.) Beobachtung des Alterthums in der Kleidung an seinen Figuren, 65
Präneste, erstes Musaico in Italien vom Sylla daselbst gemachet, 103
Praxiteles, 97
Priester, waren weiß gekleidet, 75
Pupienus, dessen Statue in der Villa Albani, 126
Pyrrhus, oder Neoptolemus, dessen Statue war mit den Augen aufwerts gerichtet, 98

Pyrrhus, aus Epirus, dessen vermeinte Statuen und Köpfe, 98
Pythagoras, der Bildhauer, ein Verbesserer der Kunst in den Haaren, 94

Raphael, dessen Jupiter in der Farnesina, 38 dessen Sendschreiben an Balthasar Castiglione über seine Galathea, 35
Redner, übereinander geschlagene Beine an denselben unanständig geachtet, 61
Reiffenstein, (Hessen-Cassel. Rath) dessen gelungene Versuche in Glas-Pasten von erhobener Arbeit mit verschiedenen Farben, 9
Ricinatus, s. Jupiter.
Ringe in den ältesten Zeiten nicht an Fingern sondern an der Hand getragen, 15

Sallustische Gärten in Rom von Vespasianus bewohnet, 116
Saturnus insgemein mit bedecktem Haupte, 69
Schönheit, Achtung derselben bey den Griechen, 30
Scheffel auf dem Kopfe des Pluto, 43
Schild, inwendig gefütterter, der Pallas, 78
Schildkröte auf dem Sockel der vermeinten Statue des Germanicus zu Versailles, 113
Schleyer als ein besonderes Stück der Kleidung betrachtet, 73
Schuhe Heroischer Figuren, 70
Schwur bey den Haaren der Pallas, 48
Scopas und dessen Niobe, 92
Scribent, Begrif von diesem Worte unter den alten Griechen, 30
Senatores, wie sie gekleidet sind, 67
Senatorische Statuen, deren Kennzeichen, 105
Seneca, dessen Köpfe, 115 dessen 500 Tische mit Gestellen von Elfenbein, 5
Serana, die Frauen aus diesem Römischen Hause trugen kein Leinenzeug, 66
Sieger, deren Statuen und bestimmte Form derselben, 30 Ehrenbezeugung derselben, ebendas.
Silenus, dessen Statuen mit dem jungen Bacchus in den Armen, in der Villa Borghese und in dem Pallaste Ruspoli, 47 Misverstand über der Bildung dessen Figuren, 47
Sonne auf einem Schiffe fahrend, auf einem alten Gefäße gemahlet, 12

Sosicles,

Drittes Verzeichniß der Sachen.

Sosicles, Name des Künstlers einer Amazone in dem Museo Capitol. 50
Spartaner übeten die Kunst, 31
Spartanische Weiber setzten Gemählde schöner Götter und Helden in ihrem Schlaf-Zimmer, um schöne Kinder zu haben, 30
Sperber, bezeichnet den Apollo, 11
Sphinx oben auf Helmen, 119
Spindel in der Hand des Palladii, 3
Stäbe in der Hand Aegyptischer Könige, 13
Statuen mit welchen sich die belagerten Byzantiner vertheidigten, 125
Steine, dreyßig vergötterte bey den Griechen, 2
Stirn, Schönheit derselben, 51
Strick um den Hals der Herolde in den Olymp. Spielen, 95
Strongylion, Bildhauer, und angezeigete Irtung des Verfassers über denselben, 107
Suffibulum, der Schleyer der Vestalen, 73
Sybaris, wenn diese Stadt zerstöret worden, 87
Sylla ließ das erste Musaico in Italien machen, 103
Symplegma, dessen Bedeutung, 92
Tänze der Griechen nach den Grundsätzen der Sittsamkeit eingerichtet, 59
Tänzerinnen, mit einem Gürtel, 71 erhielten Statuen bey den Griechen, 60
Tafeln von Glase zu Fuß-Böden bey den Alten, 5
Tages, ein Hetrurischer Genius in dem Gemählde eines Grabes der alten Stadt Tarquinium vorgestellet, 21
Tarquinium, Gräber dieser alten Stadt, 21
Telephus in Windeln vorgestellet, auf einem erhobenen Werke in der Villa Borghese, 40 von besser Mutter Auge erkannt, auf einem erhobenen Werke im Pallaste Ruspoli, 50
Thales, dessen Lehre von dem Schweben der Erde auf dem Wasser, 12
Theatralische Personen, lange und enge Ermel an deren Kleidung, 66
Themistocles, falsche und neue Münzen auf demselben gepräget, 87
Thiere, deren Idealische Bildung, 51
Thracische Könige mit abgehauenen Händen vorgestellet, im Campidoglio, 106

Tiberius, dem der Römische Senat zu Füssen fiel, 61
Toga, was von derselben dem Künstler zu wissen nöthig, 68
Toga Germanica, deren Gestalt, 67
Tragödia, Figur derselben auf der Vergötterung des Homerus im Pallaste Colonna, 97
Trauer, Farbe der Kleidung in derselben, 77
Trink-Schalen, berühmte des Bathycles, 86

Venus, deren Augen, 53 Kopf derselben in der Villa Albani, Fehler an denselben, 41 mit dem Kopfe der Marciana, 119
Vergötterung der Kayser durch den Augustus veranlasset, 109
Verschnittene, deren Bildung, 36
Verschnittene Priester der Cybele und Diana, 37
Vestalen, Kleidung derselben, 72
Vulcus, mit Hior erkläret, 58
Unterkleid, dessen Form, 66
Urania, s. Venus.

Walmoden, (General von, zu Hannover) dessen schöner Kopf des Caligula im Cameo, 114 dessen Figuren zwey jungen Mädgens in den Sallustischen Gärten ausgegraben, 117 dessen Figur die einem Hercules in etwas ähnlich ist, mit Pancratiasten-Ohren, 46
Widerroß, was dieses Theil an Pferden ist, 51

Zepter, dem Pluto wie anderen Göttern eigen, und nicht die Gabel, 43
Zeuris, dessen Penelope, 59 soll, nach dem Plinius, die Köpfe seiner Figuren groß gehalten haben, 39 Urtheil des Aristoteles über denselben, 58
Zimmer, ausgemahlte, in den Wohnungen der Alten, 31
Zopyrus, ein berühmter Künstler in getriebener Arbeit von Silber, 106

IV. Ver=

IV. Verzeichniß
der angeführten Denkmale und Werke der Kunst.

A. Rom.

a) Kirchen, Palläste und Villen.
  aa) Kirchen.
    α) St. Peter. Kopf der Figur der Klugheit an dem Grabmale Pabst Paul III. 63
    β) Kirche St. Agnese im Platze Navona. Erhobenes Werk dieser Heiligen von Algardi, 63. 68
    γ) Kloster zu St. Gregorio auf dem Coelio. Inschrift des berühmten Cornelius Menanders, 99
  bb) Palläste.
    a) Vaticanischer Pallast. Topographischer gemahlter Saal, 31
      **) Bibliothec, und Museum in derselben.
        Hetrurische Begräbniß-Urne mit dem Bilde des Heldes Echetlus, 14
        Glas-Tafel mit erhobenen Figuren, 8
        Gemahltes irdenes Gefäß mit den Figuren des Theseus und des Pirithous, 27
      ββ) Belvedere. Statue des Hercules mit dem jungen Ajax auf einem Arme, 124 Sturz des ruhenden Hercules, 101 Irrig so genannter Antinous. Warze auf dessen Brust, 58
    β) Campidoglio.
      Statue einer Amazone, 50
      Anubis von weißen Marmor, 11
      Apollo mit übereinander geschlagenen Beinen, 61
      Statue des Augustus, 109
      Statuen des Kastor und des Pollux, 88
      Centauren von schwarzen Marmor, 122
      Der sogenannte sterbende Fechter, 95
      Statue der Isis, 15

Statue Pabsts Leo X. 126
Irrig vermeinte Statue des C. Marius, 105
Vermeinte Präfica, die eine Hecuba scheinet, 73
Statuen zweyer gefangenen Thracischen Könige, 106
Wölfinn von Erzt, die den Romulus und Remus säuget, 24

Egyptischer Kopf aus weißen Marmor, 17
Kopf des Marcus Agrippa, 110
Kopf des Apollo mit oben zusammen genommenen Haaren welcher Schmuck κρωϐυλος hieß, 44
Kopf der Leucothea, 41
Neuer Kopf des Nero, 115
Brustbild Kaysers Maximinus mit einem Lato clavo, 69

Irrig vermeinte Begräbnis-Urne K. Alex. Severus, 125 Degen des Agamemnon auf derselben, 78
Erhobenes Werk der Cybele, 67
Fasces auf einem erhobenen Werke, 78
Musaico der Tauben, 122
γ) Pallast Altemps. Statue des Paris, 67
δ) Pallast Altieri, in Campitelli. Statue des Grammat. Epaphrod. 119
ε) Pallast Barberini.
Statue einer Amazone, 50
Statue des Anubis, 11
Isis mit dem Harpocrates, neben ihr, 12. 15
Schöne Juno, 48
Figur eines Knaben der in einen Arm einer andern Figur beißet, 91
Statue einer Muse aus dem ältern Griech. Stil, 32. 87
Einzige Statue des Osiris, 11
Brustbild mit dem Lato clavo, 68
Tafel von rothen Granit, im Garten, 12

Viert. Verz. der angeführt. Denkm. u. Werke der Kunst.

Gefäß von Glas mit erhobenen Figuren, in dem Museo, 8
f) Pallast Borghese. Hercules im Garten, innerhalb desselben, 80
r) Pallast Colonna. Vergötterung des Homerus, 97
s) Pallast Corsini. Altes Gefäß von Silber mit erhobenen Figuren, 106 Tischblätter von Plasma di Smeraldo, 18
t) Pallast Costaguti. Gemählde al fresco des Domenichino, 57
u) Pallast Santa Croce. Frise in dem Höfe, 118
x) Pallast Farnese.
Verschiedene Statuen mit kreppigten Haaren, 94
Apollo mit dem Schwane, dessen vorzügliche Schönheit, 57 dessen übereinander geschlagene Beine, 61
Vermeinte Statue des Commodus, 124
Hercules des Glycon. Ungegründete Sage über dessen Kopf, 40
Zwo Statuen gefangener Könige, 120
Der sogenannte Ochse, 112
Statue eines Ringers, 32
Vermeinter Kopf des Pyrrhus, 98

Garten hinter diesem Pallaste. Mercurius mit einem jungen Mädgen, 45. 57
Venus mit dem Kopfe der Marciana, 120.
y) Pallast genannt Farnesina.
Kleine Figuren eines entleibten Griechischen Helden, eines sterbenden Phrygiers, und einer todten Amazone, 4
Knabe welcher Feuer anbläset, 94
Zwey Brustbilder des Herodotus, und des Euripides mehrere, 83
Kopf des Apollo ähnlich einem in dem Museo Capitol. in Absicht der Haare, 44
Colossalischer Kopf mit Schilfe bekränzet, 44
Kopf einer vermeinten Vestale, 72
Gemählde des Peruzzi an der Decke eines Saals, 76
Begräbniß-Urne, in dem Garten, 75
z) Pallast Giustiniani.
Kopf mit zusammen laufenden Augenbrauen, 54
Neuer Kopf des Vitellius, 116

Des Orestes Verurtheilung im Areopagus auf einem erhobenen Werke, 106
β) Pallast Lancellotti. Paris mit übereinander geschlagenen Beinen, 61 Tischblad von rothen Porphyr mit Adern von grünen Porphyr, 17
γ) Pallast Lauti. Schönster Kopf einer erblaßten Medusa, 49 Statuen des Perseus, ebendas.
δ) Pallast Massimi. Kleiner Hercules von Erzt mit einem Schlauche auf der linten Achsel, 55 Erhoben gearbeitete Fasces, 78
ε) Pallast Mattei. Brustbild des Cicero, 108 Comische Muse mit einer Glocke am Halse, 75
ζ) Pallast Paganica. Juno mit einem Felle bekleidet, 72
η) Pallast Pamfili, al Corso. Gemählde des Lionardo da Vinci von Christus und den Pharisäern, 64 Erblaßter Christus des Annibal Caracci, 64
ϑ) Pallast Pamfili, im Plaße Navona. Christus des Guercino, 64
ι) Pallast Picchini. Vermeinte Statue des Bonus Eventus, 97
κ) Pallast Rondinini. Statue Alex. des Grossen, 98 Statue des Augustus, 109 Kopf des jüngern Brutus, 108 Vermeinter Kopf des ältern Cato, 103 schönes Brustbild eines betagten Mannes mit unförmlichen künstlich gearbeiteten Ohren, 55 ein runder Altar mit der Figur des Pluto; 43
λ) Pallast Rospigliosi. Statue des Domitianus, 118 erhoben gearbeitete Fasces, 78
μ) Pallast Ruspoli. Schöne Statue der Faune, 46 Schönste Statuen der Gratien, 48
Zwo Statuen des Silenus mit dem jungen Bacchus in den Armen, 46
Sturze von Statuen des Hadrian. und des Anton. Pius, 122
Zween Köpfe des Caracalla in der Kindheit, 125
Kopf der jüngeren Faustina, 124
Kopf des Nero, 115
Erhobenes Werk, wo Telephus von dessen Mutter Auge erkannt gebildet ist, 50. 82

ν) Pallast

N) Pallast Spada. Statue des Pompejus, 107 Erhobenes Werk, wo Paris die Helena entführet, 67

2) Pallast Verospi. Statue einer Amazone, 50. Decke der Gallerie von Albano gemahlet, 38

3) Museum des Collegii Romani. Gefäß von gebrannter Erde, 96. Comische Muse mit einer Glocke am Halse, 75 Zwo Tafeln von weißen Marmor mit Aegyptischen Figuren, 18. Vase einer Statue von hell-grünen Basalte mit Hieroglyphen bezeichnet, worauf sich die Füße der Stat. erhalten haben, 16

7) Museum des Pal. Strozzi. Stück eines Cameo mit einem Profil der Juno, 49 Medusa in einem Carniole, 49

8) Studium des Bildhauers Barthol. Cavaceppi. Canephora in gebrannter Erde 91 erhobene Arbeit des Mich. Angelo, die den Marsyas und den Apollo vorstellet, 61. schöner Kopf von Andr. del Sarto, 57

ω) Villen oder Lusthäuser in und um Rom.

α) Villa des Herrn Cardinals Alex. Albani.

Statue von Basalte einer Aegyptischen Gottheit mit einem Kopfe, welcher etwas von einem Löwen, von einer Katze und von einem Hunde hat, 11

Figur eines Anubis, 11

Statue des Augustus, 109

Statue des Bacchus, an welcher sich die Gratie des hohen Stils, und die zwote Gratie des schönen Stils zeiget, 42

Kleine Statue einer Comischen Person, 66

Statue des Domitianus, 118

Grosse weibliche Statue eines Flusses, 79

Figur eines stehenden Hermaphroditen, 101

Zween männliche jugendliche Hermen, deren Köpfe mit einem Hunde-Felle bedecket sind, 13

Statue der Isis aus Aegypt. Steine, deren Mantel auf der Brust gebunden ist, 14. 71

Statue einer Nymphe mit übereinander geschlagenen Beinen, 61

Statue einer Pallas aus dem älteren Griechischen Stil, 32

Statue der schönen Pallas, 4

Statue einer anderen Pallas, die anstatt des Helms die Haut des Kopfs eines Hundes träget, 13

Brustbild des Antinous, 123

Irrig vermeinter Kopf des Dichters Persius, 116

Kopf einer Venus, 41

Uraltes Hetrurisches erhobene Werk, 73 Viereckter Altar mit Figuren verschiedener Gottheiten, 34

Ceres mit einer runden oben breiten Mütze, genannt auf diesem Altare, 27

Hetrurische Begräbnis-Urne mit dem Bilde des Helden Echetlus, 14

Die Aussöhnung des Hercules, 100

Grosse Schale von Marmor mit den Arbeiten des Hercules, 74

Erhobenes Werk mit der Figur des Bildh. Alcamenes, 79

Erhobenes Werk eines Fauns, der mit einem Hunde spielet, 82

Musaico, welches die vom Hercules befreyete Hesione vorstellet, 73

Römische Inschrift mit Griechischen Buchstaben, 121

Säulen von Aegyptischer grüner Breccia, 17

β) Villa Aldrovandini. Statue des Domitianus, 118. Kuh von Marmor, 93

γ) Villa Altieri. Männliches Brustbild mit ungestalten Ohren, 55. Altes Gemählde aus dem Grabmale der Nasonen, 41

δ) Villa Borghese.

Statue des Apollo Sauroctonon, 57

Kleine Figur eines verwundeten Helden, 4

Figuren der Grazien, 48

Der schöne Hermaphrodit, 38. 57

Zwo Statuen gefangener Könige von Porphyr, 76

Statue des Silenus mit dem jungen Bacchus in den Armen,

Brustbilder mit dem Lato claye, 69

Jupiter

Vierl. Verz. der angeführt. Denkm. u. Werke der Kunst.

Jupiter der Jäger auf einem dreyseitigen Altare, 69
Erhobenes Werk von der Fabel der Niobe, 93
Erhobenes Werk von der Geburt des Telephus, 40
Erhobenes Werk von dem Ajax und der Cassandra, 3
Erhobenes Werk. Der Körper des Hectors nach Troja gebracht, 71
Trümmer von einem Bogen des Trajanus, 120
1) Villa Casali. Statue des Antinous in der Gestalt des Bacchus, 123
2) Villa Ludovisi.
Statue des Apollo des Schäfers, 44
Eine zerstümmelte Isis mit einem Fuße auf einem Schiffe, 12. 72
Statue einer vermeinten berühmten Tänzerinn, 60
Colossalischer schöner Kopf der Juno, 48. 54
Irrig vorgegebener Kopf des Pyrrhus, 98
Erhobenes Werk wo Paris die Helena entführet, 67
3) Villa Mattei.
Statue einer Amazone, 107. 50
Zwo Figuren einer Comischen Person, 66
Neuer Kopf des Nero von Erzt, 115
Zwo runde Vasen mit Abbildung aegyptischer heiliger Gebräuche, 17
Degen an der Stütze einer Statue, 77
Säulen aus grüner Aegyptischer Breccia, 17
4) Villa Medicis.
Statue des Apollo mit einem Schwane, mit übereinander geschlagenen Beinen, 61. 57
Statue des schönen Bacchus, 57
Statue der irrig vermeinten Cleopatra, 53
Drey Statüen gefangene Könige von Porphyr, 76 an deren einer ein Flecken von grünem Porphyr ist, 17
Einzige Statue eines siyenden gefangenen Königs von Aegyptischer grüner Breccia, 17
Kopf der Julia des Titus mit zusammen laufenden Augenbraunen, 14
Gürtel der jüngeren Tochter der Niobe, 71

5) Villa Negroni.
Statue eines Auriga, 68
Statue der Marciana, 120
Vermeinte Statue des C. Marius, 105
Statue des Mercurius mit einer Leyer, 88
Herma mit dem Namen des Themistocles, 87
Vier ähnliche erhobene Werke, 75
6) Villa Pamfili.
Statue einer Amazone in eine Diana verwandelt, 50
Irrig vorgegebene Statue des Publ. Clodius, 108
Statue mit dem Lato clavo, 69
Kopf des Pluto mit einem Scheffel, 44
Brustbild der Marciana mit einem halben Monde vorne an den Haaren, 74
Runder Altar mit dem Bilde der Juno Gispita, 72. 83
Erhobenes Werk mit verschiedenen Theatralischen Figuren, 66

B. Ausser Rom.

a) Mondragone bey Frascati. Der schöne Colossalische Kopf des Antinous, 81. 123
b) Ostia. Erhobene Arbeit, Pluto und die Porserpina vorstellend, 43
c) Florenz. Mediceische Venus, deren platt gedrucktes Kinn, 53 die Ringer, 92
d) Neapel. Königl. Farnesische Gallerie. Cameo mit einem Kopfe der Medusa, 49
Erblaßter Christus von Hannibal Caracci, 64
e) Portici. Herculanisches Museum. Bemahlte Pallas von Marmor, 33 Apollo mit übereinander geschlagenen Beinen auf einem Gemählde, 61 Fehlerhafte Figuren in der Proportion auf einigen alten Gemählden, 41 Andere Gemähle daselbst, 45. 66. Zwey Musaici mit dem Namen des Künstlers Dioscorides, 123
f) Venedig. Pallast Grimani. Statue des M. Agrippa, 111
g) Turin. Vier neue erhobene Arbeiten in einer Gallerie des Königl. Schloßes, 68
h) Versailles. Irrig vermeinte Statue des Q. Cincinnatus, 109. 70
i) Sans-souci, bey Potsdam. Mercurius des Pigalle. 63